云浮市云城区革命老区发展史

云浮市云城区革命老区发展史编委会 编

SPM 南方出版传媒·广东人民出版社
·广州·

图书在版编目（CIP）数据

云浮市云城区革命老区发展史 / 云浮市云城区革命老区发展史编委会
编 . —广州：广东人民出版社，2020.7
（全国革命老区县发展史丛书·广东卷）
ISBN 978-7-218-13976-0

Ⅰ. ①云⋯ Ⅱ. ①云⋯ Ⅲ. ①区(城市)—地方史—云浮 Ⅳ. ①K296.54
中国版本图书馆CIP数据核字（2019）第247996号

YUNFU SHI YUNCHENG QU GEMING LAOQU FAZHANSHI
云浮市云城区革命老区发展史

云浮市云城区革命老区发展史编委会 编　　　　版权所有　翻印必究

出 版 人：肖风华

责任编辑：李　敏　罗　丹
装帧设计：张力平
责任技编：吴彦斌　周星奎

出版发行：广东人民出版社
地　　址：广州市海珠区新港西路 204 号 2 号楼（邮政编码：510300）
电　　话：（020）85716809（总编室）
传　　真：（020）85716872
网　　址：http://www.gdpph.com
印　　刷：广州市浩诚印刷有限公司
开　　本：715mm×995mm　1/16
印　　张：23.625　　插　页：6　　字　数：330千
版　　次：2020 年 7 月第 1 版
印　　次：2020 年 7 月第 1 次印刷
定　　价：88.00 元

如发现印装质量问题，影响阅读，请与出版社（020-85716849）联系调换。
售书热线：（020）85716826

广东省编纂《革命老区县发展史》丛书
指导小组

组　长：陈开枝（广东省老区建设促进会会长）

副组长：林华景（广东省老区建设促进会常务副会长）

　　　　宋宗约（广东省农业农村厅副巡视员、广东省老区
　　　　　　　　建设促进会副会长）

　　　　刘文炎（广东省老区建设促进会副会长）

　　　　郑木胜（广东省老区建设促进会副会长）

　　　　姚泽源（广东省老区建设促进会副会长兼秘书长）

　　　　谭世勋（广东省老区建设促进会副会长）

　　　　廖纪坤（广东省农业农村厅总经济师）

办公室

主　任：姚泽源（兼）

副主任：韦　浩（广东省农业农村厅扶贫协作与老区建设处
　　　　　　　　处长）

　　　　柯绍华（广东省老区建设促进会副秘书长）

　　　　伍依丽（广东省老区建设促进会副秘书长）

云浮市编纂《革命老区县发展史》
丛书指导小组名单

　　云浮市老区建设促进会（简称"市老促会"）成立监督指导小组，成员分别负责对各县（市、区）编纂工作进行监督指导。其组成人员及分工如下：

　　组　　长：黄伙有（市老促会会长）

　　副组长：王　华（市老促会常务副会长）

　　成　　员：谭政勋（市老促会副会长）负责指导罗定市；

　　　　　　　林锡游（市老促会副会长）负责指导郁南县；

　　　　　　　蔡建聪（市老促会副会长）负责指导新兴县；

　　　　　　　曾啟潜（市老促会副会长）负责指导云安区；

　　　　　　　冯耀华（市老促会秘书长）负责指导云城区；

　　　　　　　陈志发（市委党史研究室科长）负责编纂业务指
　　　　　　　　　　　导工作；

　　　　　　　冯世炳（市老促会办公室副主任）负责编纂协调
　　　　　　　　　　　工作。

《云浮市云城区革命老区发展史》
编委会人员名单

顾　问：温亚娣　董超扬

主　任：徐树新

副主任：刘洁洲

委　员：林淑仪　詹民锐　谢国才　曾超谊

主　编：邱金培

副主编：阙荣南　叶自东　冯世炳　陈锦栋　江家伟

成　员：胡　鸿　邵彬强　范文科　董炳南　黎雄鹰
　　　　云　静　廖文华　潘春晓　陈勇荣　陈伟贤
　　　　梁永德　宋乃国　严伟周

在举国欢庆新中国成立 70 周年前夕，中国老区建设促进会王健会长请我为《全国革命老区县发展史》丛书作序，作为一名在老区战斗过并得到老区人民生死相助的老兵，回首往事，心潮澎湃，感慨万千，深感义不容辞，欣然应允。

中国革命老区，是以毛泽东为代表的中国共产党人在领导人民推翻帝国主义、封建主义和官僚资本主义三座大山，争取民族独立和人民解放伟大斗争中建立的革命根据地，在这片红色的土地上，诞生了无数可歌可泣的革命英雄儿女，为后人树起了一座不朽的丰碑，她是新中国的摇篮，是党和军队的根。

在艰苦卓绝的战争年代，老区人民把自己的命运与中华民族的命运紧紧地联系在一起，与中国共产党和人民军队的命运紧紧地联系在一起，他们生死相依，患难与共。我曾亲历过战争年代，并得到过老区红哥红嫂的救助，切身感受到发生在身边的一幕幕撼天动地的革命故事，在那极其艰难的条件下，老区人民倾其所有、破家支前，不怕艰难困苦，不怕流血牺牲。"最后一碗米送去做军粮，最后一尺布送去做军装，最后一件老棉袄盖在担架上，最后一个亲骨肉送去上战场"，这是当时伟大的老区人民为建立新中国做出巨大牺牲的真实写照，它将永远镌刻在中国共产党、中国人民解放军、中华人民共和国的历史丰碑上。他们的光辉业绩永载史册，他们的革命精神必将影响一代又一代的革命新人，造就一代又一代的民族脊梁。

在社会主义革命和建设时期，革命老区和老区人民响应党的号召，面对落后的面貌、脆弱的经济、恶劣的生态环境，他们本色不变，精神不丢，自力更生，艰苦奋斗，干一行爱一行。始终坚持"革命理想高于天"，自觉做共产主义远大理想的坚定信仰者和忠实实践者，勇于向恶劣的自然环境和贫穷落后宣战，他们在各条战线上为国建功立业，用平凡的双手创造了一个又一个不平凡的奇迹，彰显了老区人的崇高精神和人格力量。

在改革开放的伟大进程中，老区人民解放思想，勇于创新，发奋图强，攻坚克难，老区的经济社会建设取得了辉煌成就。特别是在改变中国的面貌、中华民族的面貌、中国人民的面貌、中国共产党的面貌的伟大实践中发挥了至关重要的作用。老区人民既是改革开放的参与者，也是改革开放的推动者。

艰苦练意志，危难见精神。老区人民在近百年的革命战争、社会主义建设和改革开放的伟大实践中，孕育形成了伟大的老区精神：爱党信党、坚定不移的理想信念；舍生忘死、无私奉献的博大胸怀；不屈不挠、敢于胜利的英雄气概；自强不息、艰苦奋斗的顽强斗志；求真务实、开拓创新的科学态度；鱼水情深、生死相依的光荣传统。这是党和人民宝贵的精神财富、丰厚的政治资源，是凝心聚力、振奋民族精神的重要法宝，也是社会主义核心价值观的重要内容。

中国老区建设促进会怀着强烈的政治责任感和历史使命感，组织全国各地老促会人员克服困难，尽心竭力编纂《全国革命老区县发展史》丛书，记录老区的光辉历史和辉煌成就，传承红色基因，弘扬老区精神，是功在当代、利及千秋的一件大事。手捧这部丛书的部分书稿，读着书中的故事，倍感亲切，深感这部丛书具有资政、育人、存史的社会功能，有着重要的时代和历史价值。它是不忘初心、牢记使命的源头活水，是赞颂共产党、讴歌老区人民的一部精品力作，是弘扬老区精神、传承红色记忆的丰厚载体，是一项继承优秀传统文化、弘扬革命文化、发展社会主义先进文化，坚定"四个自信"的宏大文化工程。它必将成为一种文化品牌，为各界人士了解老区宣传老区支持老区提供一部有价值的研究史料。希望读者朋友们能从中了解并牢记这些为党和民族的利益不断奉献的老区人民，从中得到教益，汲取人生奋斗的精神动力。

新时代赋予新使命，新起点开启新征程。让我们更加紧密地团结在以习近平同志为核心的党中央周围，坚持以习近平新时代中国特色社会主义思想为指导，增强"四个意识"，坚定"四个自信"，做到"两个维护"，弘扬老区精神，铭记苦难辉煌。为实现"两个一百年"奋斗目标，实现中华民族伟大复兴的中国梦作出新的更大的贡献！

迟浩田

2019 年 4 月 11 日

2017 年 6 月，中国老区建设促进会组织全国各地老促会启动编纂《全国革命老区县发展史》丛书，按照"建立中国共产党、成立中华人民共和国、推进改革开放和中国特色社会主义事业"三大里程碑的历史脉络，系统书写革命老区百年历史，深入挖掘革命老区红色文化资源，这对于充实丰富中国革命史籍宝库、在新时代传承红色基因、弘扬革命精神、强固根本，对于激励人们在新的历史条件下夺取中国特色社会主义伟大胜利，实现中华民族伟大复兴的中国梦具有重要意义。

丛书编纂以习近平新时代中国特色社会主义思想为指导，以《中国共产党历史》《中国共产党的九十年》等重要文献为基本依据，以党的领导为核心，以老区人民为主体，以老区发展为主线，体现历史进程特征，突出时代发展特色，坚持辩证唯物主义和历史唯物主义相统一、历史真实性与内容可读性相统一的原则，书写革命老区从站起来、富起来到强起来的光辉革命史、不懈奋斗史、辉煌成就史，把老区人民的伟大贡献、伟大创造、伟大成就、伟大精神充分展示出来，形成一部具有厚重历史特征和鲜明时代特色的精品力作。这是一部培根铸魂、守正创新，既为历史立言，又为时代服务，字里行间流淌着红色血脉、催生着革命激情的传世之作。丛书的编纂出版将成为讴歌党讴歌人民讴歌时代、传播红色文化、为革命老区和老区人民树碑立传的重要载体。

丛书按照编年体与纪事本末体相结合、以编年体为主的编写体例确定框架结构；运用时经事纬、点面结合的方式记述史实；坚持人事结合、以事带人的原则处理人与事的关系；采取夹叙夹议、叙论结合以叙为主的方法展开内容。做到了史料与史论、历史与现实、政治与学术统一，文献性、学术性、知识性相兼容。

为编纂好《全国革命老区县发展史》丛书，打造红色文化品牌，中国老区建设促进会认真组织积极协调，提出政治立场鲜明、史料真实准确、思想论述深刻、历史维度厚重、时代特色突出、编写体例规范、篇目布局合理、审读把关严格、出版制作精良的编纂出版总要求，力求达到革命史籍精品的精神高度、思想深度、知识广度、语言力度，增强丛书的权威性和社会影响力。各省（区、市）、市（州、盟）、县（市、区、旗）老促会的同志，以强烈的使命感、责任感和紧迫感，勇于担当，积极作为，认真实施，组织由老促会成员、专家学者等参加的十余万人编纂队伍。编纂工作主体责任在县，省、市组织协调、有力指导、审读把关。各方面人员以高度负责的精神和科学严谨的态度，满腔热情地投入工作，为丛书编纂出版作出了重要贡献。丛书编纂工作还得到了党和国家有关部委、地方各级党委政府及有关部门的大力支持和积极参与，社会各界也给予了热情帮助。中共中央政治局原委员、中央军委原副主席、原国务委员兼国防部长迟浩田上将，对老区人民怀有深厚感情，对革命老区建设发展十分关注，欣然为《全国革命老区县发展史》丛书作总序。

丛书由总册和1599部分册（每个革命老区县编纂1部分册）组成，共1600册。鉴于丛书所记述的史实内容多、时间跨度长和编纂时间紧，不妥之处，敬请批评指正。

中国老区建设促进会

云城区区委、区政府办公楼（图片来源：《云浮县志》）

部分奖牌/奖杯（摄影：刘玉婷）

云浮蟠龙天湖景色（图片来源：《云浮日报》）

广东省级名胜风景区蟠龙洞
（图片来源：《云浮日报》）

云石遗址公园（图片来源：《云浮日报》）

春岗山公园（图片来源：《云浮日报》）

烈士公园人工湖（摄影：李向荣）

南山公园栈道（摄影：李向荣）

河滨公园（摄影：李向荣）

云浮植物园（摄影：李向荣）

云城区人民医院（图片来源：《云城年鉴》）

革命老区镇河口街香港海员希望小学（图片由云城区教育局提供）

思劳镇李晚纪念小学（图片由云城区教育局提供）

硫铁矿露天开采场（图片来源：《云城年鉴》）

百里石材工业长廊（图片来源：《云浮日报》）

国家级生态文明村河口街双上村（图片来源：《云浮日报》）

全国美丽乡村思劳城村（图片来源：《云浮日报》）

广东省文明村安塘凤尾村（图片来源：《云浮日报》）

朝阳水库渡槽（图片来源：《云城区志》）

梁桂华纪念馆（图片来源：《云浮日报》）

位于河口街双上村的粤中纵队第四支队司令部旧址（图片来源：《云浮日报》）

腰古镇水东村炮会（摄影：李向荣）

思劳镇北镇寺（摄影：李向荣）

云城区益华广场
（图片来源：《云
浮日报》）

云浮市政府所在
地——生态云城
（图片来源：《云
浮日报》）

云城区南药基地
（图片来源：《云
浮日报》）

云浮国际石材博览中心（摄影：刘烁）

序 言 / 001

说 明 / 005

第一章 石都云城 源远流长 / 001

第一节 基本情况 / 002

　一、历史沿革 / 002

　二、地理位置 / 003

　三、自然特点 / 003

　四、自然资源 / 003

第二节 革命老区情况 / 006

　一、评划革命老区的标准与过程 / 006

　二、云城区不同时期被评划为老区镇（街）、村庄名单与
　　评划时人口 / 006

第二章 革命志士传播火种 农民运动风起云涌 / 011

第一节 大革命时期的农民运动 / 012

　一、两位革命志士回乡传播革命火种 / 012

二、农民运动的兴起 / 016

三、农民运动的发展 / 018

四、农民运动的对敌斗争 / 019

第二节　农民武装暴动 / 022

第三节　党组织的建立与重建 / 027

一、多次重建中共云浮县委 / 027

二、建立多种群众组织 / 030

三、坚持开展对敌斗争 / 031

第三章　日军入侵云浮　军民奋起抵抗 / 035

第一节　恢复云浮县党组织　建立云浮党支部 / 036

一、恢复建立中共云浮县支部 / 036

二、中共云浮县特别支部的建立 / 037

第二节　建立青年抗日团体　开展抗日救亡运动 / 040

一、抗日团体的青年运动 / 040

二、广东省青年抗日先锋队在云浮的活动 / 041

三、抗日先锋队云浮独立支队 / 043

四、抗日先锋队云浮独立支队在逆境中的斗争 / 047

第三节　坚持隐蔽斗争　开展统战工作 / 050

一、抓好思想教育、坚持隐蔽斗争 / 050

二、贯彻执行抗日民族统一战线政策 / 052

第四节　开展抗日自卫　迎接抗战胜利 / 055

一、日军侵略云浮 / 055

二、建立抗日民主政权 / 056

三、抗日自卫武装 / 057

四、打击日伪军 / 058

五、迎接抗战胜利 / 061

第四章　大搞武装斗争　解放云浮全境 / 063

第一节　抗战胜利后的形势 / 064

第二节　认清形势　隐蔽斗争 / 065

一、中区办事处在云浮成立 / 065

二、设立交通联络站 / 067

三、认清形势　隐蔽斗争 / 071

第三节　云浮县党组织对恢复武装斗争的准备 / 073

第四节　恢复武装斗争　打响三罗武装斗争第一枪 / 076

一、粤中部队派出小分队挺进云雾山 / 076

二、打响三罗武装斗争第一枪 / 081

三、开辟西山游击区 / 086

第五节　大搞武装斗争　粉碎敌人"围剿" / 089

一、加强党的领导 / 089

二、发动和组织青年学生参加武装斗争 / 090

三、策应郁南"四一八"起义和三罗总队成立 / 090

四、粉碎敌人的"五县围剿" / 091

第六节　开展反"三征"　建立交通点线 / 097

一、开展反"三征"斗争 / 097

二、开辟交通点线 / 100

第七节　壮大武装力量　伺机打击敌人 / 101

　　一、云北武装的建立和攻打九堡联防队 / 101

　　二、主动出击　打击地方反动势力 / 103

　　三、人民武装力量在斗争中发展壮大 / 105

第八节　三罗大进军　连州战斗传捷报 / 106

　　一、三罗大进军　成立第四支队第三团 / 106

　　二、连州战斗 / 108

第九节　巩固云北根据地　积极开展武装斗争 / 112

　　一、发展云北武装 / 112

　　二、建立农会组织 / 114

　　三、做好统战工作 / 115

　　四、方杨中队武装起义 / 119

　　五、南北两岸联合控制西江中段 / 120

　　六、突袭夏洞乡公所 / 124

　　七、打破敌人的"围剿" / 125

第十节　游击根据地的发展和人民政权的建立 / 126

　　一、建立人民政权 / 126

　　二、发展农会和民兵组织 / 128

　　三、开展广泛的斗争 / 130

　　四、解决部队给养 / 132

第十一节　武装斗争胜利发展　战斗凯歌频传 / 134

　　一、两次攻打镇安 / 134

　　二、拔除南浦"土围子" / 136

　　三、智攻初城自卫队 / 137

四、桃坪阻击战 / 138

五、攻打白石 / 139

第十二节　中区环城的对敌斗争 / 142

一、活跃在"淮河区"的武工队 / 142

二、三坑村反扫荡 / 144

三、建立交通情报网 / 146

四、云浮中学党支部 / 152

第十三节　配合南下解放军解放云浮 / 154

一、三团回师云北 / 154

二、做好解放云城的准备 / 155

三、云城和平解放 / 157

四、配合南下解放军解放云浮全境 / 159

第五章　建设发展时期 / 161

第一节　清匪反霸　巩固政权 / 162

一、建立政权 / 162

二、清匪反霸 / 165

三、土地改革 / 174

第二节　从合作社到人民公社 / 182

一、成立人民公社 / 182

二、大办学校　扫除文盲 / 187

三、发展社队企业　壮大集体经济 / 194

第三节　水利、水电、交通建设 / 197

一、大兴水利 / 197

二、开发水电 / 207

三、大办交通 / 208

第六章　经济社会发展和改革开放 / 213

第一节　探索发展　振兴云浮 / 214

一、经济社会发展情况 / 214

二、拨乱反正　平反冤假错案 / 218

三、推行联产承包和林业新政 / 219

四、五轮驱动　发展石材产业 / 223

第二节　撤县设市 / 228

一、撤县设市　撤乡并镇 / 228

二、设市建区　老区展新貌 / 229

第三节　开放搞活　焕发生机 / 230

一、注入新活力　民营经济蓬勃发展 / 230

二、转型升级　建成全国著名石材基地 / 232

三、云城区主要石材基地 / 237

四、老区山峦　柑橘飘香 / 240

第四节　伟大新时代　开启新征程 / 244

一、精准脱贫　老区人民一个不能少 / 244

二、交通建设走上快车道 / 252

三、多元经济　推进老区建设 / 256

四、贯彻十九大精神　绘制云城新蓝图 / 264

附　录

附录一　大事记 / 266

附录二　红色歌谣 / 270

附录三　文献资料 / 276

附录四　革命遗址 / 292

附录五　文物图片 / 304

附录六　纪念场馆 / 306

附录七　重要革命人物和重大革命事件 / 314

附录八　新民主主义革命时期在云浮从事革命而牺牲的云城区籍
　　　　革命烈士英名录 / 341

附录九　云浮市云城区老区建设促进会简介 / 345

后记 / 350

斗转星移，日月如梭。云城区从历史中走来，在历史中成长。1994年云浮设立地级市的同时设立云城区，原云浮县级市所辖的行政区域由云城区管辖；1996年，云城区一分为二，分设云城区和云安县，云城区管辖云城街、高峰街、河口街、安塘街、思劳镇、腰古镇和都杨镇；2014年，随着市部分行政区域调整，都杨镇划归云安区管辖，原云安县前锋镇、南盛镇划归云城区管辖。现云城区的行政区域为云城街、河口街、高峰街、安塘街、腰古镇、思劳镇、前锋镇、南盛镇，总面积777.7平方千米，常住人口37万多人。

忆往昔，岁月峥嵘。云城区的革命斗争史，始于大革命时期。1926年1月，云浮县（含云城区、云安区，下同）的腰古、小河两个分区就成立了农民协会，之后又成立农民自卫军，并开展了一系列的革命斗争。1927年5月16日，腰古农民举行了武装暴动。暴动虽然失败，但却为后来的革命斗争打下了群众基础，积累了革命经验。在土地革命战争时期的1928年，中共云浮县委在腰古的城头村成立。之后，中共云浮县委在发展和壮大党组织的同时，组织和领导人民群众开展对敌斗争。抗日战争爆发后，云浮县又组织抗日先锋队等组织，开展宣传抗日和抗日救亡活动。解放战争时期，云浮县又组织多个武工队、武工组，会同中国人民解放军粤中纵队第四支队第三团等武装组织，在云浮县境内以及三罗地区，同国民党反动派进行不屈不挠的斗争，直至1949年4月20日在富林双富乡成立云浮县人民政府，1949年10月27日云浮县解放。在长期的革命斗争中，云城区涌现了一大批为革命事业抛头颅、洒热血的英雄烈士，如邓发、梁桂华、陈剑夫等。

看今朝，激情澎湃。在历届云城区区委、区政府的领导下，全区人民牢记革命历史，践行革命精神，书写时代华章。今天的云城，经济发展、政治文明、文化繁荣、社会进步、生态良好，人民生活幸福安康，处处是一派欣欣向荣的景象。更可喜的是，沿着400多年石材产业发展的历程，至2017年12月，全区拥有石材企业4 300多家，从业人员20万多人，是全国三大石材加工生产销售基地之一，素有"云石之乡"的美称，是闻名世界的"石材王国"。云城区每年举办的国际石材展览会与意大利维罗纳石材展览会、厦门国际石材展览会并称世界三大石展会。

历史是最好的教科书，也是最好的清醒剂。《云浮市云城区革命老区发展史》，既是一部英勇悲壮的革命斗争史，也是一部惊心动魄的艰苦创业史。它以云城区党史、革命史、发展史等史料为依据，以革命老区和老区人民在改革开放中取得的丰硕成果为重点，真实记录云城区人民革命斗争和改革发展的历程。此书内容翔实、图文并茂、繁简得当，具有较强历史性、知识性、可读性，为云城区人民提供了一本知史鉴今、继往开来的教科书。建议云城区各级党组织和广大党员干部群众，认真学习《云浮市云城区革命老区发展史》，以革命先辈的崇高品德、感人业绩来振奋精神，激励斗志，推动"宜居宜业宜游"新云城的发展，以更加辉煌的业绩告慰先烈，昭示后人。

《云浮市云城区革命老区发展史》是云城区老区建设促进

会主持编写的一部重要史籍。本书的编辑出版，是云城区广大党员和干部群众政治生活中的一件大事，将进一步深化云城区革命历史研究工作，拓宽"以史为鉴，资政育人"的新渠道，具有很强的现实意义和深远的历史意义。本书的编辑出版工作，得到了有关单位和社会各界人士的大力支持和帮助，在此一并表示衷心感谢！

　　谨以此文为序。

云浮市云城区革命老区发展史编委会

1. 本书所收集的资料、数据，上限时间为1922年，下限至2017年底。

2. 本书所讲的"三罗"地区，是指原来的云浮县、罗定县、郁南县；云浮县包括现时的云城区和云安区，罗定县则是现时的罗定市，郁南县无变。

3. 本书所讲的云浮县，1992年撤县设立县级市；1994年设立地级云浮市，原云浮县级市所辖的行政区域由云城区管辖；1996年，云城区一分为二，分设云城区和云安县。原云城区管辖的云城街道、高峰街道、河口街道、安塘街道、思劳镇、腰古镇、都杨镇继续归云城区管辖；原云城区管辖的茶洞镇、托洞镇、富林镇、镇安镇、白石镇、高村镇、六都镇、前锋镇、南盛镇由云安县管辖。2014年9月，云安县撤县设区，同时，原云城区管辖的都杨镇划归云安区管辖；原云安县管辖的前锋镇、南盛镇划归云城区管辖。

4. 本书所讲的"云东"，是指原云浮县的东部，主要包括现云城区的腰古镇、思劳镇、安塘街道和河口街道的一部分。本书所讲的"云南"，是指原云浮县的南部，主要包括现云安区的富林镇和石城镇的一部分。本书所讲的"云西"，是指原云浮县的西部，主要包括现云安区的镇安镇、白石镇和高村镇。本书所讲的"云北",是指原云浮县的北部,主要包括现云安区的六都镇、都杨镇和云城区河口街道的一部分。书中所说的"云北四乡",是指都骑、杨柳、泽源、方平乡,现部分属云城区,部分属云安区。"春北"是指阳春北部,与原云浮县的南部接壤。

5. 解放战争时期,三罗地区和阳春北部以及广西岑溪的部分地方,是中国人民解放军粤中纵队第四支队地方革命武装组织的一个整体活动范围,一次战斗或一次其他活动,都会涉及现时两个甚至两个以上的行政区域。所以解放战争时期的事件,难以按行政区域去划分。

第一章

石都云城　源远流长

第一节 基本情况

一、历史沿革

云城区建制沿革，由明万历五年（1577年）建立东安县，隶属罗定州管辖，以后经多次地域调整而得名。1914年5月9日，广东省民政长令，因广东省东安县与直隶湖南、四川等省东安县名重复，又因县境西南有云浮山（今云雾山），集泉林岩石之胜，定名云浮县。1949年10月1日，中华人民共和国成立。10月27日云浮解放，隶属西江专区；1952年属粤中行政区；1956年属高要专区；1958年11月，与新兴县合并称新云县；1959年4月，新云县改称新兴县，属江门专区；1961年4月，恢复云浮县建制，属肇庆专区；1988年1月，肇庆专区改称肇庆市。1992年9月3日，经国务院批准撤县设市，撤销云浮县建制设立云浮市（县级市），由省直管，肇庆市代管，原云浮县管辖的行政区域不变。1994年，经国务院批准，肇庆市行政区域调整，设立地级云浮市，县级云浮市改称云城区，其管辖的行政区域不变。1996年1月9日，经民政部批准，云城区析置分设云安县，将六都、高村、白石、镇安、富林、托洞、茶洞、南盛、前锋等9个镇划归云安县管辖。云城区管辖云城街道、高峰街道、河口街道、安塘街道和都骑镇、杨柳镇、思劳镇、腰古镇。2003年12月，杨柳镇与都骑镇合并，设立都杨镇。2014年，根据《国务院关于同意广东省调整云浮市部分行政区划的批复》，撤销云安县，设立云浮市云安区，将云城区的都杨镇划归云安区管辖。云安区的前锋镇、南盛镇划归云城区。自明万历五年建立东安县以来，云城一直是县治所在地。1958年与新兴县合并称新云县，县治设在新兴县新城镇。1961年恢复云浮县建制后，云城是县（区）治所在地。

二、地理位置

云城区位于广东省中西部，云浮市东南部，西高东低，距广州160千米；处于东经111°43′至112°20′，北纬22°35′至23°08′之间；总面积为777.7平方千米。云城区管辖云城街道、高峰街道、河口街道、安塘街道、思劳镇、腰古镇、前锋镇、南盛镇8个镇（街），98个行政村，18个社区居委会。2017年户籍人口为33.79万人。云城区是云浮市的市辖区，云浮市人民政府、云城区人民政府的所在地。是云浮市政治、经济、文化中心。

三、自然特点

云城区地理环境优越，属南亚热带季风区。该地气候温和，年平均气温21.5℃，气温宜人；平均年降雨量1 586.5毫米，雨量充沛。云城区四面环山，中部为河谷，区内有海拔1 086米的大绀山和海拔500米的禾枪顶等大山6座。新兴江之东段流经腰古镇流入西江；南山河自西向东穿城区而过，在都杨镇流入西江。水陆交通完善。

四、自然资源

一是土壤资源。本区土壤类型多样，可分为10个类别：水稻土、菜园土、赤红壤、酸性红色石灰土、黑色石灰土、潮沙泥土、黄壤、南方山地草甸土、红壤及酸性紫色土。

二是矿产资源。云城区素有"硫都"和"云石之乡"的美誉。举世闻名的云浮硫铁矿，就坐落在云城区。云浮硫铁矿是国家"六五"计划重点建设项目之一，1979年开始大规模建设，1988年1月建成投产，是我国最大的硫铁矿床；矿石储量大、品位高，硫含量高，是生产硫酸的优质化工原料，素有"东方硫都"之美誉；探明硫铁矿储量为2.08亿吨，居世界前列。另外还有大理石、花岗岩、石灰石、高岭土等矿产资源50多种。

三是植物资源。本区植物资源有129科373属600余种。其中，蕨类植物17科19属23种，裸子植物8科10属15种，被子植物双子叶纲90科268属466种，被子植物单子叶纲15科72属97种。蕨类植物主要分布于山下坡和山谷。里白科芒萁分布于山顶或林下，是构成草地的主要草种。裸子植物分布面广，是构成植被、用材林的主要植物。松科和杉科是云城区的优势树种。被子植物双子叶纲是科属种最多的植物，各地均有分布。樟、桑、茶、桃金娘、杜鹃等科是构成阔叶林和灌木林植被的主要成分。被子植物以禾本科、兰科、百合科植物为主。禾本科的黄茅是构成草地植被的主要植物。各种竹的分布较广，在用材林中占有一定比例。

四是动物资源。本区野生动物有鸟类、兽类、鳞介类及蛇虫类等，数量较多，分布面广。有燕子、麻雀、老鹰、乌鸦、果子狸、泥蛇、水蛇、青蛙等。华南虎、华南金钱豹等猛兽类动物已绝迹。

五是水资源。地表水，主要来源于降雨。全区据查多年平均径流量为720毫米，年产水量5.49亿立方米。其中丰水年为11.19亿立方米，枯水年为3.5亿立方米，平均年为5.33亿立方米。 地下水方面，据有关分析，浅层地下水量约为地表产水量的22%，即

1.2亿立方米，可解决部分山塘、水田灌溉和群众生活用水。其中"天马山"矿泉水是优质矿泉。

六是旅游资源。本区主要旅游景点有蟠龙洞、九星岩古洞、南山森林公园、云浮国际石材博览中心、邓发烈士故居、梁桂华烈士故居、陈剑夫烈士故居、腰古水东古村落、腾龙天池度假区、思劳镇城村花卉生态园、冲坑北镇寺等。旅游基础设施建设初具规模，旅游涉外定点宾馆127家。其中凯旋国际酒店、金鹏大酒店、新丽晶大酒店、卓成酒店、锦绣宾馆为星级酒店；旅行社（营业部）10家，其中国际旅行社1家，旅游商品定点企业4家。

革命老区情况

一、评划革命老区的标准与过程

评划"革命老区"有严格的标准，广东省人民委员会于1957年4月17日发布的《关于评划革命根据地标准的通知》和广东省民政厅于1991年10月21日发布的《印发〈关于开展评划解放战争游击根据地和确定老区乡镇、老区县工作方案〉的通知》中都明确规定："必须具备有党的组织，有革命武装，发动群众，进行了打土豪、分田地、分粮食、牲口等运动，建立工农政权，进行武装斗争，并坚持了半年以上时间。"

中华人民共和国成立后，广东省根据党中央、国务院有关的政策，并结合广东省的实际，基本以自然村为单位，进行了三次全省性的评划革命老区工作。

第一次是1957年，评划第二次国内革命战争和抗日战争时期的老区村庄。第二次是1989年，评划、补划评划抗日战争时期的老区村。第三次是1993年补划。

二、云城区不同时期被评划为老区镇（街）、村庄名单与评划时人口

（一）1957年评划的第二次国内革命战争时期的老区村：

腰古镇：

雄强村委：城头村570人。

（二）1989年以后评划、补划的第二次国内革命战争时期的老区村：

腰古镇：

水东村委：水东村1 400人。

芙蓉村委：芙蓉村450人。

雄强村委：塘村560人，吉洞村450人，岑村480人。

思劳镇：

江尾村委：路心村650人。

鸡村村委：三坑村473人。

安塘街道：

古宠村委：古宠村982人。

（三）评为解放战争时期的老区镇（街）、老区村：

河口街道：（老区镇）14 886人。

河口街道老区村：

红阳村委：低围村550人、六源村499人、木头坑村48人、庙咀村132人、陈屋村143人、坑尾村157人、清水塘村59人、大元洞村270人、大元市村75人。

初城村委：连州村225人、大围村1 035人、冲边村745人、井塘村260人、街尾村770人。

扶卓村委：黄岗顶村18人、迳口村181人、坎边村109人、塘角村111人、苏屋村149人、枫香咀村89人、新围村114人、陈屋村137人。

八和村委：罗铁村314人、罗乌村198人、芋荚塱村76人、东鸡磅村102人、旧围村114人、铁炉村53人、大塱村41人、社迳村24人。

田心村委：栈村753人、福禄岗村65人、余村392人、石桥冲村140人、田心围村252人、迥龙围村130人。

布务村委：塱卓村753人、三伯咀村124人、博村444人、布务村806人。

马岗村委：呈村639人、马岗村332人、红新村296人、岗顶村28人、尘沙围村69人、岗坳村327人。

云坑村委：云坑村318人、山家村205人、新坑村105人、坳背村57人。

双上村委：太平村86人、茅坪村240人、双上村320人、大塘肚村40人。

云龙村委：下云龙村149人、双成围村93人、高架塘村152人、罗礼口村68人、双分坑村129人、禾乐冲村51人、上云龙村152人、羊孖栏（现改名新建）村21人、油菜冲村43人、长坑尾村73人、罗坑村77人、梅子根村118人、大山尾村158人、塱塘村104人、望天塘村16人。

安塘街道：

夏洞村委：乌泥村529人、马王塘村186人。

前锋镇：

围仔村委：围仔村1 276人、杨梅村368人、天岗村167人、坪地村934人、秋风村330人。

南盛镇：

料洞村委：东村208人。

云城街道：

云楼村委：云楼村602人（含已并入的山塘迳村），紫犁冲村182人，大石岗村163人，分水坳村102人，替座村78人，替山塘村28人。

土门村委：民壮村416人，土门村428人，横排村335人，律头村163人。

牧羊村委：替围村1 100人。

城北村委：目塱村115人

思劳镇：

思劳村委：思劳村1 020人。

古律村委：古律村830人。

云贡村委：汉坑村140人。

云初村委：云初村251人，赤黎村404人，塘尾村61人，柏坑村43人，大塘村11人。

第二章
革命志士传播火种　农民运动风起云涌

　　云城区是一个人杰地灵、具有光荣革命传统的好地方。早在辛亥革命时期，广东东安（今属云城区思劳镇）人李晚，就积极参加孙中山领导的辛亥革命，1911年4月27日在广州起义中攻打总督署时壮烈牺牲，是举世闻名的广州黄花岗七十二烈士之一。之后，云城区又人才辈出，邓发烈士、梁桂华烈士等，都在中国共产党领导的革命运动中作出了积极贡献。同时，在中国革命的各个阶段，云城区人民始终坚持在中国共产党的领导下，与国民党反动派以及其他反动势力进行不屈不挠的斗争，特别是后来被认定为革命老区镇（街）、革命老区村的人民群众，他们在长期的革命斗争中，给我们留下许多可歌可泣的革命史实和革命斗争故事。

第一节 大革命时期的农民运动

一、两位革命志士回乡传播革命火种

1. 邓发

邓发同志1906年3月7日出生于广东省云浮市云城区附城乡石塘村一个贫苦的农民家庭。邓发原名邓元钊，初小毕业后，由于家境贫困，无法继续上学。为了生计，他离别了家乡的父老乡亲，跟随哥哥邓方到广州谋生，先后在广州市东区公安局当杂役，在西湖路公益祥方向旅店当茶房，在香港鲫鱼冲太古船坞大洋船、英国兵舰当杂役、厨工等。在这期间，他受尽了帝国主义和外国资本家的种种压迫和剥削。同时，在我国著名工人运动领袖苏兆征等的影响和教育下，慢慢开始探索和接受革命道理，并逐步认识到中国人民要摆脱悲惨的命运翻身作主人，就要向苏联学习，以苏联人为榜样，参加到工会、农会等组织，联合起来闹革命，才能打倒反动派。

受到革命思想的影响，邓发逐步走上了革命道路，并迅速成长成为我党早期的领导人之一，以及我国工人运动的杰出领袖。他1922年参加香港海员大罢工，1925年加入中国共产党，同年参加省港大罢工和东征战役，1927年参加广州起义，1928年后任中共香港市委书记，中共广州市委书记，中共广东省委常委、组织部长；1930年后任闽粤赣边特委书记，中华苏维埃共和国临时中

央政府执行委员兼政治保卫局局长；长征中任纵队政治委员；抗日战争时期任中央驻新疆代表兼八路军新疆办事处主任，中共中央党校校长，中共中央职工运动委员会书记，民运委员会书记；在中共六届三中全会上当选为中央委员，在中共六届五中全会上当选为中央政治局候补委员，1937年12月起任中共中央政治局委员等职。1945年9月代表解放区职工出席在巴黎召开的世界职工代表大会。1946年4月8日，同王若飞、秦邦宪、叶挺、黄齐生等同志由重庆返延安时因飞机失事在山西省兴县黑茶山遇难，时年40岁。

说起邓发同志回家乡传播革命火种，那是1925年5月和7月。1925年5月，邓发与各县特派员一起，集中到广宁县座谈农民运动情况，听取周其鉴等人介绍广宁县用革命武装抵抗反革命武装的经验，特别对广宁县总结的"凡是搞农民运动，就要组织农会；凡是组织农会，就必须成立农军。有了自己的武装，农民才真正有力量"的斗争体会和经验，给予了充分肯定，并表示要在今后斗争实践中加以推广。

1925年7月，邓发同志参加省港大罢工，并在罢工委员会宣传部担任宣传队队长。在此期间，他以宣传队队长的身份，带领宣传队回到家乡云浮县，以街头演讲、演话剧等形式，宣传反帝、反封建和农民运动，受到了家乡人民群众的欢迎，对当时正在蓬勃开展的农民运动起到了积极的推动作用，使人民群众受到了极大的鼓舞。

2. 梁桂华

梁桂华1893年1月出生于革命老区村广东省云浮市云城区思劳镇三坑村一个贫苦的农民家庭。1903年至1905年他在家乡读了两年私塾，之后便替地主放牛。梁桂华的父亲梁积，是一个建筑搭棚工人，1908年，在香港搭棚时发生事故不幸身亡。

　　父亲惨死后，家庭更加困难，年仅14岁的梁桂华便跟随舅父到广州学理发。1912年，学艺出师后辗转到佛山当理发工人。1921年，中国共产党早期广州共产主义小组成员王寒烬、梁复燃到佛山发动成立"佛山理发工会"，梁桂华被推选担任会长。佛山理发工会成立时，广州共产主义小组书记谭平山、陈公博等参加成立大会。下半年，王寒烬、梁复燃等在佛山成立工人俱乐部。梁桂华成为会员，当时的会员共有38人。他们经常集中听梁复燃讲革命道理和学习《共产党宣言》等，接受革命思想。1922年春夏间，梁桂华在佛山加入中国共产党，成为广东地区早期的共产党员之一。经云浮市党史办考证，他是最早加入中国共产党的云浮县籍人。同年12月，他组织领导佛山理发行业罢工，被当局拘捕并被判刑一年。由于组织营救，提前半年出狱。随后，他分别参加了佛山"共产主义十人团"，并成为共青团一大代表，也是云浮县籍人唯一的代表。同时，他参加了南海县农民运动第一支武装——南海农团军。1924年7月又被选派参加广州农讲所第一届学习班和黄埔军校农民运动军事训练班学习。1925年5月，中国共产党领导下的第二次全国劳动大会在广州召开，中华全国总工会成立，梁桂华被选为中华全国总工会执行委员。同年6月，梁桂华和邓中夏、苏兆征、杨匏安等20多位党团干部到香港，开展省港大罢工的组织发动工作。6月9日，著名的省港大罢工爆发后，梁桂华被党组织派回深圳担任省港大罢工委员会接待站站长，负责罢工人员回粤的接待工作。同年，梁桂华担任中共广东区委监委副书记①，是中国共产党第一个地方纪律检查机构的创始人之一。

---

① 王健英编：《中国共产党组织史资料汇编》，红旗出版社，1983年5月，第36页。

1926年，中山舰事件发生后，梁桂华受中共广东区委委派到香港，任中共香港工委书记[1]。在香港，梁桂华积极在回港的罢工积极分子中发展党、团员，扩大各行业的支部，建立了一系列秘密机关，为党转入地下斗争做好准备。1927年4月，蒋介石在上海发动了"四一二反革命政变"，广东的国民党右派也制造了"四一五反革命政变"，梁桂华由于叛徒出卖，被敌人抓入监狱，后获营救。出狱后，梁桂华负责组织和改编广州工人赤卫队，任赤卫总队副总指挥[2]。

1926年，为了筹集广州起义经费，梁桂华回到家乡云城区思劳镇三坑村，打算卖掉一间较好的祖屋，当时市值为200元左右。其堂兄梁甲受到梁桂华的革命教育和革命思想的影响，拿出400元交给梁桂华买下这间房屋，以表示对革命工作的支持。

回家乡期间，梁桂华不但为广州起义筹集了部分经费，而且还利用一切机会，向父老乡亲宣传革命思想，宣传共产党的主张，使乡亲们接受革命教育，明白革命道理，有力地推动了家乡的农民运动向纵深发展。

1927年12月11日，梁桂华参加广州起义。当日凌晨3点半，广州起义的枪声打响，梁桂华带领敢死队，配合教导团，包围了广州市公安局，与反动当局展开激战。天亮后，起义军占领了广州市公安局，建立了苏维埃政府。为了巩固红色政权，梁桂华负责长堤一带的警卫工作。13日上午，梁桂华在战斗中身负重伤，被送到韬美医院救治。下午，广州起义宣告失败，梁桂华被敌人抓捕后在韬美医院门前壮烈牺牲，年仅34岁。

---

① 王健英编：《中国共产党组织史资料汇编》，红旗出版社，1983年5月，第36页。

② 王健英编：《中国共产党组织史资料汇编》，红旗出版社，1983年5月，第85页。

二、农民运动的兴起

1923年6月，中国共产党第三次全国代表大会在广州召开，大会确定了与孙中山领导的中国国民党的合作。在国共合作的推动下，广东省的工农运动迅速发展，农民协会组织也在全省迅速发展起来。在这期间，云浮县的农民协会也不断发展壮大，并以不同的方式组织领导人民群众开展对敌斗争，大革命时期云浮县的农民协会成为领导云浮县人民对敌斗争的中坚力量。

1924年8月，云浮县进步青年陈世聪、吴金群、廖月进等参加了广州农民运动讲习所第二期学习班。随后，陈启明也于1925年1月参加了第三期学习班的学习。此外，还有陈凤浩等一批进步青年参加了由叶挺、黄锡源于1924年底至1925年初在肇庆举办的西江宣传养成所。这就为当时云浮县农民运动的开展和发展培养了骨干人才。他们学习结业后，先后回到了家乡云浮县组织开展农民运动。

1925年5月1日，中共广东区委和共青团广州地委联合发表了"五一"宣言，号召工农群众联合起来，组织工会和农会，开展罢工罢佃，实行对农民减租、减息，组织农民自卫军。同一天，广东省第一次农民代表大会在广州召开，选举产生了广东省农民协会执行委员会，并发表了《广东省农民协会宣言》，号召全省农民联合起来，共同奋斗，与统治阶级和反动派作斗争。

宣言发表后，全省各地农民运动蓬勃开展，在这一革命浪潮的推动下，云浮县在广州、香港、佛山等地的进步青年，先后回到家乡组织开展农民运动，组织建立农会。农运骨干罗顺球、陈世聪、廖月进等受广东省农民协会西江办事处的派遣，陆续回到了云浮县的腰古、小河、安塘一带开展农民运动，他们深入各地农村，进行宣传发动工作，并与腰古的进步青年程鸿才、张誉等人一起组织农会。不久，在腰古的水东、茅坡、小河、吉洞、新村、芙蓉、双稳、城头等乡村，都分别成立了农会组织。廖月进等人深入到安塘的乡村，发动群众，先后在安塘的都涝、都律、古宠、布贯、桐围、罗斗等村庄成立农会。与此同时，进步青年李灶、李桂庭从佛山、肇庆等地回到家乡云浮县思劳镇，开展宣传革命思想，组织成立农民协会，并在思劳的路心、三坑、双羌、旧村、都老、江尾、城村、罗村等地成立了农民协会组织。云浮县的农民协会组织发展很快，农民协会会员已发展到1万多人，并在东区的腰古成立了云浮县总农会。主要负责人是罗顺球、廖月进、陈世聪。

1926年，中共党员周其柏受广东省农民协会西江办事处的委派，带领一批青年来到云浮县开展农民运动工作，并在东区的腰古成立了7个乡的农会，还有9个乡筹备成立农会。云浮县在农民运动发展高潮的影响下，一批进步青年组织起来，宣传《广东省农民协会宣言》，呼吁群众组织起来，建立农民协会，组织农民自卫军，向封建反动势力作斗争，并积极做好建立农民协会的准备工作。不久，当时的国民党云浮县政府驻地云城（指云浮县城，不同于"云城区"）一带纷纷建立农会组织。北至桐油墩、西至大坎，南至横江、牧羊，土门、云楼等地，都建立起了农民协会组织，并积极开展各种活动。当时，在云城一带比较有影响的农会组织有禤懋卿、吴迪元发起成立的"云城自存会"；欧少良、谢世彬发起组织成立的"西城墩农会"。各地农会成立后，都曾组织农民高举大旗绕城游行，并高呼"打倒土豪劣绅、打倒反动军阀"的口号，农民运动迅速形成了一股巨大的革命洪流。

各地在成立农民协会时，参加大会的协会会员个个头戴铜鼓帽，胸佩农会会员证章，农民自卫军（简称"农军"）的会员还携带武器。农民协会成立的会场大多数选择在各乡村的大祠堂，会场主席台正中悬挂孙中山的遗像和"梨头旗"。大会开始时有人宣读《总理遗嘱》，后由农会负责人宣讲农会的宗旨，并在大会上庄严提出"打倒土豪劣绅、反对苛捐杂税、实行耕者有其田"等口号。每当有乡村新成立农会时，其他乡村的农会都会派出代表参加新农会的成立大会，以表示祝贺。据统计，当时云浮县成立农会的有腰古、小河、思劳、安塘、河口、云城等14个乡。各地农民协会的成立，给广大贫苦农民以极大的鼓舞。

三、农民运动的发展

1926年1月，广东省农民协会西江办事处（简称"西江办事处"）成立，办事处驻肇庆。西江办事处的职责是组织领导西江沿岸各县的农民运动。从此，西江沿岸各县的农民运动有了一个统一的领导机构。

在西江办事处的统一领导和指挥下，西江沿岸各县的农民协会和农民自卫军纷纷成立，农民运动形成了新的高潮。

在此期间，腰古、小河两个分区的农民协会成立。腰古分区农民协会主任程鸿才，成员有：程泽波、程水均、程耀年、程嘉荣。该农会组织了由40人组成的农军，农军配枪支弹药。枪支有部分是公尝的，有部分是向私人借的。农军平时分散，需要时集中，但经常集中在一起训练。腰古分区农军驻地水东大祠堂，农军队长程佩兰。小河分区农民协会主任张誉，农军队长吴镇南，成员：林文辉、李家祥、刘德恒。小河分区农军有20多人，配有20多支枪，他们平时各自在家干农活，训练和战时集中。小河分区农军驻地是明善小学。

思劳路心村在李灶的发动和组织下，也宣告成立农民协会，随后发展到双羌等地。至此，在腰古、小河农民运动的影响下，云浮县的农民运动有了新的发展。

1926年夏、秋，广东省农民协会西江办事处主任韦启瑞和办事处的罗顺球、周其柏等来到云浮县指导农民运动的相关工作。在他们的指导下，一些工作更加深入细致，发动群众的面更广，云浮县东区的农民运动得到了进一步的发展。为了促进腰古、小河两分区农民运动的深入发展，在西江办事处领导的支持和帮助下，云浮县腰古农民协会指挥部（即云浮县农协二分会）成立，统一领导云浮县东区的农民运动。指挥部设在腰古的蓉秀小学，总指挥程鸿才，副总指挥张誉、李灶，委员程佩兰、谢连声、程耀年、程水均等。同时还设立了一支20多人的农军常备队，配有长短枪20多支。农军常备队队长由程鸿才担任，张誉任副队长。

云浮县腰古农民协会指挥部经常组织农军常备队开展训练，组织领导农民开展减租、减息等斗争，没收土豪劣绅掌管的祖尝、公款，接管反动民团的武装，深得广大人民群众的拥护和支持。

此外，农会还分别在各地农村挑选青年农民作为农军的后备队，使当时的农民协会组织在全云浮县各地组建的农军达到了600多人。

四、农民运动的对敌斗争

云浮县的农民协会和农军发展壮大之后，全县各地先后由农民协会和农军组织领导开展了一系列减租、减息的斗争，并且取得了一个又一个的胜利。

1926年4月，腰古、小河两分区的农民协会，根据广东省农民协会西江办事处的指示，在程鸿才、张誉的组织领导下，1 000多名农民和农军队员，把守在腰古、小河口一带，沿河岸堵截运粮船只。当时正值灾荒，新兴同安堡张姓大土豪阴谋制造粮食紧张的气氛，把其囤积起来的5万多千克稻谷，在新兴江武装押运外出。当武装押运的船只到达腰古小河口一带时，沿岸的农民和农军勒令其停运并交出粮食，但遭到拒绝。结果农军和农民将这批粮食截获，然后分给当地的灾民们度荒。

1926年5月上旬，小河分区农会接到广东省农民协会西江办事处传来关于"二五减租"的消息时，立即召开了分区农会委员会议，作出了"二五减租"的决定，并组织农民向土豪劣绅们开展了轰轰烈烈的"二五减租"斗争。当时，新兴县碟村大土豪张鼎初有很多农田在小河一带，佃农要减租，张鼎初不答应，并带领20多名爪牙，气势汹汹地闯到小河分区农会办事处，抗拒"二五减租"。分区农会主任张誉见状，立即组织附近农军，手持武器埋伏在分区农会办事处周围，以备投入战斗。张鼎初等人闯入农会办事处后，强词夺理地质问张誉："佃农租田为什么不按田亩交租？你们实行'二五减租'简直是妄想。"张誉义正词严地驳斥他："农民终年辛苦劳动，每天两餐都吃不饱，哪有什么能力交租。而你们呢，不劳而获，吸农民的血汗。现在实行'二五减租'，是我们农民协会的主张，是全省农民会议决定的，是上级农会指示，我们坚决照办。"张鼎初听后，气急败坏地拔出手枪，并威胁张誉说："你们这样做，先问问这枪答不答应！"张誉则针锋相对地说："你如果反对，要得到我们农军的同意。"当时，农军领导吴镇南、李家祥带领着几十名农军在旁边响应，并把枪机拉响。张鼎初等人见硬的不行，便和随从灰溜溜地走了。

同时，小河城头村在农会主任李绍全等人的领导下，组织了100多名农会会员召开斗争大会，斗争了村里的几个大地主，高呼"打倒地主豪绅，反对苛捐杂税"的口号，实行"二五减租"，还收缴了他们的长短枪10多支。

腰古水东村农会在程鸿才、程耀年、程水均等的领导下，组织农会会员和农军，收缴了水东村大地主程宝球、程广和民团的长短枪40多支，子弹1 500多发，把他们管理的祖尝谷和太公公款全部交由农会管理，并把一部分粮食分给贫苦群众，一部分留作军粮。

1926年7月，小河分区农民代表大会做出决定，对小河公管局局绅麦容舫、李旭初巧立名目、贪污勒索、包烟庇赌，胡作非为等无恶不作的行为进行制裁，并决定接管公管局，所有财产归农会。

但是，麦容舫、李旭初不甘心失败，他们无时无刻都寻找机会，伺机反扑。1927年2月，他们伪装拥护农会，以"防匪盗、安百姓"为名，组织了反动民团和当局警察，并暗中勾结土匪和地痞，安插反动爪牙混入小河分区农会。当时混入小河分区农会的地主爪牙孔仲岐、董以盈带着几个冒充上级派来的人，撤换分区办事处的全部人员，篡夺了小河分区农会的财权和农军领导权。其阴谋被农会领导发现后，立即组织农会人员和农军对混入小河分区农会冒充人员进行了坚决的斗争，收缴了他们的武器，夺回了小河分区农会的一切权力。

在此期间，思劳、安塘、云城一带的农会组织，也纷纷组织农军开展"二五减租"等斗争。

第二节 农民武装暴动

1927年4月12日，蒋介石在上海叛变革命。4月15日，在广州的国民党反动派也发动了反革命政变，并在广东省各地血腥屠杀共产党人和其他进步人士，残酷地镇压工农革命运动，形势急剧变化并不断向坏的方向发展。

当时，云浮东区一带声势浩大的农民运动，极大地震惊了国民党反动派。为此，镇压农民革命运动的反动浪潮很快就波及云浮。一时间，全县处于白色恐怖之中。

4月初，原中央农民部特派员廖月进，根据中共西江地委关于反击国民党反动派镇压的精神，组织武装暴动，实行讨蒋起义。他协同进攻肇庆的部署回到云浮腰古、小河，并与这两个分区的农民协会领导和农军指挥部的正、副指挥程鸿才、张誉等研究决定，在腰古举行武装暴动；待暴动成功后即联合高要、新兴等县的农民协会和农军，实行南北夹攻起义，夺取西江重镇肇庆。

5月15日晚上，腰古农民协会指挥部的领导程鸿才、张誉等，带领10多名农军到小河吉洞开会，研究决定组织农军举行武装暴动，并决定于16日上午集中腰古圩准备举行武装暴动。

会后，程鸿才、张誉等各领导分别到各村，发动各村农会会员和农军，筹集粮食、枪支弹药等。16日早上，张誉带领几十名农军来到小河，把小河警察署长赖祝三和土匪恶霸"乌仔成""烂铜煲"逮捕，押往腰古圩。当时张誉已联合腰古、小河、思劳等地的农军400多人，农会会员1 600多人，共2 000多人集中腰古圩准备召开大会，公审并处决赖祝三和土匪恶霸"乌仔成""烂铜煲"等反动头目，然后立即向肇庆进发，参加起义。不料，这时从肇庆开来的国民党第三十七团（云瀛桥部）的机枪连，连同云浮县民团，从南北两路夹攻，以密集的火力对准会场猛烈射击。会场上毫无防备的农会会员和农军即被打散，伤亡惨重。

程鸿才等见状立即指挥几百名农军紧急集合，率领农军边战边退，并迅速占领腰古的石龙山和虾山，与敌人展开激烈的战斗。激战近两个小时后，农军死伤10多人，并终因敌强我弱，被迫撤出阵地，分散隐蔽，腰古暴动失败。

事后，国民党军队和地方反动武装，还对腰古、小河、云表、水东、芙蓉、思劳、路心等乡村的农会领导和部分农会会员的家进行了报复性搜查。遭受搜查的农会领导和部分农会会员的家被洗劫一空，甚至有些房屋也被烧毁。

对分散隐蔽的农会领导，国民党军队和地方反动当局，又悬赏进行追捕，并向他们的家属勒索钱财。国民党军队和地方反动武装进村搜查时，村里的青壮年大多数早已离家出走，只剩下老人和妇孺。有一天，他们闯入了农会领导人吴镇南的家，捉住了吴镇南的二叔吴景和七叔吴东相，并对二人进行严刑拷打，迫他们说出吴镇南的去向。两位老人不堪折磨，相继被迫害致死。

国民党军队和地方反动武装还不肯放过吴镇南一家，他们要捉走吴镇南的母亲。吴镇南的母亲对外宣称要"跳河自尽"，同时趁黑夜偷偷从小河圩跑到肇庆，在肇庆码头做苦力维持生计。抓不到吴镇南的母亲，国民党军队和地方反动武装不善罢甘休，又逼迫吴镇南的家人交出500两白银。为清偿这500两白银的所谓

"赔偿"，吴镇南的家人只好将祖宗遗留下来的一份田产卖掉，交清了这500两白银。此外，吴镇南的亲戚也受到牵连，他的一些亲戚也被国民党反动当局追捕而不得不离乡别井逃到外地。另外，国民党反动当局威迫吴镇南所在村的村民，修筑一条约两千米长的公路，这是他们所谓的"全村罚罪"。接着，狠毒的国民党军队和地方反动武装又将吴镇南及其他一些农会骨干的房子烧毁。

农会暴动失败后，农会主任程鸿才撤到腰古云表坑山上隐蔽，后被其家工人吴八告密，不幸被捕。分会副主任李灶也相继被捕。之后两人均在腰古大江边被杀害。

副指挥张誉和吴镇南率领部分农军突出重围后，安排逃出来的农军分散隐蔽，他们自己则离家出走。他们在出走途中到达肇庆，进入江滨的一家饭店时，突然，有一位满脸堆笑而深藏奸意的"招待"鬼鬼祟祟地走过来，对张誉和吴镇南大献殷勤。他对吴镇南"吴先生"前"吴先生"后地招呼，显得十分热情。吴镇南对这位素昧平生的人能够叫出自己的"姓"和"名"，并且又这么热情感到有些奇怪，立刻警惕起来。经过一番苦思冥想，吴镇南觉得此人并非一般的招待人员，而是另有其他身份或者受人委派有其他任务。为了安全起见，张誉和吴镇南迅速离开了饭店，到江边一条小船里躲避。后来，他们果然从远处看见这个"招待"引领着一群国民党反动军警来到饭店搜查。结果国民党反动军警扑了空，而张誉和吴镇南则侥幸逃过一劫。

从肇庆逃出来以后，张誉和吴镇南后来辗转于广州、武汉、上海等地，最后又转回到了香港。吴镇南在香港历经艰辛，终于找到了中共广东区委，并接受了新的任务。

张誉则不听吴镇南的苦苦相劝，急于回云浮重新开展革命工作。当年9月，张誉回到家乡隐蔽。期间，他收到之前曾交往、并曾有参与组织农会的念头、后来成为反动自卫团团长的新兴县同安堡黄芹的来信。他在信中说："我已参加农会，为保护老兄并帮助老兄渡过难关，请老兄到舍下避风，以随机应变……"起初，张誉对黄芹的来信半信半疑。但后来，他依信之约到了新兴县同安堡。这时，阴险的黄芹已在同安堡布满了反动兵丁，并扬言要活捉张誉。在黄芹准备的劝降酒席上，张誉才发现上当受骗，但为时已晚。

后来得知，这是国民党云浮县县长刘学修与新兴县同安堡自卫团长黄芹共同密谋设下的圈套。张誉于当年9月13日在新兴县同安堡迳口村被敌人杀害，年仅27岁。

张誉牺牲后，当地的土豪劣绅张帜文又逼迫张誉的胞弟张翰其补交追捕张誉花的白银300元。张翰其无钱交，张帜文又逼迫全村群众集资交纳。农会领导见状，即号召全村群众团结起来，拒绝交纳款项。最后张帜文一伙无可奈何，只得一走了之。

腰古农民暴动被国民党反动派残酷镇压后，紧接着国民党反动当局又在安塘、云城、思劳一带取缔农会组织，追捕农会骨干。1927年7月5日，国民党云浮县县长刘学修将云城农会骨干吴迪元骗到云城"宾兴馆"附近，以"砍农头"为名将其就地杀害。

由于国民党反动派对共产党人和革命群众实行大屠杀的政策，云浮全县的农民运动遭受了严重的打击，农会组织遭到了严重的破坏，各地农民运动的骨干有的被杀害，有的被迫出走。从这时候开始，云浮县轰轰烈烈的农民运动跌入了低谷。

云浮县农民运动和腰古农会暴动的失败，主要是因为国民党反动派掌握了政权、掌握了大量社会资源。而农会掌握的社会资源比较少，农民运动还在尝试阶段，特别是农会暴动，还是第一次，缺乏严密的组织、也缺乏装备、更缺乏武装斗争的经验，所以失败了。

云浮县农民运动和腰古农会暴动虽然失败了，但它却充分显示了农民群众对国民党反动派的抗争精神，有力地打击了国民党反动派的嚣张气焰，极大地鼓舞了广大人民群众的革命斗志，更为后来的革命运动和武装斗争奠定了基础和积累了斗争经验。

党组织的建立与重建

大革命时期，中共广东省委曾派出共产党员到云浮县工作，但由于各种原因，都没有能够把党的组织建立起来。到了1927年11月，中共广东省委再次派出共产党员到云浮县，才建立起云浮县的党组织，并使党的组织有了较大的发展。

一、多次重建中共云浮县委

1927年11月，中共广东省委派出了谭咏华、李庭、吴镇南、伍桂等回到云浮县开展工作，其中伍桂是从工人训练班学员中选派担任中共云浮县委书记的。他们来到云浮后，在县城建立了中共云浮县委，隶属西江特委领导。当时中共广东省委交给他们的任务是：发展和整顿党的组织，准备起义暴动，夺取政权；与肇庆等地联合起来组织更大规模的农民革命武装暴动。

伍桂等人到达云浮后，一方面联系云浮县所属的腰古、安塘、思劳等地分散隐蔽的农民运动骨干，传达上级指示精神，要求各地发动群众，实行土地革命，开展武装斗争，进行暴动，夺取政权等；另一方面，着手整顿和发展党的组织，建立中共云浮县委。但这些同志都只是在自己负责的乡村做了一些形式上的工作，没能把党的组织建立起来，更没有把中共云浮县委真正建立起来，在工农群众中也没有产生积极的影响。不久，这些同志都陆续离开了云浮。

1928年1月，中共广东省委决定，未有党组织的地方，都必须立即派负责人去建立党的组织。同年2月，中共广东省委又一次派出了李庭、吴镇南、李新、黄金和省委巡视员黄钊到云浮县开展党的工作，建立党的组织。

当他们来到云浮县腰古城头村，不但找不到党的组织，也找不到党员，但他们还是深入乡村，积极做好发动群众工作，并逐步联系上早期农民运动的一些骨干。5月1日，中共广东省委巡视员、中共西江上游特委书记黄钊到腰古城头村，与省委派来的李庭、吴镇南、李新、黄金，及在腰古城头乡等地吸收发展的中共党员陈日林、陈士心、黎耀堂、姚荣耀、徐士、李志德，加上在1926年参加省港工人运动时入党的陈剑夫等召开会议。省委巡视员黄钊主持会议并作政治报告，会议选举产生了中共云浮县委委员，具体为吴镇南、陈日林、陈士心、黎耀堂、姚荣耀、李庭、陈剑夫、苏木新、黄金，共9人。吴镇南、李庭、陈剑夫、黎耀堂、陈士心为县委常委，吴镇南为县委书记，李庭负责秘书工作，陈剑夫负责宣传工作，黎耀堂负责交通工作，黄金负责组织工作。县委设在腰古城头村，隶属西江特委领导。

新的县委建立后，各领导成员分别到各区、各乡村开展工作。黄金回三区翠石乡，李庭回二区古宠乡，黎耀堂回二区上岑乡，陈剑夫、陈士心留在城头乡。县委要求，各领导要在自己负责的乡村10天时间内秘密建立党支部；秘密组织农会、建立赤卫队组织；同时秘密发展团组织及童子团组织等；建立和健全县委及党支部的各项制度。县委每10天召开1次会议；县委常委每2天召开1次会议。党员全部重新登记，举办短期培训班培训党员等。

5月中旬，根据西江特委的指示，中共云浮县委召开了扩大会议，会议回顾总结了前阶段的工作。会议认为，县委前阶段只注重发展党组织工作而忽视了发动和组织群众。县委主要领导吴镇南和秘书李庭没有真正负起责任，工作被动，因而改选了县委。改选结果：陈剑夫、姚荣耀、黎耀堂、陈士心、谭洁5人为县委常委，陈剑夫为县委书记。

这次会议后，经过县委及各位领导的共同努力，使党的建设有了较大的发展。到6月5日，全县已建立党支部15个，发展党员131人（主要集中在一、二区）。之后，根据中共广东省委关于"在此新发展开的形势中，县委固然一方面要继续努力去发展，但另一方面要注意坚强组织，训练党员"的指示，把从数量上发展党员的速度放慢了。到8月7日，全县党员只有146人，建立了城头、古宠、冼村、都涝、罗斗等共16个党支部（其中乡村支部12个，其他支部4个）。

为了总结恢复农民协会、农军的斗争经验。1928年8月3日，中共云浮县委在腰古城头乡召开全县活动分子会议。会议的主要内容：一是分析全县党组织的情形；二是总结前阶段的工作；三是分析全县政治状况；四是选举产生新的中共云浮县委。

这次会议，除云城的同志未能赶来参会外，到会的有10多人。会议一是分析了全县党组织的情形。在分析全县党组织的情形时指出，根据前县委报告，全县乡村支部12个，其他支部4个，有党员140多人。党支部组织75%在乡村，25%在县城。二是总结了前阶段的工作。在总结前阶段的工作时指出：农民组织开展了多种形式的斗争。例如筑路斗争，自城头乡开始，沿途各乡群众都起来了，而且取得了胜利。又例如夏收减租等也已实行，袭击小河公安局、安塘掳土豪等都是党支部实施的，在本区为之震动。县城方面，党组织的力量较弱，工作成绩也不大，但在宣传方面较有成效。三是分析政治状况。国民党云浮县县长刘学修伙同东区陈仲卿，西区叶伟东、北区阮伯南一班土豪劣绅统治全县，县城有民团兵丁约50人，商团约20人，没有防卫军。西区、南区与郁南、罗定接壤，这些地方土匪较多，北区临西江，重要圩场六都南乡约有常备队30多人，并且他们可随时召集2 000人以上，这就是敌我力量对比的形势。四是选举产生了新的县委。对县委前段时间的工作进行了批评，认为县委前段时间的工作偏重于武装性的骚动，没有积极发动群众起来参与斗争；只是以党组织的名义开展活动，没有了解农会、工会组织的工作而忽略了群众组织的相关工作；没有对全县的观察与计划，致使工作畸形发展；没有集体化的领导和指导，更没有发现新的干部人才和对人才的培养；宣传工作做得少，县委没有切实履行职责。会议即席选举出新的云浮县委，由11人组成。8月8日再次召开会议，到会6人，选举出常委5人，并决定增设副书记1人，从常委中推选，以备书记出缺时执行职务（后经省委批复为后备书记，当时空缺）。

二、建立多种群众组织

中共云浮县委于1928年5月在腰古城头村建立后，历次的县委工作会议都根据中共广东省委和中共西江特委的指示，把开展群众工作、建立多种群众组织列入议程。会议作出决议并成立相应的领导机构，具体由县委分工负责开展工作。一是在腰古城头乡建立了党的支部。之后到8月中旬，已在全县建立了16个党支部。二是组织建立工会。1928年5月，县委成立了职工运动委员会，并由县委的黄金、伍桂、陈剑夫组成，由黄金任主任。职工运动委员会成立后，县委指派黄金回云城调查职工生活状况，然后做好职工的发动工作，在职工中发展了一批党员，并建立了职工党支部。三是开展兵运工作。同年5月中旬兵士运动委员会成立，姚荣耀、陈士心、黎耀堂三人为执委，姚荣耀为主任，以后在云城开展工作，并印发了《告兵士、警察民团书》，在兵士中发展党员，建立党支部。四是组织恢复农会工作。原计划有党支部的乡村，首先在群众中挑选2至3人，加上党员组成1个由5人组成的乡农会执行委员会，然后逐步发展会员，扩大农会组织，成立乡农会。后来有同志认为有党支部的乡村，武装都已经掌握在自己手上，对群众也已经有影响力，没有必要再建立农会。后来经请示省委，省委指示要充分认识建立农会的重要性和必要性，抓好建立农会工作。到了8月初，县委才下决心，决定在建立各乡党支部的同时建立和发展农会组织，并按原定计划开展工作。五是组织成立了妇女互助会，县委任命城头村党员李亦农为主任，开展妇女工作。六是建立了共青团云浮县委的组织，并由姚荣耀负责，做好发展共青团组织的工作。七是在6月5日成立了云浮县军事委员会，由陈剑夫任军委主席，兼全县赤卫队长并组建了有10多名干部参加的赤卫队，以便更好地开展对敌斗争。同时，县委要求有党组织的乡村，都要建立和发展赤卫队。

三、坚持开展对敌斗争

1928年2月2日，中共广东省委制订的《西江暴动工作计划》，明确要求西江各县党组织要从乡村的小斗争做起，逐步扩展到大的暴动，从西江的暴动逐渐形成全省总的暴动。根据这一计划，中共云浮县委在腰古城头村建立后，即确立了对敌人进行骚动的思想。经过县委常委会研究决定，由吴镇南、李庭、谭浩三人与土匪接头，以便利用他们进行骚动。后来，云浮县党组织发现只靠土匪不能把骚动工作发动起来，于是决定由军委统领赤卫队，指挥对敌骚动工作。同时，云浮县党组织要求各党支部、农会等，集中所有武器，在最短的时间内消灭土豪劣绅的大本营，对他们进行捕杀，然后散发传单，张贴公告，公布他们的罪行，引起广大群众对土豪劣绅的愤恨并支持中共。并以通过小规模的骚动，发动群众，汇集成全县总的暴动。

在这种思想的指导下，县委多次发动组织了武装和非武装骚动。一是反对土豪劣绅无偿占用和破坏农民的耕地修建公路。国民党云浮县县长和土豪劣绅互相勾结，修筑腰古至云城公路，不但无偿占用耕地作路面，而且还在公路两旁取泥挖土七尺（约2.3米）深，破坏农田、祸及农民。针对这一情况，城头乡党支部首先发动城头村100多名群众起来斗争，并包围了公路办事处，呼喊"打倒反动县长和土豪劣绅及其走狗"等口号。反动当局派出警察企图镇压，但群众蜂拥而至，反动警察闻声而逃。负责工程的监工为之恐慌，公路公司不得不对所破坏的农田进行赔偿。经过这次斗争，公路沿线各乡村都以城头村为榜样，组织起来斗争，并取得了胜利。二是与冼村反动土豪劣绅"围鸭仔"闹矛盾发生争斗，冼村党支部派人与其到小河均安局协商解决，由于准备了武器，斗争取得了胜利。三是向土豪"标参"索取赔偿。8月1日，在安塘圩掳走了牛皮铺店主黎胜，向他索取了赎金。四是攻打小河堡均安局警察署。6月7日，县委派人张贴《搞破豪绅地主宣言》，被敌人察觉后，立即报告县委。经县委常委研究决定，由军委采取行动。6月18日晚，县委派出干部和赤卫队13人，攻打豪绅大本营小河堡均安警察署。后因警察署锁上大门未能攻破而进不了警察署，最后抓住了一名经常勾结土豪劣绅、无恶不作的地主并把他处决。五是发动群众进行夏收减租，把佃田从每丘割去四周两行禾归佃户外，再从交给田主租谷中扣10%归全村公用。

这一系列的骚动工作，对敌人震动较大，从腰古至云城，农民们都直接呼叫着："分田的共产党来了！"这时，反动当局大为震动，伪县长也坐不住了，特别是东区的土豪劣绅、警察等人人自危，小河堡均安警察队队长不辞而别。

　　经过多次重建的云浮县党组织，在较短时间内，领导全体共产党员和人民群众，积极开展工作，并取得了初步的胜利。但是由于对敌骚动，震惊了国民党反动派，国民党云浮县县长刘学修，对共产党人恨之入骨，并于8月29日晚，派出大批军警，包围了中共云浮县委驻地腰古城头村。县委书记陈剑夫和罗定县委书记张礼冶（张礼冶等人因不能回罗定，被迫从罗定黎少转到高要而暂栖于腰古城头村）及两县县委成员共10多人不幸被捕。

　　敌人对陈剑夫进行了严刑拷打和刑讯迫供，妄图迫陈剑夫投降和说出他们想要的东西。面对敌人的严刑拷打和刑讯迫供，陈剑夫始终坚贞不屈、视死如归。8月31日，敌人从陈剑夫口中得不到什么情报，就把他押至小河圩尾花塘边杀害。陈剑夫牺牲时年仅37岁。

　　由于县委书记陈剑夫的牺牲，云浮县的党组织又一次遭到了严重的打击。同年冬，中共广东省委派黄金担任云浮县委书记。1929年冬，黄金在云城遭到国民党反动派逮捕，之后下落不明。

　　1930年2月，中共广东省委派谭涤宇（即谭冬青）担任云浮县委书记。由于国民党反动派的疯狂镇压，党组织无法开展活动，党的工作也无法开展。另外，当时的中共广东省委由于受到错误思想的影响，谭涤宇同志受到中共广东省委的处分，被开除党籍，同时被迫离开云浮。到8月份，云浮县的党组织全部停止了活动。直到1938年，中共广东省委派遣抗日宣传队到云浮，党的组织才得以逐步恢复和发展。

第三章
日军入侵云浮　军民奋起抵抗

　　1931年，侵华日军发动"九一八"事变，侵占了中国东北三省，并成立了伪满洲国。此后日军陆续在华北、上海等地制造事端、挑起战争，国民政府则采取妥协政策。1937年7月7日，日本侵略军发动了七七事变，由此，全国性抗日战争爆发。当年7月8日和15日，中共中央分别发出通电和宣言，号召全民族开展抗战，并呼吁以国共合作为基础的抗日民族统一战线联合开展抗战。经中共代表多次与国民党代表谈判，促成国共两党第二次合作。全国抗战的形势，促进了云浮县党组织的恢复，并推动了云浮县抗日救亡运动和武装斗争的发展。

第
一
节

恢复云浮县党组织 建立云浮党支部

由于国民党反动政府的疯狂镇压，云浮县党组织于1930年8月遭到破坏并全面停止了活动。到了1937年8月，停止活动达7年之久的云浮县党组织才由于抗日宣传队到云浮宣传抗日救亡运动得以逐步恢复，并且党的组织和党员人数都有了较快的发展。

一、恢复建立中共云浮县支部

随着抗日战争全面爆发，抗日救亡运动也在全国各地蓬勃开展。1938年8月，广东省青年抗日先锋队（简称"抗先队"）17分队共12人，在中共党员周明的带领下，从广州来到云浮宣传抗日救亡。他们在开展宣传抗日救亡运动的同时，建立了中共云浮县支部，开展党的工作，发展党员，壮大党的组织。

1938年10月下旬，广东省青年抗日政治工作队一行15人，来到云浮县南部的云雾山区，开展抗日宣传，但他们在那里只活动了两个月便调走了。

广东省青年抗日先锋队来到云浮县之后，周明、林援、林琳、阮南4位共产党员建立了抗日先锋队党支部，隶属中共广东省委。之后该党支部又吸收了余渭泉为中共党员并培养了李清、潘泽元、麦裕滔、陈锦卿4人为入党对象。12月，4人在新兴县进行入党宣誓，正式成为中国共产党党员（陈锦卿后脱党）。李清等4人从新兴回来后，积极开展党的工作和从事抗日宣传活动，使云浮县党的组织得到了恢复和发展。

二、中共云浮县特别支部的建立

1939年2月，云浮县籍中共党员余渭泉、徐枫、李君怡3人根据西江特委的指示，从新兴回到云城，一方面公开建立起云浮县抗日先锋队独立支队；另一方面秘密筹备建立党的组织。当年4月至6月初，西江特委派领导来到云浮县，帮助建立起中共云浮县特别支部（简称"特支"），余渭泉为特支书记。特支建立后，一方面领导抗日先锋队组织开展抗日救亡运动；另一方面，通过群众运动的锻炼和考验，物色对象，发展党员，巩固和壮大党的组织，把开展群众运动和发展党的组织结合起来。

云城的抗先活动，始于1938年7月，周明带领省抗日先锋队17分队12人来到云浮县。不久，周明等4人去了都骑，其余的队员则留在云城。他们在云城没有发展抗先队员，暑期结束后，就返回了广州，云城的抗先活动也就停止了。此时，余渭泉等同志从新兴回到云城，与麦长龙等一批进步青年学生一起，很快便建立了广东省青年抗日先锋队云浮独立支队，余渭泉任队长，徐枫、麦长龙为副队长。独立支队建立后，主要是从云浮中学学生中发展队员，同时也吸收了一些城镇青年参加，并在云浮中学设立了抗日先锋队分队队部，与都骑乡的抗日先锋队分队队部，都归独立支队领导。随着抗先组织的发展，先进分子也不断涌现，这就为发展壮大党的组织创造了条件和奠定了基础。

1939年初，西江特委建立的时候，正是西江地区政治环境发生逆转的时候，当时省抗日动员委员会已迁往韶关，战时工作队（简称"战工队"）集中曲江。国民党党部派高培巡视西江党部，把各县党部换上顽固派分子，随即开始"反共""反抗先队"的宣传。到6月，国民党又派特务到各县活动，大肆进行

"反共"宣传，并恐吓进步青年群众。同时，他们又派出特务分子混进党组织，在西江地区掀起了第一次"反共"逆流。在这样的政治环境中，西江特委决定云浮县党组织采取"巩固、发展"的方针，加强党组织建设。

在这个方针的指引下，当年6月，云浮县特支首先在云浮中学吸收了学生麦长龙入党，以后又在云浮中学和都骑小学吸收了麦冬生、谭伯云、高远钧、李俊杰、区德民、陈明华、孔祥、陈华年、潘式行共9位同志加入党组织。另外，同样在都骑，吸收了一批抗先队队员积极分子加入党组织。同时，从外地调来了陈孔嘉夫妇以及陈联等一些党员。到11月下旬，全县共产党员的总数达到了35人。

随着党员人数的增多，全县各地又陆续建立了多个党支部。其中1939年6月建立了石门头（地矿局）党支部，支部书记陈孔嘉；7月份建立了都骑党支部，支部书记区德民；8月份建立了云城党支部，支部书记由余渭泉兼任；9月份，云浮中学搬到太空岩并同时建立了云浮中学党支部，支部书记麦长龙。10月份，余渭泉调到粤北，经中共西江特委批准，云浮县特支书记改由陈孔嘉担任，组织委员徐枫，宣传委员麦长龙。

1940年上半年，云浮县特支改为临时工作委员会。临时工作委员会书记陈孔嘉，委员麦长龙。下半年，陈孔嘉调往外地，临时工作委员会书记由区德民接任。

1941年1月，麦长龙调往三水县委，临时工作委员会只剩下区德民1人，并且区德民要为党组织筹集经费而经常外出经商，所以到了1942年7月，麦长龙从三水县委回到了云浮，接替了区德民临时工作委员会书记的职务。同时，根据上级的指示精神，撤销了临时工作委员会，改为特派员制，麦长龙成为云浮县党组织的特派员。此时，云浮县党组织已有党员40人，分布在云城、腰古、安塘、六都、都骑、杨柳、泽源等地。这为抗日救亡运动在全县各地铺开、推行抗日民族统一战线政策和开展敌后游击战争等创造了有利条件和奠定了基础。

1943年初，根据国内的形势和上级部署，云浮县党组织停止了一切活动，但要求共产党员要保持革命气节，要勤职、勤学、勤交友。共产党员只以公开职业隐蔽身份开展活动。这种情况持续到1945年初才恢复。党组织恢复活动以后，特派员仍由麦长龙担任。

建立青年抗日团体　开展抗日救亡运动

抗日战争全面爆发后，中共南方工作委员会广泛团结各政治派别、各阶层人士，组建各地（包括海外）的抗日救亡队伍，并动员和组织领导青年学生到省内各地，对广大群众开展抗日宣传，把抗日救亡运动不断推向新的高潮。在全省抗日救亡运动的推动下，云浮县的抗日救亡运动也迅速兴起。

一、抗日团体的青年运动

抗日战争全面爆发后，"停止内战，一致抗日"的呼声遍及全国各地。在广州，中共南方工作委员会发动和组织人民群众举行"御侮"救亡示威大游行。接着，广州市"抗敌救亡会""御侮救亡会""秘密学联"等抗日团体相继成立。在这些政治大环境的影响和抗日浪潮的推动下，云浮县的青年学生也纷纷组织起来，加入到抗日救亡运动的行列。

在云浮县北部的都骑、杨柳一带，余渭泉、徐枫等一批青年教师，于1937年下半年在都骑小学以校友和年长学生为基本队伍，组织成立了抗日救亡少年先锋队和抗日御侮救亡宣传工作团。工作团除了在本乡开展抗日救亡宣传工作以外，还组织部分工作人员到腰古、安塘、六都、泽源等地，以多种形式宣传抗日。所到之处，他们除了宣传抗日之外，还帮助乡村和学校组织抗日救亡宣传工作团。

随着抗日救亡运动的兴起，全县不少学校师生和城市回乡人员也纷纷行动起来，向人们宣传抗日救国，动员青年参军参战，开展献金活动等，还在云城搞了小型的话剧联演、抗日漫画展览以及歌咏会等一系列活动，宣传抗日。这些活动，内容非常丰富，影响力也很大。

广州沦陷后，有一批大专院校的学生和一些广州市的进步人士，也来到云城，并在云城组织了临时抗日宣传队，走上街头宣传抗日。同时，还举办了抗日歌曲训练班，培训抗日宣传工作人员。在他们的感召下，云浮中学的学生也组织起来，开展多种校外抗日宣传活动。在开展校外抗日宣传活动中，学生们走上街头，表演《日本鬼子野心大》等节目和演唱《义勇军进行曲》等抗日救亡歌曲。

1939年9月，广东省抗日动员委员会派出了一支战工队来到云城，队长是曾东。战工队来到云城后，向云浮县的青年学生介绍了广州青年抗日运动的动向和抗先队的组织情况等，他们在云城活动了一段时间后，吸收了一部分云浮的青年学生加入到战工队组织。不久，还选择了16人编成战工队129分队，由队长区曼、副队长曾锦泰率领，到农村开展抗日救亡宣传活动。

二、广东省青年抗日先锋队在云浮的活动

国民党蒋介石对日本侵略者的疯狂进攻采取消极抵抗，使得在不到一年的时间里，日军先后攻占了北平、天津、上海、南京等地，大片国土成为沦陷区。

对此，中国人民义愤填膺。中国共产党领导下的八路军和新四军积极抗日。八路军、新四军以及其他民族统一战线的抗战力量，深入敌后，开展抗日游击战，逐个歼灭敌人，对日本侵略者进行了有力的打击，并逐步收复了部分失地，建立政权。

面对这一形势，中共广东省委号召全体共产党员、共青团员、抗先队员和社会各界爱国人士，积极开展抗日救亡运动，并号召共产党员、共青团员、抗先队员到农村去，宣传发动群众、组织群众，在农村建立抗日阵地和建立党的组织，扎根农村，准备长期斗争。

1938年暑假期间，抗先队响应中共广东省委关于到农村去的号召，动员了500多名青年学生，组成工作队，分赴全省各地宣传抗日救亡工作。来云浮的是抗先队西江17分队，周明任队长。他们通过当时云浮县的开明绅士潘维尧的关系，在云浮县进行宣传抗日救亡。中心任务是到农村建立党组织，恢复党组织在云浮的阵地，并以此为突破口，开展革命活动。期间，他们首先找到国民党云浮县党部和云浮县民众抗敌后援会，并以此作为抗先队西江17分队的临时队部。紧接着，他们开展了一系列的抗敌宣传工作。首先在云浮中学召开了抗敌救国群众大会，参加大会的有云浮中学学生、各抗日团体、各界代表，国民党云浮县党部也派人参加了大会。大会号召大家团结一致，抗日救国。在大会发言的大多数是青年学生，他们情绪高涨，群情激昂。

会后，许多青年学生主动到抗先队西江17分队的临时队部与分队领导交谈，并表示要为抗战和捍卫国家出一分力。后来，由于来的人比较多，该分队分成若干个小组，以小组座谈会的形式与这些青年学生交谈。通过参加这些座谈会，这批青年学生提高了对抗战卫国的认识和政治觉悟，进而形成了一股新的青年抗战力量。党组织从中发现先进分子，为党组织的发展壮大积累了一批后备力量。

中共广东省委为了巩固和加强云浮的抗先队的工作，增派了共产党员林琳到云浮，使在云浮的抗先队西江17分队的人数增加到13人。为把抗先队的工作范围和工作效果进一步扩大提升，周明、林玩、林琳等经过商量后决定，除了留下一部分队员在云城工作外，分出一部分队员深入农村。他们找到开明绅士潘维尧商量，潘维尧介绍他们到都骑、杨柳一带活动。于是他们又去找到时任都骑小学校长的余渭泉商量。余渭泉表示都骑小学可以作他们的落脚点，并且表示只要抗先队在都骑，他们的工作和生活费用全部由都骑小学解决。

周明等人在都骑考察了几天后回到云城，并把情况向党支部作了汇报。党支部决定，把抗先队西江17分队一分为二，大部分留在云城，由林玩负责，继续做好青年学生抗先等工作；周明和林琳、阮南、邱剑潮转移到都骑小学开展工作。

1938年暑假将近结束，在云城活动的抗先队队员大多数还是青年学生，他们陆续离开云城回广州。但周明、林玩、阮南等仍坚持留在云浮。同年10月20日，抗先队总队部在四会县（现四会市）召开了第一次代表大会。会后，抗先队又派了一个小分队来到云浮县的腰古一带，开展抗日救亡活动。到了1939年1月，他们又奉命到了粤北开展抗日救亡宣传工作。1938年12月中旬，周明一行调离云浮，到广东南路工作。

三、抗日先锋队云浮独立支队

抗先队来云浮进行抗日救亡宣传活动，不仅把云浮县的抗日救亡宣传活动推向了高潮，而且还在云浮县播下了抗日救亡先锋队的种子。1938年12月，周明一行调离云浮后，西江特委指示当时正在新兴的余渭泉、徐枫、李君怡等同志返回云浮，稳定下来搞好党的建设。1939年1月，上述3位同志奉命返回云浮。临行前，西江特委领导梁嘉向他们作了关于党建工作的具体指示。其中着重阐述了当时的政治形势正处于革命高潮，应该大刀阔斧地开展工作。但是既要小心谨慎，又要反对关门主义。梁嘉认为他们回云浮工作，先用抗日先锋队这个组织形式，把爱国进步青年组织起来，发挥他们的桥梁纽带作用，再发动工农民众，形成抗日救亡统一战线，共同抵抗日本侵略者。

回到云浮初期，他们以第四战区动员委员会战时工作队的名义发动群众。按照西江特委的布置，他们首先到云浮县民众抗敌后援会找到潘维尧。潘维尧和民众抗敌后援会的有关人士热情地接待了他们。就这样，他们以四战区战时工作队和抗日先锋队两个名义开展工作。

同年2月，余渭泉经一位教育界老乡陈思虞介绍，认识了云浮中学校长陈显光。余渭泉向陈显光校长提出在云浮中学发展抗日先锋队队员，继而在云浮中学广泛开展抗日爱国思想教育的想法，都得到了陈显光校长的同意。陈显光表示，欢迎他们到云浮中学开展活动，并聘请余渭泉到云浮中学担任钟点教员。

经过这些工作，他们首先获得了云浮中学这块"阵地"，继而利用这块"阵地"，积极向云浮中学的青年学生，进行抗战宣传教育。抗战宣传教育的一系列活动，吸引了很多青年学生参加。有些青年学生还前来探访座谈，了解国内形势和学习革命道理。参加抗战宣传教育活动和前来探访座谈的青年学生，许多都是麦长龙引荐来的。麦长龙与余渭泉是师生关系。在余渭泉的影响下，他带头参加了抗日先锋队。紧接着，云浮中学一大批进步的青年学生，踊跃参加到抗日先锋队组织。到当年6月，云浮中学参加到抗日先锋队组织的正式队员已达100多人。

云浮中学学生未参加抗日先锋队之前，只是做一些抗战的宣传发动工作。包括张贴海报、写标语等。通过这些形式，宣传抗战和发展壮大抗日先锋队。云浮中学大批学生参加了抗日先锋队之后，抗日先锋队的人数较多，抗战宣传的形式和内容也丰富了，在县城办墙报，墙报的名称是《云浮抗先》。墙报内容充实、文章短小精悍，每期都吸引了不少读者，发挥了很好的宣传作用。

由于抗日先锋队的人数较多，除了继续做好抗战宣传工作之外，有时还派出几十人去支援驻军挖战壕和帮助驻军做一些其他工作。

1939年的3至4月期间，余渭泉向西江特委作了工作汇报之后，西江特委向云浮县党组织和抗日先锋队组织作了重要指示。指示的主要内容是可以借助云浮的云雾大山建立游击根据地，并指示云浮县可以先派几个抗日先锋队队员深入调查，同那里的群众建立好关系。同时，指示云浮县要建立抗先队云浮独立支队。

按照西江特委的指示，余渭泉等把云城李晚烈士公园内两层白色洋房作为队部驻地，成立了"广东省青年抗日先锋队云浮独立支队"，支队长余渭泉，副支队长徐枫（徐文华）、麦长龙。并在李晚烈士公园门前挂起了"广东省青年抗日先锋队云浮独立支队"的牌子。

抗先队云浮独立支队成立后，按照西江特委的指示派出队员前往云雾山区。根据从肇庆来的抗日先锋队干部李浩的反映，云浮县社训总队副队长李瑞是他的大哥，大革命时期是"自己人"，大革命失败后失去了联系，现在联系上了，并表示愿意支持抗日先锋队。最后经李浩介绍，李瑞来到抗先队云浮独立支队队部，要求派3—5名队员到社训总队当指导员和前往云雾山区。经过挑选，抗先队云浮独立支队最后决定派出徐枫、徐锡怀、麦锡金、李君怡等几位同志到社训总队当指导员，和社训总队一起到云雾山区的富林乡。

在富林乡，他们公开的活动是搞社会军训，但主要的任务是到云雾山区发动群众，勘察那里的地形地貌，为建立游击根据地做好准备。

但在云雾山区活动了仅两个月左右，云浮县地下党领导层内部就对这种做法有不同意见。主要是陈孔嘉认为应该首先集中力量搞好云城的抗日先锋队的组织建设，最后得到西江特委杨普的同意，原来去了云雾山区的几位同志回到了云城，安排在抗先队云浮独立支队工作。

几位同志回到云城后，云城的青运工作有所加强。抗先队云浮独立支队副支队长麦长龙和从云浮中学学生中抽来的一批骨干，积极发展队员，使云浮中学抗日先锋分队在人数上有了很大的发展，在素质上也有了很大的提高。1939年上半年，抗先队云浮独立支队的队员达到了100多人。云城分队（包括机关职员、企业青年和云浮中学学生）共70多人，由麦长龙副支队长兼任分队长。都骑分队（主要是青年教师、年纪稍大的学生等）约30人，麦冬生任分队长。

抗先队云浮独立支队以云浮中学和都骑小学为阵地，开展抗日救亡宣传活动。在云城分队，创办了墙报《云浮青年》。当年9月，云浮中学搬上太空岩，成立一个独立的"抗日先锋独立支队云浮中学分队"，分队长由麦长龙兼任，分队队部设在岔路铺。云城留下的10多个队员，主要是机关职员和企业员工，云城分队的名称已不再使用。云浮中学分队在太空岩继续出版墙报，同时把墙报名称由《云浮青年》改为《云中青年》，都是抗日救亡方面的相关内容。

云浮中学分队的队员经常集中到分队队部学习。学习主要内容包括毛主席著作《论持久战》，还有其他革命书刊，如《抗日救国十大纲领》《二万五千里长征》等。同时，还听取时事报告和进行讨论等。队员回到学校，则向同学们进行宣传。他们以在校内外出墙报、画漫画、演话剧、开歌咏会、游行、写标语等多种形式，进行抗日救亡运动的宣传。

为了扩大抗日先锋队的影响，把云浮县的抗日救亡运动推向高潮，1939年暑假期间，云浮中学分队组织队员下乡，深入到腰古、初城等地，以散发传单、演话剧、开歌咏会等形式，进行抗日救亡运动宣传，把抗日救亡运动宣传搞得有声有色、热火朝天。

1939年，抗先队云浮独立支队已发展到200多人，成为一支党组织领导下的坚强的抗日团体。

四、抗日先锋队云浮独立支队在逆境中的斗争

抗先队云浮独立支队的发展，并不是一帆风顺的，而是在无数次的斗争中发展起来的。1939年夏天，国民党云浮县党部召开了一次全县所有民众团体参加的会议。会议抛出了一个荒谬的理由，说是为了统一意志、集中力量抗日，要求全县所有民众团体自行解散，所属队员或会员，30岁以下的划入"三青团"，31岁以上的介绍参加国民党，并要求抗日先锋队发挥"先锋"作用，带头做好这项工作。

抗先队云浮独立支队的领导意识到这是国民党反动派的一个阴谋，并且由于抗先队总队部西南办事处事前已作布置，要求做好斗争的准备，面对国民党云浮县党部的这一挑战，支队长余渭泉据理力争。最后经请示抗日先锋队总队部并获得批准后，抗先队云浮独立支队可以在保持组织独立的基础上以团体名义参加"三青团"。由于参加会议者大多数都支持抗先队的意见，会议主持者意识到争论下去也不会有什么好结果，只好散会。由于采取了坚决的斗争，抗先队云浮独立支队粉碎了国民党云浮县党部企图解散队伍的阴谋。

面对失败，国民党云浮县党部当然不会就此甘心。他们觉得抗先队云浮独立支队在云城有较大的影响力，已经把统战工作做

到了政府机关和驻地部队等，特别是他们还有上级组织——抗先队总队部西南办事处，不能小看。于是，1939年下半年，国民党云浮县党部选派了两名"黑悍将"投入破坏工作。其中一个叫张振德的人打入云浮中学担任训育主任兼政治教员，另一个姓陈的被派到都骑。他们认为，抗先队云浮独立支队有两大支柱，一个是"云浮中学分队"，另一个是"都骑分队"，想一下搞垮它有难度，必须从破坏基础开始，逐步把它搞垮。

两人到了云浮中学和都骑之后，到处煽风点火、发表谬论、破坏团结。这两个人的所作所为，很快就被抗日先锋队的同志们识破。抗日先锋队与他们进行了一次又一次的斗争，最终把他们破坏团结、破坏统一战线、想搞垮抗先队云浮独立支队等阴谋揭露出来并公之于众，让大家都看清了他们的真面目。

由于当时国民党广东省党部的领导权已被中统特务高信所掌握，广东三青团又被军统特务蔡劲军所控制。他们互相勾结、狼狈为奸，在全省范围内掀起了一股反动逆流。1940年3月中旬，国民党云浮县党部在取得了新任县长陈子和同意后，联名勒令抗先队云浮独立支队解散，并派警员到李晚公园强行驱赶抗先队云浮独立支队队员，并把办公用品扔到门外，还把大门钉闭并加上了封条。由于事前地下党组织已获得了情报，指示余渭泉先撤离县城，隐蔽到都骑指挥战斗。县城则留下副支队长徐枫率领队员和青年群众与敌人斗争。

抗先队云浮独立支队队部被封后，徐枫和队员陆续转移到都骑。随后，印发了一份《抗议国民党云浮县党部破坏团结抗战，强行解散云浮抗日先锋队告社会人士书》。同时，发动大家利用自己的社会关系，写信控诉国民党云浮县党部强行解散抗先队云浮独立支队，并在都骑第一小学召开了抗议国民党云浮县党部强行解散抗先队云浮独立支队的群众大会，抗先队总队部西南办事处驻云浮县的指导员林惠谋出席大会并讲话。他在讲话中揭露了国民党反动派破坏团结抗战、破坏爱国统一战线的阴谋，要求大家坚持团结、坚持抗战，并主张抗日先锋队坚持以半公开的形式继续活动。

第三节 坚持隐蔽斗争 开展统战工作

抗先队云浮独立支队被强行解散后，党组织的活动方式也随之改变，主要是从原来轰轰烈烈的抗日救亡运动，转变到团结教育青年和群众；把工作对象从以青年学生为主，转移到以工农群众为主；把公开或半公开的活动转变为分散、隐蔽的秘密斗争；把与国民党反动派面对面的斗争，转变为推动中间力量、民主力量等与国民党反动派进行周旋。

一、抓好思想教育、坚持隐蔽斗争

为了实现斗争方式的转变，党组织及时抓好党员的思想教育。因为面对当时的反动逆流，党内部分同志产生了悲观情绪，个别党员甚至要求退党。针对这些情况，党组织及时对这些党员进行思想教育，帮助他们认清形势，为他们指明前途和坚定了信心。同时，中共云浮县工委在1940年7月举办了一期党员干部训练班。训练班开始在德庆县悦城乡旧院村边的一间大屋举行，不久发现有情况并且疑为敌情，后把训练班转移到都骑乡古洲村高家祠堂继续举办。训练班由余渭泉主持，区德民传达了中共广东省委南雄会议精神。南雄会议的精神主要是关于党的建设、统一战线、群众运动、秘密工作等。参加训练班人员有：余渭泉、麦长龙、区德民、麦冬生、陈明华、高远钧、陈国柱、陈华年、李俊杰、麦裕滔、李君怡（女）、潘泽元、高峰共13人。经过学习和教育，使参加训练班的党员干部认清了当前的形势和任务，提高了思想认识和思想觉悟，增强了革命意志。为了适应活动方式的转变，党员分别谋求公开职业，以此作掩护开展活动。

在谋求公开职业过程中，很多学生出身的党员，通过组织安排或个人谋求，在学校找到了教师的职位。就这样，他们以学校为阵地，以教师的身份教育学生、联系家长，宣传中国共产党提出的"坚持抗战、反对投降；坚持团结、反对分裂；坚持进步、反对倒退"的主张，动员群众与国民党反动派的投降路线作斗争，争取抗战的全面胜利。

1940年10月，根据党组织把已经暴露身份的共产党员转移到外地隐蔽的精神，中共云浮县工委负责人陈孔嘉转移到外地。区德民接替陈孔嘉负责云浮县工委的工作，并以经商为掩护在都骑圩瑞芝堂药店工作，为党组织筹集经费。其他党员除麦裕滔留在都骑之外，麦长龙、陈家志、徐文华、李清（女）等同志转移到三水县隐蔽；麦冬生、麦雪莹（女）、区德豪、高峰、黎新周、麦锡金、徐冉然（女）转移到郁南县桂圩、通门隐蔽；余渭泉、李君怡（女）、潘泽元转移到新兴县隐蔽；潘善廷、陈凤堃回杨柳隐蔽。他们转移到各地后，以各种职业做掩护，继续开展党的地下工作和革命斗争。

1942年5月，中共粤北省委遭到国民党反动派的破坏，省委书记李大林、南方工作委员会副书记张文彬等主要领导被捕。为避免事态扩大，中共中央南方局指示，停止在国民党统治区的活动，实行单线联系，取消临时工委，改为特派员制，执行"隐蔽精干、长期埋伏、积蓄力量、以待时机"的十六字方针，并明确党员干部要找社会职业作掩护，进行"勤职、勤学、勤交友"的"三勤"活动，使党员社会化、职业化、合法化。

同年7月，麦长龙从三水调回云浮，接替了区德民县工委的工作，担任中共云浮县特派员。麦冬生也从郁南县调回云浮，与麦长龙一起工作。他们根据上级的指示，结合本地的实际，在"三勤"活动中，依靠群众，积极推动创办初级小学，并安排了一批党员到学校任教，使很多学校成为了传播革命思想、开展抗日救亡运动的阵地。

二、贯彻执行抗日民族统一战线政策

抗日战争时期，云浮县党的组织正处在恢复时期，党组织的力量还比较弱小，政治环境和斗争环境又错综复杂。但由于云浮县的党组织认真贯彻执行党的抗日民族统一战线政策，积极争取中间力量，孤立顽固分子，使抗日救亡各项工作顺利进行并且取得了很好的成绩。

在贯彻执行党的民族统一战线政策工作中，主要做好了潘维尧、徐鸣登和云浮北部一些开明人士的统战工作。云浮县开始搞抗日救亡工作，就是首先找到潘维尧的。潘维尧是云浮人，大革命时期曾参加中国共产党，北伐战争时期曾在叶挺领导的新四军某师任职。大革命失败后，他回乡以办教育作掩护，隐蔽了很长时间，并和组织失去了联系。但潘维尧爱国的初衷并无改变，抗战初期，他担任了云浮县民众抗敌后援会副主任。

1938年6月，周明带领抗先队西江17分队来云浮前，即通过潘维尧北伐时期的老战友、第四军某师政委陈信才认识了他，并多次与其联系和谈话。通过交谈，周明发现潘维尧的思想是进步的，许多政治观点也是正确的。周明于是和潘维尧谈到了抗先队来云浮之事。潘维尧表示欢迎抗先队来云浮，并向周明等人介绍了云浮的基本情况和大革命时期云浮人民的光荣斗争史，还谈到了云浮县党组织在大革命失败后遭到国民党反动派的多次破坏而无法存在，导致云浮县从1930年至1937年夏天长达7年的时间里没有共产党员，更没有党组织。

由于无所不谈，周明拉近了与潘维尧之间的距离。周明将潘维尧介绍的云浮县的情况向组织作了汇报。后经上级党组织和抗先队总队部批准，周明决定带领抗先队西江17分队来云浮开展抗日救亡工作。在云浮活动期间，他们发展党员、建立党小组和党支部等，都得到了潘维尧的帮助和支持，抗日救亡各项工作也开展得比较顺利。

1939年3月，西江特委又向云浮县党组织发出指示，要求继续把潘维尧列为重点统战对象，但一般情况下不要使用他，以免把他"染得太红"；并且指示，要保持与潘维尧的关系，争取他的支持，但只能在关键时刻才使用他。

根据西江特委的指示，利用潘维尧在国民党政府内任职的便利，一方面在国民党县政府内部造舆论，支持抗日先锋队的活动；另一方面，把国民党县政府内部限制支持抗日先锋队活动、破坏抗日先锋队组织等阴谋事先通知抗日先锋队，使抗日先锋队有备无患。1940年3月，国民党云浮县政府强行解散抗先队云浮独立支队，就是由于事前得到消息，抗先队云浮独立支队才确保了全体队员的安全。

1944年初，云浮县党组织恢复活动不久，中共西江特委指示：云浮县党组织要利用合法名义，成立武装联防队，做到有组织、有领导地维护社会治安，争取为建立和秘密发展武装组织创造有利条件。云浮县党组织派麦长龙、麦冬生做徐鸣登的工作，筹组泽源、都骑、杨柳、方平四乡的联防队。这项工作公开的说法是维护地方治安，实质是牵制西江沿岸敌人的据点和交通线，以便使党组织能够取得合法的地位和必要的给养，也为秘密建立武装组织和发展武装斗争创造有利条件。当时，徐鸣登是云浮民众武力指挥部属下的都骑、杨柳突击大队的大队长，也是杨柳徐族大姓青年绅士，拥有一批人和枪，在云北四乡有较大的影响力。

经过麦长龙、余渭泉、麦冬生等积极筹备，云北四乡联防委员会办事处终于在1945年2月成立，一致推举徐鸣登为联防委员会办事处主任。同时，设立四乡联防常备队，队员有26人，配有长短枪20多支，这支武装后来担负了抗敌保乡的职责。

开展抗日自卫　迎接抗战胜利

抗日战争时期，云浮人民和全国人民一样，积极投身抗日，奋勇抵御日军的侵略，尤其是泽源、都骑、杨柳、方平（即云北四乡）人民，在中共云浮县党组织的领导下，团结一致，奋起抗日，直至抗日战争的胜利。

一、日军侵略云浮

1938年10月21日，日本侵略者占领广州后，对各地实行战略轰炸。10月27日，日军出动3架战机空袭云城，投下炸弹36枚，炸毁民房、商店21间，炸死24人，伤13人。据统计，日军从入侵云浮到1944年底，先后6次轰炸云城、腰古、六都、青水等地。共出动战机14架次，共投下炸弹99枚，共炸死31人，炸伤22人，共炸毁民房、商店35间。

1944年9月17日，首批日军入侵云浮，之后又有多批日军过境云浮，过境时间持续了10多天。日军士桥部队独立第二十二旅团、一〇四师团一部，伪军潘廷生部，便衣特务陆富万部共近万人，从东北方向入侵云浮。18日，日军入侵云城。随即，兵分多路向西进犯红豆、上马、三岭、宁坡等乡。日军所到之处，烧、杀、抢、掠，无恶不作，当地百姓扶老携幼，四处逃难，数万人无家可归。一些来不及逃跑的群众，被日军拉去当挑夫、做苦力，之后杳无音信。日军所到之处，当地群众的粮食、牲畜、衣物等都被洗劫一空，灾民遍地。随后盗贼四起，天花、霍乱等疾病流行，人民群众在痛苦中挣扎。

日军在云浮驻扎期间，多次扫荡云北抗日根据地。1945年1月中旬，日军伍长方田，带兵到杨柳乡大播村搜捕云北突击大队领导徐鸣登、徐佳元、陈凤堃等人。在这过程中，虽然他们未能抓到云北突击大队领导人，却杀害、抓走了一批大播村村民，强奸了一批妇女。日军企图摧毁抗日民主政权，消灭抗日武装力量。

二、建立抗日民主政权

党员周明1938年在都骑重建了云浮县党组织之后，由于党组织的活动主要集中在云北，使党组织在云北得到了发展壮大。都骑党支部（支部正、副书记为区德民、麦冬生）、泽源党支部（支部书记为陈明华）、杨柳党小组（组长是徐枫）先后成立。党组织领导云北人民开展抗日斗争，具体包括抗日战争前期，开展了声势浩大的抗日救亡宣传运动和献物劳军活动；抗日战争期间，建立了统一战线的民主政权，组织了抗日武装队伍，并且开展了抗日游击战争，抗击日军，一直坚持到抗战胜利。

1944年9月，日军水陆并进入侵云浮，占领西江及沿岸。这时，国民党云浮县政府转移到南盛和高村等地，把云北四乡，即泽源、都骑、杨柳、方平划为沦陷区，放弃对这些乡的领导。都骑、杨柳、方平、泽源的乡长目睹时势，纷纷辞职逃命。云北四乡由此陷入无政府状态，社会混乱，盗贼四起。有着光荣革命传统的云北四乡人民，强烈要求建立新的民主政权，以维护社会治安，领导抗日运动。

根据群众要求，中共云浮县特派员麦长龙和其他领导，如余渭泉、麦冬生、陈明华、区德民、陈凤堃等决定，执行中共广东省委关于"在沦陷区组织发展抗日武装和建立民主政权"的指示，通过召开保长联席会议和做好乡间上层人士、开明绅士等人的统战工作，以民间自治的方式建立抗日民主新政权。组成抗日民主新政权的人员分为共产党员、非党左派进步人士、中间派人士三类并各占三分之一。就这样，实现了既没有暴露党的组织，又达到了建立抗日民主新政权的目的。

云北四乡抗日民主新政权的领导人分别是：都骑乡麦和平任乡长，麦冬生（中共党员）任副乡长兼文书；杨柳乡邓结开任乡长，潘云芳任副乡长；方平乡徐顺才任乡长，何厚初任副乡长；泽源乡陈明华任乡长，罗德富任副乡长。同时，各乡还建立了自卫武装，领导都是中共党员。其中都骑乡抗日自卫队队长是麦长龙；泽源乡陈宏俊（即陈云）；杨柳乡陈凤堃；方平乡徐锡怀。乡公所的牌子是旧的，但人员是新的，没有受到国民党政府的委任和供给。

云北四乡建立新的抗日民主政权后，实施了一系列的抗日民主新政令，进行政治、经济、军事和文化等建设。新政权的建立，新政令的实施，深受人民群众的拥护，从而加快了抗日游击队根据地的建设和发展，增强了抗日斗争的力量。

三、抗日自卫武装

日军入侵云浮，激起了全县人民的极大愤慨。为了抗击日本侵略者，全县各阶层人民组织起来，成立自卫武装，抵抗日军侵略。

1937年秋，云浮县奉命备战成立抗日统率委员会和云浮抗日自卫团。抗日统率委员会主任陈又山，副主任潘维尧；云浮抗日自卫团指挥李少白。1939年秋，云浮抗日自卫团改为云浮国民兵团，团长由县长陈子和兼任，潘维尧任副团长，全县组成抗日自卫队，抗日自卫队队员达到了1 200人，并且经常集训，随时准备开赴前线。

1939年，抗日名将蔡廷锴出任国民党十六集团军总司令，备战于桂南、粤西一带，蔡廷锴指示其旧部谭启秀组建抗日游击队，并开赴前线抗日。七八月间，"三罗"抗日指挥官谭启秀组建西江挺进队，云浮抗日自卫团600多人被编入西江挺进队。

1944年6月，成立云浮县抗日民众武装指挥部，指挥官李少白，下辖三个武装大队。分别是李雄万大队200人，陈卓大队100人，徐鸣登大队（又称云武突击大队）70人，共有370人。

1945年2月，云北四乡成立联防委员会，并设立办事处，建立武装常备队。联防委员会主任由杨柳乡乡长徐鸣登担任，副主任为麦长龙（中共党员），陈德鋆、徐顺才。余渭泉（中共党员）担任办事处总干事，麦冬生（中共党员）为联防委员会财务干事。并从四个乡的自卫队抽调26人组成四乡联防常备队。由陈凤堃（中共党员）担任常备队队长，陈国柱（中共党员）担任常备队政治教员，余家相担任司库员负责生活供给。武装常备队配备长短枪20多支，子弹数千发。

武装常备队中大多数是中共党员、入党培养对象和进步青年。武装常备队的正常开支由四个乡按比例分担。同时，在各乡、各保还分别组建了不脱产的预备队和抗日自卫队300多人。常备队活跃于云北四乡，抗击日寇、惩治汉奸、镇压土匪、保土安民，曾多次配合云武突击大队打击日寇。

四、打击日伪军

1939年12月，时任云浮抗日自卫中队队长的麦浩寰带领60多人开赴阳江前线，1940年初调往广西灵山，在宾阳、南宁一线对日军作战。队员李金昌（都骑乡罗坝村人），徐锦泉（杨柳乡蟠咀村人）在战斗中牺牲，麦松、胡亚负伤。

为纪念抗日阵亡将士，1940年冬，云浮县在县城九星岩前建立了"抗日阵亡将士纪念碑"，国民党云浮县县长陈子和为纪念碑题词。

1944年9月17日，日军从东北方向侵占云浮，云浮县民众武装指挥部组织武装部队配合国民党驻军一五八师，在罗坪一带抵御日军。在战斗中，中队长陈辉一牺牲，5名队员负伤。当时，国民党一五八师策应三十五集团军对日作战，驻守在西江南岸阻击日军西进。但三十五集团军在日军进攻面前节节败退。国民党驻军一五八师曾在云浮县内的安塘、双羌、夏洞、高村、茶洞等地与日军作战。在高村，一五八师曾遭日军轰炸，死伤惨重。当年冬季，该师夜袭镇北日伪乡公所，打死伪乡自卫队队长潘芳巨。

1944年底至1945年春夏期间，为了配合盟军反攻，云浮武装部队多次袭击日军航行于西江的运输船只，打死日军多名，缴获大批布匹、药品、食物。当年5月中旬，云武突击大队和四乡联防常备队一起袭击位于都骑、杨柳的日军据点，在杨柳大播村山边与日军激战。在抗击日军的同时，各地同时开展了打击汉奸、镇压土匪等活动。

1944年12月，云武突击大队和四乡联防常备队共100多人，在杨柳珠川樟州角，袭击日军护航火轮，打死日军1人。1945年4月，西江上一艘火轮拖着三桄驳船满载物资顺流而下，云武突击大队、四乡联防常备队和各地抗日自卫队发现它后，共同向它发起密集的火力攻击，最后日军丢下驳船逃走。在这次战斗中，日军三桄驳船满载的物资被抗日武装全部缴获。

同年5月，汉奸简光的"利发丸渡"由日军护航，在西江溯江而上，行至牛远湾时，被早有准备的云北抗日武装合力围攻。云北抗日武装用13毫米机关炮猛烈射击，打得敌人"喊爹喊娘"，扔下货轮仓皇逃命。这次战斗，汉奸的货船被截获，缴获布匹、药品、食盐和副食品一批，翻译和船工被俘，后经教育释放，缴获的敌船被沉于水口河湾中。

次日，日军从禄步调兵30多人，强迫村民董太福带路，寻找被沉船只。董太福故意把日军带到云武突击大队和四乡联防常备队埋伏的黄竹坑。待敌人进入埋伏圈之后，云武突击大队和四乡联防常备队的队员向敌人开火，打死敌人1人，打伤3人。日军被袭，匆忙拖着伤兵下船撤回了禄步。

有一次，一名汉奸前往罗定金鸡报信。此人身上有手枪和联络工具，被杨柳乡常备队员抓获并处决，常备队员缴获手枪一支及其他物品。

1945年5月13日，天还未亮，徐鸣登、陈凤堃带领云武突击大队10多名队员撤离石巷村，途经石巷村告山秦村时与8名日军相遇。双方激战多时，后在四乡联防常备队和四乡抗日自卫队的增援下，日军被击退，日军曹万田（相当于班长）差点被生擒。

云武突击大队、四乡联防常备队和四乡抗日自卫队等武装组织，在打击和抗击日军的同时，还积极开展对日军设施的破坏。日军经常在云北四乡的沿江村庄强拉民夫为其修公路、筑碉堡、挖战壕等。因为民夫是被强拉去的，对日军深怀不满，所以在工作中，民夫们经常会借故把工具弄坏，把日军的衣箱、汽油等丢下西江。如果有日军的船只停在西江边，民夫就偷偷地把缆绳解开让船只漂流。民夫有时在日军的必经之路上挖陷阱，使其车辆难以通行。这些破坏，使日军顾此失彼，处处被动。

云武突击大队、四乡联防常备队和四乡抗日自卫队等武装组织，在打击日军的同时，也没有放过日伪汉奸维持会。1945年6月，四乡联防常备队和泽源乡抗日自卫队，先后多次夜袭泽水圩日伪汉奸维持会，并用炸药炸开了敌人据点的围墙，进入维持会，活捉了维持会会长董水源、黎杰庭，在对他们进行经济处罚和教育后，把他们释放了。

在打击日军和反动的汉奸维持会的同时，对其他维持会则做好统战工作，争取其转变立场，共同抗日。都骑乡维持会会长李卓生，就是被统战成功而转变立场的典型例子。1945年6月，驻德庆悦城、云浮都骑的日军共50多人，准备到麦州一带扫荡，企图摧毁云北四乡的抗日民主政权和抗日武装力量。日军找到李卓生之后，强迫他带路。李卓生则一方面答应给日军带路，另一方面则叫副会长李全通知乡政府，以便疏散群众和做好战斗准备等。李卓生冒着生命危险把日军带到一个荒芜之地，使日军扑了个空。最后日军把他抓回德庆悦城总部，并对他进行了严刑拷打，最后还把他抛下西江企图活活淹死他。李卓生后来被人发现并救起，死里逃生。

四乡联防常备队在协同打击日军的同时，还开展打击那些妄图横行乡里的土匪。在云北四乡沦陷期间，西江水上运输基本中断，四乡群众的生产、生活物资主要靠陆路进行，但由于当时社会治安很差，陆路经常有盗贼抢夺财物甚至打人杀人，来往群众的生命财产受到极大威胁。当时泽源乡土匪罗金生（外号"地头蛇"）等经常在都骑的挑坪村、思劳的云贡村等地设卡，对过往行人收"买路钱"和打劫财物等。

为了打击土匪的这些行为，四乡联防常备队在黄泥坑、分水坳等地，多次打击土匪，并打掉了以罗金生为首的一伙土匪，使洞坑至安塘夏洞沿路安全通畅。

五、迎接抗战胜利

1944年10月31日，八路军一二〇师三五九旅主力4 000多人组成南下支队（王震为司令员，王首道为政委），从延安出发向豫、鄂、湘、粤挺进，开辟抗日根据地，彼时前部已抵达广东南雄百顺圩。1945年7月，中共三罗特派员唐章指示中共云浮县特派员麦长龙：广东人民抗日解放军粤中部队决定从云浮县北部渡江北上到南雄、乐昌，迎接八路军南下支队，共建粤、赣、湘"五岭抗日根据地"；要求云浮县党组织和抗日武装摸清当地侵华日军的兵力分布情况，选好渡口，控制好滩头阵地，并要求严守秘密、确保安全，随时准备接渡。

云浮县党组织经过周密的调查研究后，决定将杨柳的西坑口、方平、都友、水口等地作为渡口，并准备了渡江的船只和船工等。但到了8月15日，由于日本天皇公开宣布无条件投降，八路军南下支队北返执行新的任务，停止建立"五岭抗日根据地"的工作。至此，广东人民抗日解放军即取消横渡西江北上的任务，云浮县党组织准备迎接南下部队横渡西江北上的工作也告终止。

1945年9月2日，日本政府代表在投降书上签了字，标志着二战的正式结束。消息传来，云浮人民欢天喜地，各家各户张灯结彩、敲锣打鼓、燃放鞭炮，欢庆抗日战争胜利。4日，在云城举行庆祝抗日战争胜利大会。晚上，数千名群众提灯游行，全街设6座音乐楼台，一连3个昼夜庆祝。

抗日战争的胜利，是全国各族人民在中国共产党的领导下，经过艰苦卓绝的斗争，付出了难以估算的代价所取得的。在14年抗战中，云浮县党组织带领全县人民，特别是云北四乡人民，在抗击日伪军的斗争中，不怕牺牲，前赴后继，有些同志甚至付出了生命。另一方面，也使党的组织和人民群众，特别是一大批进步青年，得到了锻炼和成长，为以后党组织的工作和发展打下了良好的基础。

4

第四章
大搞武装斗争　解放云浮全境

　　1945年8月15日，日本宣布无条件投降，抗日战争胜利结束。抗战胜利后，蒋介石和国民党反动派不顾全国人民的坚决反对，违背全国人民的和平愿望，一手抢夺抗日战争的胜利果实，另一手发动内战，妄图消灭中国共产党，实行独裁统治。1946年6月26日，国民党撕毁停战协定，发动内战，大举围攻中原地区，全国内战全面爆发。在广东，国民党反动派实行全面"绥靖""清乡""剿匪"等行动。为此，中共广东区党委于1946年底作出了恢复武装斗争的决定，云浮县党组织认真贯彻执行，并在武装斗争中不断发展壮大，领导全县人民在斗争中取得了一个又一个胜利。

第一节 抗战胜利后的形势

日本宣布无条件投降之后，于1945年9月2日正式签署了投降书，抗日战争宣告结束。蒋介石和国民党反动派一方面吹嘘"和平、停战"，另一方面又发动了新的内战，中国进入了第三次国内革命战争，又称解放战争。

为了揭穿蒋介石"假和平、真内战"的阴谋，1945年8月28日，中国共产党中央委员会主席毛泽东，亲自赴重庆与国民党反动派进行谈判。经过谈判，双方于当年10月10日签署了"双十协定"。为了贯彻"双十协定"，1946年1月，国共双方代表达成《停战协定》，停止内战。

经过与国民党反动派的反复斗争，1946年5月21日，双方又达成在广东的中国共产党人员北撤山东的具体协议，6月，广东东江纵队北撤山东，全省各地党组织留下一批力量进行斗争。

6月26日，国民党反动派在美帝国主义的支持下，撕毁《停战协定》，大举进攻解放区。在广东，国民党反动派出动大批军队，以"绥靖""清乡""剿匪"为名义，扫荡各地的抗日武装游击根据地，搜捕屠杀共产党人。并扬言要限期肃清"土匪"。在云浮，由地下党在抗战后期组织起来的云北四乡抗日武装联防常备队被强行解散，国民党恢复对各乡、村的统治，通缉、搜捕共产党人，白色恐怖笼罩全县。

认清形势　隐蔽斗争

1945年10月，中区特委办事处在云浮成立，负责领导附近各县党的工作，云浮县党组织派党员、干部积极协助中区特委办事处做好各项工作，秘密开设交通联络点，同时想方设法安排中共党员进入国民党基层政权并做好隐蔽，开展秘密活动，与国民党反动派进行斗争。

一、中区办事处在云浮成立

国共"双十协定"签订不久，国民党广东省政府秉承蒋介石的意旨，在广州召开了粤、桂两省的绥靖会议，策划对粤、桂两省各地抗日根据地的全面进攻。10月22日早上，国民党军队第六十四军五十六师师长组织和纠集了该师四六七团、四六八团和广东省保警第八大队及恩平、阳江、阳春、开平等县的反动武装共3 000多人，突袭驻恩平朗底的广东人民抗日解放军。广东人民抗日解放军奋起抵抗，战斗持续到天黑后，广东人民抗日解放军突出重围。在朗底战斗中，广东人民抗日解放军伤亡37人，失散和被俘30多人；国民党方面，伤亡100多人。

24日，突出重围后的广东人民抗日解放军司令部转移到新兴境内的河连乡大竹楼村，后在洞盛召开会议，决定分两部分开展工作。一部分以书记兼政委罗范群、副书记兼政治部主任刘田夫、副书记兼组织部长谢创为主，他们转移到三埠设立特委机关，负责全区的全面工作；另一部分以特委委员、代司令员谢立全为主，以及特委委员唐章、特委委员兼宣传部长周天行，他们带领原司政的部分工作人员，转移到云浮隐蔽活动，并在都骑建立中共中区特委办事处和司令部分指挥部（简称"分指挥部"），负责指挥附近各县党的工作。

当时选择在云浮建立中共中区特委办事处和分指挥部，是因为都骑和邻近的泽源、杨柳乡党和群众的基础都较好，乡政权和武装组织都掌握在共产党员手中，安全较有保障。

洞盛会议后，司令部的领导和电台工作人员陆续到达云浮。他们经云浮县党组织领导人麦长龙、麦冬生等的安排，将分指挥部设在麦州木化山麦冬生的家中、将电台设在都骑圩怡隆押当铺。当时该当铺正停业，电台的工作人员便以小商人身份安顿在怡隆押当铺。

对于分指挥部和电台的安全保卫工作，除了原司令部参谋戴卫民负责之外（戴卫民以麦长龙"亲戚"的身份在都骑乡公所做所丁），云浮县党组织也派出人员在驻地周围隐蔽监视，与戴卫民等人互相配合，发现可疑情况马上向上级报告。由于实行了这些安全保卫措施，分指挥部和电台在都骑的半年多时间里，没有发生过任何安全问题。

曾经在分指挥部工作过的同志有：中共中区特委书记兼政委罗范群，副书记兼组织部长谢创，特委委员冯杨武。长驻的有：中共中区特委委员谢立全、李超、卢德耀、郭大同、苏凝、余平、肖敏、戴卫民、唐守经。电台领导和工作人员有：伦永谦台长、王瑛、余绿波、罗子芬、岑河、小汤以及其他一些同志。

1946年春节前，中共中区特委为了便于领导，决定将办事处和分指挥部转移集中到三埠。春节后，分指挥部和电台陆续转移。到1946年4月，三罗特派员唐章根据中共广东区党委的决定，调离三罗到香港工作。同时调离的还有戴卫民。至此，云浮办事处和分指挥部的人员全部撤离完毕。

中共中区特委办事处和分指挥部在云浮的半年多时间里，云浮县党组织积极配合上级和依靠群众做好相关工作，在极其恶劣和艰苦的条件下，出色地完成了掩护上级机关和领导同志的任务，使他们能够顺利地开展工作。在这半年多时间里，共产党员麦冬生把中共中区特委办事处和分指挥部的同志们安排在自己的家里居住，而且得到了全家人的大力支持。麦冬生家人除了在生活物资上作了巨大的付出之外，还要承受巨大的政治风险。但麦冬生全家人义无反顾地大力支持中共中区特委办事处和分指挥部同志们的革命工作，显示了麦冬生及其家人无私无畏的革命精神和崇高的共产主义品格。共产党员麦裕滔也积极协助中共中区特委办事处和分指挥部做好交通联络工作。还有一大批共产党员和革命群众，对中区特委办事处和分指挥部都曾给予了支持和帮助，充分体现了共产党和革命群众的鱼水关系。

二、设立交通联络站

1945年10月，分指挥部转移到云浮都骑后，为了确保分指挥部的安全和与分散在外地部队的沟通、加强与江门、香港等地的联系，经谢立全与中共云浮县特派员麦长龙研究决定，在泽源乡大元市设立联络站。此地离云城约9千米，与交通要道河口圩近在咫尺，是腰古、都骑、安塘等乡到县城的必经之路。抗日战争时期，云浮县党组织曾在这一带领导人民进行武装斗争，乡间群众基础较好，国民党泽源乡政府乡长陈明华也是一名共产党员。

为了便于活动，分指挥部决定将联络站以公开的身份出现。联络站的公开身份是生产云浮特产豉油膏的工场，取名宏兴豉油膏铺（简称"宏兴"），兼营酒、米等杂货。分指挥部派出李保纯负责联络站及豉油膏铺的领导工作，李保纯的公开身份是掌柜。刘华记担任机要交通员，刘华记是地方与部队、云浮与三罗、三罗与香港的政治交通员，公开身份是伙计。云浮县党组织派出共产党员陈云当老板，陈三当师傅。黄金、陈钊、汤照以及一些进步青年当伙计，实际上是联络站的情报员、交通员和保卫员。

开设宏兴的经费主要来自分指挥部拨款的10万元法币，其余来自都骑乡的共产党员的捐款，还有隐蔽在安塘乡的共产党员苏其德秘密从乡公所拨出2 000千克稻谷。经过秘密而又紧张的筹备，宏兴豉油膏铺终于在1945年10月正式开张营业，联络站也秘密地投入了运作。

宏兴以生产豉油膏作掩护，负责为分指挥部发送秘密情报、迎送往来的分指挥部人员等任务。当时罗范群、周天行等部队领导到分指挥部，均是由宏兴派人护送的。部队分散撤退的人员，路经云浮也是由宏兴负责接待，他们的食宿路费全部都由宏兴负责。

在宏兴工作的同志担负着双重任务，他们既是联络站的秘密交通人员，又是宏兴豉油膏铺的伙计，工作极为艰辛。白天他们要生产豉油膏，晚上一旦有情报，他们又要完成接送情报的任务。1945年11月中旬，分指挥部的电台要从腰古圩秘密运送到都骑圩。黄金、陈钊2位同志接受任务后，连夜从大元市（宏兴豉油膏铺所在地）赶到腰古圩，接到电台及其机器设备后，立即又马不停蹄地赶往都骑圩，一晚往返60多千米，第二天又照常工作。

黄金同志负责新兴的交通线路，经常当晚送信到新兴，连夜又赶回宏兴，往返100多千米。有一次，他奉命到新兴护送一位女同志到都骑乡，必须连夜越过国民党反动势力比较集中的腰古、安塘等地。因为一男一女晚上同行容易被人怀疑，所以不便走大路，于是2人在荆棘丛生的河边穿行，绕过安塘圩，终于到达目的地。当黄金胜利完成护送任务后回到宏兴时已接近天亮了，但他又投入了豉油膏铺的工作。

在云城从事秘密工作的邓章，因为暴露了身份，被国民党特务追捕。黄金冒着生命危险，连夜赶到云城，帮助邓章同志连夜隐蔽到大元市，最后脱离险境。

1947年10月，云浮县人民解放武装斗争已经开始，陈钊、陈三等几位同志，奉命从都骑乡运送两担弹药到托洞乡，要经过国民党军队一五八师的驻地。他们冒着生命危险，伪装成挑担的群众，机智地闯过了云城到达托洞乡。住店时，又遇到了托洞乡公所所丁搜查，他们机智地把两担弹药转移到隔壁一位老大娘的床下，避过了所丁的搜查，最后胜利地完成了运送任务。

宏兴开业不久时生意比较好，产品远销广州、香港以及新加坡等地，经济收入不错。但由于负责交通站的各项费用以及接待费用开支很大，宏兴经营陷入困境。但是，宏兴是作为秘密联络站而设的，肩负着秘密联络的重大任务。战斗在宏兴的共产党员陈云、李保纯、黄金、陈钊、陈三等同志决定，宁愿变卖家产，也不能让宏兴停业。就这样，陈云同志向祖尝借了约0.3公顷的水田，按押给别人，得到了2 000千克稻谷；黄金同志把家里的一块良田卖掉，得到了1 500千克稻谷；陈三同志没有田地，就把家里的一间房子卖了，得到了750千克稻谷；陈钊同志瞒着家人卖掉了一头黄牛和0.027公顷水田，得到了1 725千克稻谷。这些稻谷，全部集中到宏兴公用。此外，他们还向共产党员陈水英掌管的祖尝稻谷中借了1 500千克。就这样，他们共筹得了5 000多千克稻谷。有了这5 000多千克稻谷转换成的资金，宏兴得以继续营业，并且继续发挥其秘密交通联络站的作用。

这5 000多千克稻谷中，宏兴除了偿还从陈水英处借来的1 500千克之外，其他几位同志的稻谷均没有归还，充分体现了几位同志为革命事业无私奉献的崇高精神。

1946年6月，广东人民抗日解放军司令部分指挥部和电台撤离都骑后，宏兴的历史使命已经完成，本可以停业了。但是，由于蒋介石和国民党反动派撕毁《停战协定》和《双十协定》，发动全面内战，中共广东区党委针对当时的局势，向各地党组织发出了新的指示，中共三罗特派员谭丕桓向云浮县党组织传达了中共广东区党委指示。具体内容是："隐蔽精干、长期埋伏、积蓄力量、以待时机。"云浮县党组织根据当时的形势，决定宏兴不能关闭，要继续营业。就这样，宏兴又肩负起新的职能，成为了中共云浮县党组织的秘密交通站。

1947年4月，云浮县党组织根据上级的指示，积极开展恢复武装斗争的准备工作，增设了云城、大绀山等地的交通联络站。宏兴的工作更繁忙了，任务更重了。当年7月，宏兴停止了制作豉油膏，只经营杂货。

到了10月，云浮县的武装斗争进入了"小搞准备大搞"的阶段，东、南区相继建立了交通站，各地的交通、情报已不需要经过宏兴转送了，在宏兴工作的同志都先后到了部队。宏兴便于1947年11月停业，光荣地完成了其历史使命。

宏兴豉油膏铺经营时间虽然不长，但它却在秘密联络、接送革命同志、为革命筹集经费等方面发挥了很大的作用。在宏兴工作和战斗的几位共产党员和革命同志，他们在白色恐怖包围下秘密开展工作，不辞劳苦，不怕牺牲，出色地完成了党交给的各项任务，为云浮县的革命斗争和解放事业做出了积极的贡献。

三、认清形势　隐蔽斗争

1946年7月，谭丕桓担任三罗特派员，撤销三罗中心县委。8月，谭丕桓根据粤中党组织的指示，到云浮县向地下党组织传达了中共广东区党委关于"在全面内战危机的紧急关头，要作长期打算，做好组织隐蔽，利用公开、合法的身份进行活动"和"隐蔽精干、长期埋伏、积蓄力量、以待时机"的方针。

在这个方针的指导下，谭丕桓对云浮县党组织的工作进行了部署。主要内容包括以都骑麦州为中心，把云北的都骑、杨柳、泽源、方平四乡掌握起来。为巩固云北阵地，云浮县特派员仍由麦长龙担任。把郁南原区委书记黄浩波调至云北担任区委书记，麦冬生担任区委副书记。并调来了卢平、李行，以小学教师为公开职业，在云北山区开展活动。

云浮县党组织还按照上级党组织指示，安排了一批党员扩大对国民党乡、保基层政权和乡、保学校的控制，秘密开展活动，准备长期隐蔽斗争。

为适应形势，隐蔽发展，在国民党地方反动势力企图控制各乡政权、抛出所谓"民选"乡长时，云浮县党组织按照三罗党组织的指示，决定针锋相对，进行公开、合法的斗争，把在地方上有能力、有地位的共产党员动员起来，凭借他们家族的影响力，用合法的身份参加竞选，打入国民党基层政权。

中共三罗特派员谭丕桓对参加竞选的共产党员约法三章：一是如果当选，生活上与国民党合流但不能合污；二是工作上对国民党组织交办的任务，采取推、拖、拒的办法应付；三是对共产党有利的事要尽力做好，要尽力保护好地下党工作人员的安全。

在这次国民党的所谓地方乡长"民选"中，中共云浮县特派员麦长龙当选为都骑乡乡长，中共云北区委副书记麦冬生当选为都骑乡副乡长；陈明华当选为泽源乡乡长；徐鸣登当选为杨柳乡乡长，潘善庭当选为杨柳乡副乡长。在这次选举中，云北的都骑、杨柳、泽源三个乡的领导，均由共产党员当选。这三个国民党乡政权，成为了"白皮红心"的乡政权。

这三个"白皮红心"乡政权为当地党组织开展各项地下工作提供了许多方便。当时，云北四乡共有共产党员30多人，是当时云浮县共产党员比较集中的地方。30多名共产党员中，除了余渭泉、李君怡（女）由上级安排调走外，还有麦裕滔、余家相、高峰、麦雪莹（女），被安排到各乡、保小学任教师。赵剑泉到德庆悦城建立党的联络点。原四乡联防常备队队长陈风堃回杨柳乡以经营航运生意作掩护，原四乡联防常备队政治教员陈国柱回泽源乡大元市新面小学担任校长。还有部分共产党员、联防常备队队员、进步人士被分别安排担任甲长、到乡公所任所丁、到学校任教师等。云浮党组织要求大家以公开正当的职业作掩护，继续做好党的各项工作，积极开展隐蔽斗争。

1947年7月，严千年带领新兴县地下党员杨万燊、梁特立、丘壁坚、张丽红4人回到家乡思劳村。经过秘密发动，他们培养发展了该村严有年、严富年、严旭昭等6人加入党组织，组织这6人开展隐蔽斗争。但由于坏人告密，1948年11月18日，梁特立、丘壁坚、张丽红3人被反动当局逮捕。当天上午，严千年也在腰古蓉华中学被捕。同年11月25日，严千年等几位同志被反动当局押至高要县活道水口圩旁的一个山冈杀害。

这些共产党员和进步人士，都按照党组织要求，在各自的岗位上埋头苦干，积极为党工作，保持了革命气节，为后来云浮县开展武装斗争打下了良好的基础。

第
三
节

云浮县党组织对恢复武装斗争的准备

　　1946年6月，全国内战爆发。到当年冬天，中国人民解放军在党中央和毛泽东同志的正确领导和英明指挥下，经过英勇顽强的作战，共歼灭国民党军队70多万人，华北、华中等各个战场捷报频传，国民党军队面对节节败退，只得把南方各省的部队大批北调，在广东只留下一个师的兵力，加上地方保安和其他团队共约4万人。广东国民党兵力薄弱，给各地党组织开展各项活动和武装斗争提供了一个良好的空间和机会。另一方面，国民党反动派为了打内战，实行征兵、征粮、征税等政策，导致民怨沸腾，反对国民党反动派的民声日益高涨。

　　面对大好形势，中共中央于当年11月17日给中共广东区党委领导人发出指示。指示明确："广东敌人兵力空虚，灾荒遍地，国民党又征兵征粮，因此造就了发展和坚持游击战争的客观有利环境。应在党内消除过去认为广东特别黑暗、因而必须无限期埋伏之思想，广东党组织今后的中心任务即在于全力开展游击战争。"[1]根据中共中央的指示，中共广东区党委分析了全省的斗争形势，于同月27日作出了"恢复武装斗争"的决定。鉴于当时华南地区敌我力量对比还是比较悬殊的实际情况，中共广东区党委制订了"不违长远打算，实行小搞，准备大搞"的方针。

---

　　[1]　中共云城区委党史研究室，中共云安县委党史研究室编：《中共云浮党史大事记》，内部资料，1999年10月，第21页。

1947年5月，中共三罗特派员谭丕桓向云浮县党组织传达了上述方针。

1947年上半年，中共中央香港分局发出了《关于开展游击战争，建立新根据地》的指示，要求各地区党组织要认真执行中共中央的指示精神，在南方积极开展游击战争，建立新的根据地。6月，中共粤中区特派员谢永宽在《关于中区武装斗争工作的情况报告》中指出：发展中区武装斗争的地区，应该是三罗云雾山脉周围的山区，包括新兴县西部和南部、恩平西北部、阳春北部、罗定和郁南南部相连的山区。一方面是因为这些地方是山地、是飞地，又是国民党统治较为薄弱和较难控制的地方；另一方面，这些地方也是中区武装斗争活动范围的中心区，如果再向西发展，就是粤桂交界的大山；向西南发展，则可以与南路连成一片。

把云雾山区开辟为中区发展武装斗争的战略部署，虽然考虑到地域优势，但当时在这个区域既没有地方党组织，也没有群众基础。同时，云浮党组织对当地的情况了解也不充分。最后经过调查研究，香港分局决定由中共粤中党组织派出一支武装部队，挺进三罗，配合当地党组织工作，创立新的根据地，开展游击战争。

为了开展武装斗争，云浮县地下党组织坚决执行上级指示，从1947年春开始，积极做好开展武装斗争的准备工作。到了5月，党组织向全体党员、干部传达了关于恢复武装斗争、"实行小搞，准备大搞"的指示精神，使全体党员、干部做好开展武装斗争的思想准备。接着，麦长龙、陈云等秘密前往大绀山老党员曾七的家乡，建立起从云北经西区大绀山到南区云雾山区的交通线。并布置老党员邓沛霖、邓章在云城建立交通站，作为中区武装基干队从云雾山区转移到云北，以及输送干部、物资以支持云雾山游击区的通道。

7月，根据中共粤中区委决定，云浮县特派员麦长龙调到部队工作，并安排到鹤山，与粤中准备挺进三罗建立游击根据地的部队会合，协助部队挺进三罗。同时，根据中共粤中区委决定，李东江调任云浮县特派员。

李东江到云浮后，被安排到都骑洞坑小学任教师。同月，中共三罗党组织在都骑洞坑举办了为期1个月的党员骨干学习班。学习班由谭丕桓主持，李东江协助。学习内容主要是中共广东区党委、中区特派员关于恢复武装斗争决定的部署。学员共有20多人，主要来自云浮县。包括黄浩波、余家相、梁奕辉（女）、麦裕滔等支委以上党员骨干。

通过学习讨论，参加学习班的党员骨干认清了当前形势，明确了当前开展武装斗争是有利时机的思想，必须掌握好这个有利时机，组织力量，做好武装斗争的各项准备工作。

学习班结束之后，云浮县党组织便秘密进行筹集资金、粮食和枪支弹药等。麦长龙、麦冬生等以都骑乡正副乡长的名义，筹集粮食8 000多千克。同时，党组织派出高远钧等共产党员到广宁游击区学习武装斗争经验。此后，云浮县党组织开始了以武装斗争为主的工作。

恢复武装斗争　打响三罗武装斗争第一枪

一、粤中部队派出小分队挺进云雾山

1947年5月，中共粤中区特派员谢永宽在恩平县朗底教子山召开会议，根据中共香港分局的指示，从新高鹤、恩平、两阳、滨海等地区北撤时，仍留下来坚持斗争的部队中，抽调班、排干部及优秀士兵，组成粤中挺进部队，由吴桐（中区部队军事负责人）、朱开率领，挺进云雾山，开辟新的游击区。吴桐接受指示后，立即投入了紧张的准备工作。但由于吴桐没有到过云雾山区，对云雾山区的情况一无所知。因此，他要求三罗地方党组织派一些地方干部配合，共同挺进云雾山。后来三罗派出云浮县特派员麦长龙、陈云、陈尧宽3位同志到粤中挺进部队。在组建粤中挺进部队时，既要考虑开展三罗武装斗争的需要，又要顾及粤中几个地区原来的队伍不受太大的影响。

当时，粤中几个地区的队伍刚恢复活动不久，队伍还比较弱小。吴桐同志便从台南、新高鹤、新恩、两阳地区共抽调了23人，加上吴桐共24人。朱开任队长、叶永禄、罗杰任政治指导员。全队配机枪2挺，步枪15支，手枪10支。他们当中有军事干部、有政工干部、也有卫生员和炊事员，队员们都是经过抗日战争时期锻炼考验、英勇善战的战士。

在蒋介石和国民党反动派公开宣称华南的中共部队是非法

的，以及搜捕杀害共产党人之后，这些同志虽然分散在深山打柴烧炭或到海边捕鱼挑担，他们没有忘记自己是共产党员或革命军人的身份，时刻做好战斗准备。此次重新集结，同志们都热情高涨，表示要克服各种困难，团结战斗，打败敌人，为革命事业多作贡献。

9月初，粤中挺进部队从恩平进入阳春蟠龙根据地刘屋村，在这里休息集训24天。集训的内容是学习政策、讲清任务，充分估计可能遇到的困难，看到有利条件，解除思想顾虑，树立信心，做好挺进云雾山区的准备工作等。粤中挺进部队命名为"德怀"队。

在此之前，两阳武装工作委员会组建的春北武工队，已向云浮县飞地西山方向发展，并且到了富林一带活动，结识了富林双富乡塘尾村的统战对象刘新苟。10月中旬，吴桐率领粤中挺进部队全体队员，在曹广、马平率领的两阳部队20多人的护送下，由刘新苟做向导，秘密经过春湾、石望等敌人据点，顺利进入富林。

云雾山主峰南面的双富乡，处于云浮、罗定、阳春、新兴四县交界，抗日战争时期，云浮县的地下党员余渭泉、徐文华、麦洛夫等曾率领抗先队云浮独立支队到这里开展抗日救亡宣传。解放战争时期，春北武工队队长陈枫等同志也曾到此开展统一战线工作。但富林当时仍是没有地下党组织和没有群众基础的新区。

粤中挺进部队到达后，当地群众不明底细，不敢接纳。而富林刘、廖两姓本来就不和，这次姓刘的人把粤中挺进部队带回到富林，廖姓人声言要报告国民党县政府，赶走粤中挺进部队。

为缓和矛盾，护送粤中挺进部队到富林的春北武工队队长陈枫，通过统战对象的关系，和廖姓人谈判。谈判中，粤中挺进部队人员对廖姓人说，这只是先头部队，大部队还未到，以此争取多停留一天的时间。这时，刘姓的绅士刘丹田拒绝和粤中挺进部队见面，原来的向导刘新苟也偷偷地离开了粤中挺进部队。这时，粤中挺进部队处境十分困难。虽然如此，但粤中挺进部队领导表示，只能前进，不能后退。就这样，吴桐把粤中挺进部队带上了云雾山，停留了3天，最后连向导也找不到，仅凭一张军事地图向阳春河朗转移。

粤中挺进部队转移到位于云雾山南面的阳春河朗镇罗银寨村，在罗银寨村遇上了一个叫罗杰的人。罗杰找到其堂叔罗炳，请求罗炳为粤中挺进部队当向导。罗炳是一位私塾老师，他欣然答应了罗杰的请求，为粤中挺进部队当向导。就这样，粤中挺进部队在云水、云廉、阳三一带转了10多天，发动了罗毛、罗金荣、罗生等人参加了三罗小分队，并组建了河朗武工组；串联黄木新、黎松运、盘东、罗北木等人，成为粤中挺进部队队员。大喊、云容、塘坑、高朗、石窟、云廉等村，成为粤中挺进部队的第一批据点。但是，国民党地方反动势力、阳春县罗阳乡乡长练仁三，云浮县庙咀乡联防大队长刘汉清（外号"水蛇仔"），他们各自有100多人的反动自卫队，派人跟踪粤中挺进部队，并声言要用武力对付粤中挺进部队。

当时，云浮县党组织和群众基础都较好的是云北。麦长龙的公开身份是都骑乡乡长。为了摆脱敌人跟踪，粤中挺进部队在麦长龙派来的交通员和向导接应下，越过大绀山，秘密转移到云北一带的山区隐蔽。粤中挺进部队在转移到六元坑尾时，被敌人发现。国民党云浮县政府连夜派出自卫大队长周国祯，他带领100多名反动军警前来追剿。后因有群众报信和掩护粤中挺进部队才得以脱险。

脱险后，由陈云带着粤中挺进部队利用夜晚转移到河口布务并与陈明华取得联系。陈明华随后即到麦州向麦冬生报告。麦冬生与党组织有关负责同志商量后，决定把粤中挺进部队队员分散转移到河口双上村村民陈石在东坑的山寮、都骑古州村村民高福在老虎岗的山寮，以及大水坑、斩田、蛇斗等多个小山村隐蔽，以摆脱敌人的追剿。

敌人追剿不到粤中挺进部队不死心，几天之后，他们一方面纠集肇庆保警大队100多人和肇庆保警水上大队100多人，共200多人，从夏洞、杨柳进攻都骑；另一方面又指使云浮县民政科长潘景龄、保警中队队长陈远征带领反动军警100多人同时从河口窜到麦州，要乡公所配合到各地搜查"奸匪"。此时，粤中挺进部队的队员们正分散在各处隐蔽，敌人如果搜查到他们，结果会不堪设想。因此，情况十分危急。此时，麦冬生同志急中生智，即派麦裕滔等在麦耀年的"守纪堂"设夜餐招待敌方首领，以分散敌人的注意力。另外又派麦章庆带着敌人按照粤中挺进部队驻地的反方向行走，使敌人离粤中挺进部队驻地越来越远。

敌人搜查结束后，党组织安排吴桐、梁祥、梁伦、陈满等几位较有战斗经验的同志住在双上村，以防突发情况。其余的同志则住在距离双上村两三千米的东坑，吴桐以周姓商人的身份住在地下党员陈国柱家中。陈尧宽叮嘱陈国柱："他（吴桐）姓周，是做生意的，你要好好地照顾他，有什么情况要及时告诉我。"

陈国柱的母亲是麦冬生邻居的堂姑，云浮县党组织将吴桐安排在陈国柱家是较为安全的，也便于他与麦长龙同志联系。麦长龙同志当时的公开身份是国民党都骑乡乡长，吴桐在此与麦长龙联系也是比较安全的。

在双上村的东坑，共有3间屋，分布在两个山头。其中两间是草屋，同在一个山头，分别属于陈石和木养的。另一个山头的是一间泥砖屋，属于陈日伙的。3间山寮屋面积不大，粤中挺进部队的同志们不能全部都住在这里，而且住在屋里也不是很隐蔽。所以，同志们除吃饭和其他活动之外，其余时间都住在杉树林下的。他们用杉树的枯枝把靠近的几棵树连接起来作床铺，白天就隐蔽在树林中。

粤中挺进部队在隐蔽期间，得到了陈石和高福以及他们家人的大力支持：陈石及其家人经常把粮食送给部队；高福除把粮食和蔬菜送给粤中挺进部队之外，还把自己在山上种的松木、杉木等木材贡献给挺进部队作为原材料，加工成成品之后出售，解决粤中挺进部队的部分生活开支。此事得到中共古州支部派出的共产党员高森、高三友、高金生、高世九等多人的协助。麦长龙、麦冬生同志为帮助粤中挺进部队渡过难关，做了大量的工作。其中有一次，他们以其伯父开设的米铺作担保，向粮仓借谷5 000多千克作为挺进部队的粮食和费用。

吴桐带领粤中挺进部队在云北隐蔽期间，云浮县党组织给予部队大力支持和配合，包括派出共产党员和交通员做好情报联络工作；多次帮助粤中挺进部队避开敌人的搜查追剿。当时，云北一带党组织和群众基础都较好，麦长龙、麦冬生同志在当地也有较高的威望。但是，由于当时云北区武装斗争的时机还不成熟，麦长龙、麦冬生同志都不宜过早暴露自己共产党员的身份。所以，粤中挺进部队暂时只能隐蔽在山上。

有一天，吴桐与麦长龙、朱开召集全体队员到东坑山寮开会，分析形势，总结挺进以来的工作，研究部署下一步的工作。这次会议在陈日伙的泥砖屋召开，泥砖屋内有个木棚，二三十人挤在木棚上，十分热闹。开会时，吴桐让大家充分发表意见，引导大家针对目前的形势作具体分析，使大家增强了信心。

经过热烈的讨论，大家基本上统一了认识，认为云北可以隐蔽，但很难发展。因为云北地区属山区和丘陵地区，北有西江河阻拦，南有云城，东有腰古、肇庆等重镇，西有南江分割，回旋地有限，呼应困难，不是开展武装斗争的好地方。

大家认为，必须重返云雾山区。最后，会议决定分出9名干部、配9支手枪，组成3个武工组，重返云雾山区。这9名干部是：朱开、罗杰、陈云、梁祥、梁伦、黄琪、伍炎、陈满、卓均。3个武工组，分别由朱开、罗杰、陈云率领。他们在云浮、罗定和阳春三县边区，深入发动群众，物色和培养一批积极分子，建立据点村、开辟交通网点等。这时，曾在粤中挺进部队当过向导、但偷偷溜走的刘新苟又主动回来支持武工组，并向武工组介绍了曾担任国民党阳春三乡乡长的雷之楠。雷之楠当时虽然政治觉悟还不算高，但却清楚表明对社会不满，要找出路。雷之楠主动找到武工组，并带领5人携枪加入了武工组。

雷之楠的加入，使武工组的战斗力和影响力大增。接着，武工组又教育改造了罗定县金鸡乡的绿林人物黄坤等，促使他们改邪归正。罗定县金鸡乡的地方势力许荣、莫昭、莫机和西山云水的雷达等，均愿意与武工组联手对付国民党的县、区、乡政权。雷之楠与国民党十九路军旧部、时任国民党双富乡乡长的刘丹田关系密切，刘丹田原来不欢迎粤中挺进部队，雷之楠做思想工作之后，刘丹田表示要联合粤中挺进部队反抗国民党的压迫。河朗的罗增元，在大革命时期曾参加过共产党，但与组织早已失去了联系，这时，他也主动找到武工组，表示愿意合作。此时，3个武工组在富林、金鸡、界石、藕塘、河邦、河朗、云水、云容等地设立了交通点，便于大家加强联系。武工组经过一段时间的活动，小分队终于又回到了云雾山区，并且在云雾山区站稳了脚跟。

二、打响三罗武装斗争第一枪

在国民党反动派的黑暗统治下，云雾山区人民备受剥削，穷困潦倒，生活艰辛。但国民党反动当局不但不关心群众生活，而且还经常寻找各种理由或以各种借口，搜刮民脂民膏。1947年底，国民党云浮县政府以奉命铲除鸦片烟为由，派出警察局局长麦询尧、科长林如威带领县保警一个中队共60多人，开进富林，驻扎在关帝庙。有一天，他们进入东冲、大湖、六家冲、溢涌等村，冲入民房，掳劫财物。这件事，不但引起了农民反抗，就连当地的一些土豪劣绅也因自身利益受到损害而表示十分不满。但是，他们单凭自己又斗不过国民党反动当局。于是，他们就通过雷之楠、刘新苟，请武工组接挺进部队回来，打走国民党保警，为民除害。

当时，雷之楠、刘新苟还不知道粤中挺进部队究竟有多少人。吴桐认为，种鸦片固然不是好事，但国民党反动当局也不应以此为借口搜刮民脂民膏，欺压百姓。吴桐经过考虑，觉得有些地方势力与国民党反动当局有矛盾，党组织可以争取利用他们，壮大自己的力量。

在考虑攻打关帝庙问题上，吴桐觉得，粤中挺进部队只有20多人枪，而敌人有70多人枪，敌我力量比较悬殊。如果白天在野外打，能否打赢还不好说，即使能够打赢，也是一场消耗战。为此，要打好这一仗，必须采取夜晚偷袭，胜算才会大一些。

偷袭决策确定后，吴桐令朱开带领侦察小组到富林关帝庙进行实地侦察。朱开带着梁伦，并由刘新苟做向导前往侦察。他们首先观察了富林圩的总体情况，然后化装成拜神的群众，进入关帝庙内详细侦察了其内部情况。朱开他们把侦察到的情况迅速、详尽地报告了吴桐。吴桐与朱开立即做好战斗部署。

战前的准备工作就绪，粤中挺进部队按照作战计划开始行动，吴桐同志对这次战斗十分慎重，亲自指挥，并决定参加这次战斗的人员，分别是：挺进部队全体同志24人（包括卫生员和炊事员），云浮县党组织派出的党员干部陈凤堃、其他同志如雷之楠等，民兵则负责在外围警戒。外围警戒主要在关帝庙的外面，其次是富林圩出口要道。吴桐同志这样安排，主要是考虑到民兵基本上没有作战经验，尽量保护好他们，减少流血牺牲。

1月6日晚上，吴桐同志率领部队从云北的双上村出发，云浮党组织派出党员干部陈凤堃、麦炳金、汤照、钟才、高炳共5人随部队出发，连夜行军40多千米，到达离富林关帝庙不远的云雾山一个小村庄隐蔽起来，伺机而战。

1月7日，吴桐令朱开作最后一次侦察。朱开侦察发现情况没有变化，决定当晚行动。当日晚上下雨，吴桐认为这是夜袭的好时机。入夜后，他率领参战全体同志向富林关帝庙出发。一路上，凛冽的北风夹带着冷雨，路滑难行。同志们谨记"为民除害"的口令，大家斗志昂扬，午夜时分到达目的地。

敌人驻地关帝庙是一个台地，突击难度较大，部队在吴桐的指挥下，沉着地从关帝庙的右侧沟边单向运动，按照作战部署依次进入阵地。朱开带领突击组和机枪组负责正面攻击。突击组第一梯队由梁伦、梁祥、何添、黄琪仔、伍炎等组成；第二梯队由朱宽柏、陈卓、陈添、黄球仔等组成。敌人在关帝庙布置了5个岗哨，2个在门前，2个在屋角，还有1个带班的班长。趁着夜色，朱开带着突击队摸到哨兵跟前，敌哨兵才发现。屋角的哨兵刚开口发问"谁？"，立即被突击组的同志放倒，成了俘虏。庙前的两个哨兵见势不妙，立即逃走。紧接着，何添、黄琪仔等冲进敌营房。屋角的另一个哨兵撞见，便缩回屋内。敌班长想回身拿机枪，被梁伦一枪打伤后被擒。何添、黄琪仔等突击组的同志奋力抢夺了敌人的两挺机枪。几乎在同一时刻，朱开指挥机枪组向屋顶扫射。接着，粤中挺进部队"缴枪不杀""优待俘虏"的喊声响彻关帝庙内，敌人从梦中惊醒，有些从被窝里钻出来，慌成一团，束手就擒。在右侧小楼上睡觉的10多名警察也从梦中惊醒，全部成了俘虏。

这次战斗持续不到10分钟，俘获敌保警中队长陈祥，副中队长罗耀钧，警察所长卢尚武等共60多人，缴获轻机枪2挺、手枪1支、步枪35支、子弹数千发和其他军用物资一批。被俘国民党官兵被集中训话后，每人得到2个大洋遣散费（其中有个受伤的发了9个大洋）。这些钱都是在这次战斗中缴获的。被俘国民党官兵中有一人自愿加入粤中挺进部队，但几天后，他因受不了清苦的生活又悄悄地离开了。

战斗结束后，全体指战员撤离关帝庙。撤离时，天公作美，原来下着的小雨停了，雨后空气清新，风停夜静。这次夜袭关帝庙，打响了三罗武装斗争第一枪。

撤离关帝庙之后，粤中挺进部队连夜向阳春方向转移，到达云利村时休整，处理战利品，除还给两阳部队一挺机枪外，其他的枪支弹药，补充给部队和武工队，剩余的全部由罗炳收藏在河朗银村祠堂的棺材内。

1月9日，吴桐书写了《告云浮父老兄弟姐妹同胞书》，宣告成立"云浮人民自卫队"。通过这篇文告，阐明了人民自卫队的宗旨，号召广大人民群众立即行动起来，与国民党反动派作公开的武装斗争，反对"三征"（征兵、征粮、征税）暴政，推翻国民党反动派的统治，建设新云浮。文件油印散发出去后，被群众到处传颂，起到了振奋人心的效果。

富林战斗的胜利，极大地鼓舞了云浮人民。国民党反动当局则大为震惊，国民党云浮县县长阮君慈被吓得半个月不敢在县城居住，最后丢了乌纱帽。战后第三天，国民党西江专员慌忙带着保警到云雾山区，坐镇富林，欺压群众。

富林战斗的胜利，是云浮县进入解放战争之后打响的第一枪，也是三罗地区进行公开武装斗争的第一枪。"这一枪"，掀开了云浮人民革命斗争史新的一页。

富林战斗的胜利，不但震惊了国民党云浮县反动当局，同时也震惊了国民党西江两岸的反动势力，国民党广东省第三区专员"清剿"指挥所主任、敌三区"清剿"副司令官彭程，亲自指挥云浮、罗定、阳春、新兴4县保警共400多人，对云雾山区进行"清剿"，妄图消灭粤中挺进部队和云浮人民自卫队。然而，粤中挺进部队早已预料到敌人会反扑，他们在吴桐的指挥下，已经安全转移到阳春北部的云浮飞地西山。在西山，虽然敌强我弱，但可以利用山地优势，分散与敌人周旋，避实就虚，与敌人打游击。所以，彭程的4县"联剿"连连扑空。"联剿"历时20多天，敌人什么也没有"剿"到，只得草草收场。

另一方面，敌人又与云浮反动势力刘汉清、阳春的练仁三勾结，凶恶肆虐，欺压群众。他们纠集在一起，于2月6日进犯藕塘，进行烧杀抢掠。雷之楠家的财物被抢劫一空，房屋被烧毁。支持粤中挺进部队的保长李培年、甲长雷雨辉、雷荣、雷之伟、雷炳新及游击队员雷春年被他们捉去，并关进罗定监狱，之后雷春年死于狱中。群众捐稻谷近300千克赎回了支持粤中挺进部队的保甲长。

另外，敌人把河朗的罗银村定为"匪窝"，"匪首"是罗杰。他们强迫罗杰的父亲罗澄波交2 500千克稻谷、又强迫罗炳的家属交1 500千克稻谷作花红谷。敌人还以"藏匪通匪"的罪名捉走罗松周、中联村罗熊图、大喊村黄木新3人。后来勒索罗熊图、黄木新每人1 000千克稻谷外，还把二人押送到阳春监狱，至当地解放才得以出狱。

富林战斗胜利后，为进一步增强三罗地区武装力量，稳定云北地区的局势，粤中区指示新高鹤武装部队派一支小分队，由戴卫民（即戴苏）率领，黄就、王海、邝达、冯惠娟（女）、吴宝珠、阮先明、阮南、阮赤、徐长、阮初、黄雄等22人枪，成立王震队，于2月18日挺进云北地区。

王震队到达云北后，与麦长龙接上关系。麦长龙派陈凤垦为戴卫民的助手，并将原云北四乡骨干输送到王震队，使王震队发展到30多人枪。之后，王震队配合云浮县党组织，对绿林人物潘伙成进行统战工作，成功对潘伙成进行教育改造和争取，挫败了国民党云浮县政府企图勾结土匪向党组织和武装部队进攻的阴谋，从而稳定了云北局势。

至此，吴桐、麦长龙领导的云浮人民自卫队，拥有了德怀、王震两个中队，在云浮南北呼应，对国民党反动派展开公开的武装斗争。

三、开辟西山游击区

为了加强对三罗地区武装斗争的领导，充实骨干力量，1948年初，中共香港分局便有计划地把一部分由内地撤到香港的干部输送回游击区。在此期间，云浮留港的余渭泉和驻穗的区德民调回到三罗地区，分别与三罗党组织悦城交通站的赵剑泉、都城交通站的刘俊英、云浮河口交通站的冯月庭等建立交通联络线。其后从香港回三罗参加武装斗争的干部还有：唐章、李镇靖、龙世雄、罗钊（女）、陈汉源、周钊、黄平、韦敬文、何潮、何玉珍（女）、陈勋（女）、欧青（女）、陈惠敏（女）、李波（女）等20多人。这些同志，大多数先后被安排到西山随德怀队活动，以后又被分派到各地工作。

西山在云浮解放前是飞地，夹在阳春、罗定两县中间。这里山高林密、交通闭塞，田少民穷，只有几条崎岖小路通往山下。德怀队首战富林关帝庙之后，即进入西山开辟游击区。西山以前都未有过党组织，也未有党领导的武装部队在此活动过。因此，这里的群众都认为，拿枪的都是国民党或者土匪，反正不是好人。这些历史原因，加上国民党反动派的围追堵截和敌强我弱的情况，都给德怀队在西山开辟游击区增加了不少困难。所以德怀队初到西山时，队员黎松运、黄木新、盘东等，只能在岭脚、蒲竹洼等小山村回旋，并且采取白天隐蔽、晚上行军、天天转移新驻地等办法，避开敌人，寻找和等待机会。

三月春的一个凌晨，德怀队行军至新区桐油坪村，当时大雨滂沱，天黑如墨，德怀队的同志们全身湿透，疲劳至极。如果继续行军，恐怕有些同志走不动了，但村里家家户户大门紧闭。这时，在龙世雄的指挥下，大家集中到一户人家的屋檐下，唱起了歌曲《三大纪律、八项注意》。另一方面，罗钊和几位政工干部找了几户人家敲门喊话，说明自己是共产党领导的部队，是严格遵守"三大纪律""八项注意"的部队。最后，3户人家被感动了，他们打开大门，让同志们进屋，并生火让大家烤干衣服，还借来干草铺在地上让他们打地铺休息。

清晨，罗钊和彭英明背起药箱，为有病人的人家送医送药。队员们还帮助一些缺乏劳动力的农户做一些田间劳动和家务，利用一切机会接近群众，宣传共产党的政策。傍晚，同志们打扫完驻地，并交清粮食、柴草钱，又开始夜行军，转移到另一个村庄，开辟新的回旋点，不断扩大游击区。

每到一个山村宿营，在完成日常的军政训练后，同志们都到农户家中做劳动。当时，正值春耕大忙，同志们就帮助群众播种、插秧、种木薯、种花生，为困难户挑水、打柴等。在劳动中，向群众宣传共产党的政策、分析形势等。回旋和接触的次数多了，群众就熟识了，关系也密切了，群众不但主动接近部队，还主动帮助部队安排营房。

德怀队在西山期间，积极寻找战机，接连出击，打了几个胜仗。2月8日，德怀队联合春北武工队，袭击石望乡公所，开仓分粮2 550千克给周围贫苦农民；3月2日，袭击驻河朗的阳春政警一个排共20多人，打伤敌人多名；4月初，攻打青山乡公所，开仓分粮150千克给周围贫苦农民；4月12日，袭击双王布朗村，活捉国民党云浮县政府指导员林泽丰，缴获稻谷250千克及其他财物一批，分给西山各村贫苦农民。西山各村群众看到德怀队为群众所做的一件件好事，终于打消了疑虑，确信共产党是为人民谋利益的，共产党领导的武装部队也是为人民谋利益的，是自己人。就这样，当地群众不但大力支持德怀队，而且还送子弟参加游击队，使德怀队从30多人发展到70多人。

大搞武装斗争　粉碎敌人"围剿"

1948年春，中共香港分局多次发出指示，要求各地加强党的领导，独立自主，大胆放手发动群众，积极开展武装斗争，扩大武装组织和游击区，把武装斗争从"小搞"转到"大搞"。

一、加强党的领导

1947年下半年开始，全国解放战争已由战略防御转入战略反攻，国民党蒋介石节节败退，面临覆没。面对大好形势，中共香港分局于1948年春多次发出指示，要求各地加强党的领导，积极开展武装斗争，为迎接华南地区大反攻和解放做好充分准备。

为了把三罗地区的武装斗争"大搞"起来，中共香港分局对三罗地区党组织采取了几项措施：

1948年4月以后，陆续把唐章、李镇靖、龙世雄等从香港派回三罗地区，充实三罗地区党的组织和武装组织，并传达"大搞"武装斗争的方针和组织"大搞"武装斗争的行动。

撤销三罗地区特派员制，成立中共三罗总工委，唐章为书记，李镇靖、吴桐、谭丕桓、龙世雄为委员，管辖云浮、罗定、郁南，云浮县也成立了临时工委，麦长龙为书记，李东江为副书记；并明确地方党组织和武装部队实行"地武"合一，以加强党对武装部队的领导。

把挺进三罗的德怀队、王震队划归中共三罗总工委领导。此后，云浮县临时工委在中共三罗总工委的领导下，正式开始武装斗争的"大搞"。

二、发动和组织青年学生参加武装斗争

中共三罗总工委为了扩大队伍，培养骨干，决定从香港、广州等地，发动组织一批青年学生到三罗地区，参加武装斗争。从1948年中开始，三罗地工委派韦敬文通过港九工会联合会秘书长余渭泉和广州地下党员区德民等联系，发动了一批进步青年学生参加武装斗争。并派黄平赴港、穗接这批进步青年学生到三罗地区，他们共有30多人。他们大部分被安排到云（浮）罗（定）阳（春）郁（南）边区，个别留在云浮北区工作。

1948年秋，云浮县党组织指示党员潘善廷、卢平、董培杰，与在广州读书的杨柳籍人士潘赞英联系。他们在广州地下党组织和广州学联的支持下，从广州组织了一批青年学生到云浮参加革命工作。1949年2月至6月，潘善廷等人又先后从广州、肇庆等地，组织了7批共60多人到云浮。这些青年学生，大部分都是广州文化大学、广东省立工业专科学校、第二侨民师范学校、广州市卫生学校和肇庆师专等学校的学生。这批同志来到三罗和云浮参加武装斗争，为三罗和云浮人民的解放事业作出了积极的贡献。

三、策应郁南"四一八"起义和三罗总队成立

武装斗争"小搞"时，三罗武装斗争只局限在云浮县境内。策动郁南"四一八"起义，是中共三罗总工委把武装斗争推向"大搞"的一项重要举措。

为了加强对郁南"四一八"起义的领导，起义前中共三罗总工委派吴桐秘密进入郁南，负责起义前的准备工作和军事指挥。

云浮县党组织也陆续向部队输送了一批党员和积极分子，使云北的王震队人数达到30多人，云浮南部的德怀队达到70多人。

1948年4月18日，中共三罗总工委发动郁南武装起义（即"四一八"起义），组织派李镇靖、戴卫民、龙世雄、朱开分别率领王震队和德怀队向云浮、郁南边界牵制敌人，策应起义。两支部队到达郁南河口会师时，敌省政府警卫团一个营约数百人正开往南江口，并有袭击河口的动向。而王震队和德怀队在郁南河口接上参加"四一八"起义的绅士李光汉之后，已经向西山转移，甩开了敌人。之后部队在李镇靖的指挥下在云（浮）罗（定）阳（春）边区一带活动，与国民党反动当局进行斗争。

郁南"四一八"起义，把三罗武装斗争推向了一个新的阶段。起义后，即成立了"中国人民解放军粤桂边三罗总队"，统领云浮、罗定、郁南的三县武装组织，总队长李镇靖。

四、粉碎敌人的"五县围剿"

王震队和德怀队在郁南河口转移到西山之时，正值粤桂边区人民解放军政治部主任欧初率东征支队800多人挺进粤中，实行战略转移，以摆脱敌人的围追堵截，并配合粤中区党组织扩大武装斗争。4月中旬，部队到达云浮飞地西山铁洞，并继续向两阳、新恩边区进发。为了摆脱敌人的围追堵截，欧初决定将部队兵分两路，一路由欧初率领开赴恩平朗底，另一路由团长黄东明率领300多人留在云浮西山活动，掩护支队机关和主力部队东进。

这时，国民党广东省当局深感其统治区的心脏地带已经动荡不稳，惶恐不安，即把两阳、新恩和三罗地区列为"清剿"的重点地区，派出省政府警卫团唐桂龙营300多人为主力，并纠集云浮、罗定、阳春、新兴、信宜5县的保警、自卫总队等800多人，由广东省第三行政区专员陈文带队，三区副司令彭程为前线指挥并驻河朗圩，于5月9日开始对西山游击区进行重兵联剿。

当时，三罗部队为了策应东征支队行动，派指导员罗杰与黄东明部队联系并作向导，但因通讯设备差，两者在仅相隔一个山头时也无法联系，只得各自作战。5月10日，东征支队黄东明部行至大喊村时与唐桂龙营相遇，黄东明部快速占据有利地形，把敌人压在沉蓬坑底，并迫使云浮刘汉清自卫队败退到富林。

同月11日，黄东明部转移到阳春河朗的马头山时，遭到彭程、唐桂龙率领的700多兵力从三面夹击。面对装备精良、人数过倍的敌人，黄东明部和西山大队快速占据有利地形，坚守山头，沉着应战。经过大半天激战，毙、伤敌人共40多人。入夜，利用夜色掩护，黄东明部快速撤离战场，向青山方向转移。

5月12日，唐章、李镇靖率领王震队和德怀队到了天线顶，发现罗定县警与谭炳章两个自卫中队约200人到了天线顶山下，敌人以为王震队和德怀队是罗定地方反动武装队伍，于是先是派向导到阵地联络，继而又打旗语询问，后又派传令兵"传令"。时值中午，在敌强我弱的情况下，唐章、李镇靖决定不能过早暴露，而是等到夜幕降临，再争取更大的主动性。因此，当敌人打旗号与王震队和德怀队联系时，后者不予理会，待识破敌人的答话旗语后，用旗号回答说是"友军"。敌人又喊话，问是何部队，答说是罗定自卫大队。当敌人派人上来时，王震队和德怀队悄悄地把来人扣起来。待敌人发觉上当时，已经是下午4点多了。这时，敌人开始向阵地发起进攻。王震队和德怀队占据有利地势，居高临下，打退了敌人多次进攻之后，朱开、戴卫民率领部队反冲锋，将敌人的防线冲垮，并顺利突围，转移到交洞乡分水坳武工队员梁炳忠的家乡一带，继续与敌人周旋。

这次战斗，俘敌2人，王震队和德怀队无人伤亡，缴获榴弹枪、步枪各1支，民兵拾得步枪10多支。敌人的西山"五县围剿"最终以失败告终。陈文迁怒于罗定县保警大队"作战不力"，把罗定县保警自卫大队长陈少达、中队长谭炳章撤职。

挫败敌人对西山五县的一期"围剿"后，中共三罗总工委和云浮县临时工委加强对西山游击区的建设。具体措施是，首先派朱开、戴卫民率领武工组，铲除了国民党云浮县政府派在西山的征兵队以及阳春县中南乡乡长罗官盛等反动组织和反动分子，争取到了松柏乡自卫队队长严森甫的支持，中立了三洞、那林等乡的自卫队，扫除了部队在西山建设游击根据地的障碍；接着由罗钊（女）、范林、罗平与地方骨干李东泰等组成武工组，在普遍发动群众的基础上，罗杰、陈云根据中共三罗总工委的指示，以松柏、河朗、石望、三洞等乡的半脱产民兵100多人为主，编成三个中队；并从王震队、德怀队抽调陆礼、黄海、梁祥等同志担任中队领导；后来又成立了西山区华山队，由梁祥任中队长，黄海任指导员，颜永裕任副队长，全队50多人枪，随三罗总队的主力部队王震队和德怀队活动。

至此，部队活动范围扩大至西山全区，河朗、石望、青山、三洞、中南、北河、那林、大水、阳三共9个乡、200多座村庄。

6月11日，中共香港分局决定：把三罗总队改编为"广东人民解放军三罗支队"（简称"三罗支队"），任命李镇靖为司令员，唐章为政委，吴桐为副司令员。

6月下旬，吴桐、谭丕桓率领郁南人民武装部分主力到了西山，与李镇靖率领的德怀队、王震队汇合。此时，三罗总队领导和主力部队都已汇集西山根据地。在西山，中共三罗总工委先后在云容洞召开了第一次全体委员会议及工委扩大会议（简称"西山会议"）。会议总结了上半年武装斗争的经验和教训，部署了下半年的工作。会议由中共三罗总工委书记唐章主持。参加会议的工委委员有：李镇靖、吴桐、谭丕桓、龙世雄以及当时在西山的各县负责人麦长龙、卢埙、朱开、戴卫民等。唐章在会上指出：三罗地区上半年的工作是有成效的，在富林战斗、郁南"四一八"起义、天线顶战斗中都取得了胜利。特别是郁南"四一八"起义，极大地打击了敌人，鼓舞了士气，振奋了人心。唐章进一步指出：目前，队伍发展壮大了，三罗地区的武装斗争也向前推进了，成绩是肯定的；但另一方面，也暴露了自身的某些弱点和不良倾向，如小资产阶级急性病，单纯军事观点、有些政策和上级指示贯彻不到位等。这些缺点如果不克服，可能会产生严重的后果。

李镇靖司令员在会上分析了当时的军事形势。他指出：敌人在西山边布置了"钉子"，驻兵富林、金鸡、罗阳、河朗等地，而武装部队局处一隅，面临诸多困难。为了求得发展，必须扩大活动范围，现决定采取"解决钉子、转向外围、分头发展"的军事策略，首先打掉驻守河朗的阳春县保警中队，然后转向外围。

7月6日晚，三罗支队领导率领主力部队德怀队、王震队和郁南"四一八"起义部队以及新组建的民兵中队华山队、机关工作人员共200多人，在西山云容洞集合，开到河朗附近的大喊村待命。与此同时，三罗支队等部派出侦察兵到河朗侦察，发现敌人的兵力布防与上次有所不同：现在河朗敌人驻兵不止一个中队，整个河朗圩都驻满了敌县警和自卫队。根据新的情况，三罗支队等部决定不攻打河朗圩，并准备翌日转移。翌日转移时，由李镇靖司令员带部队撤离大喊村，吴桐副司令员带领小数部队担任后卫，观察敌情，摸清情况。

原来，敌人自西山5县"联剿"失败后，按照宋子文的所谓"绥靖新策略"，由第一期"分区清剿、重点进攻"改为二期的"肃清平原、围困山地"，并把"三罗联剿指挥所富林办事处"升格为"罗云新阳边联剿办事处",迁到庙咀,由廖衡山任主任,并增拨枪支弹药充实四县的保警队和自卫队,对付西山游击区。

此时,廖衡山正在纠集云罗阳反动武装,实施从7月5日开始到20日完成的进剿西山计划。7日拂晓,云浮县保警、常备自卫队一中队和罗定县保警一中队已进入富林的上云利、下云利、红屋、上围、下围等地"追剿"三罗支队等部。

早晨,三罗支队等部没有果断转移,仍准备留在大喊村吃完午饭后再转移。结果到了中午,云、罗、阳之敌与驻河朗之敌会合,敌人的先头部队300多人已到达大喊村边。副司令员吴桐发现情况危急,立即赶回驻地,并急令朱开、戴卫民、梁祥各率领德怀队、王震队、民兵中队华山队抢登马头山顶,据险迎敌,以及时掩护机关人员撤离。而敌人也很快登上了对面山顶。

敌人建立阵地后,用机枪掩护分两路向三罗支队等部的阵地进攻。指战员则沉着应战、英勇抗击,击退敌人多次冲锋,坚守阵地。激烈的战斗持续了5个多小时。这次战斗,伤毙敌30多人。而中队长梁祥、排长黄琪仔、班长陈安、战士梁初4人英勇牺牲。陈棠、李炳林、黄池3位同志光荣负伤,新组建的民兵中队华山队在战斗中散失。

入夜,双方在各自守山头继续对峙,敌人在阵地上点燃火光防偷袭。而三罗支队等部则趁着夜色悄悄转移,从石望与松柏之间的沙岗东渡漠阳江,转移到恩平君子山,与广南分委主力部队会合。

7月中旬,部队在恩平朗底休整,粤中军分委第一副主席吴有恒对三罗地区的工作提出了意见。他指出:"要分散发展,地方工作要重于军事工作。"中共三罗总工委即按吴有恒的意见和西山会议确定的策略,把部队转向外围,分散发展,具体作了以下部署：

吴桐、李荣欣率领郁南人民武装主力返回加益、楷滨、罗镜一带，扩大粤桂边武装斗争。

李镇靖、周钊、戴卫民率领德怀队、王震队主力，并取名泰山队，到新云边二十四山山区开展游击战争。

朱开、麦长龙率领德怀队、王震队两队一部分人员共20多人，取名吕梁队，返回西山，坚持在云、罗、阳边开创新局面。根据以上实际，中共三罗总工委对原来的策略作了补充：

机动地集中与分散，经营好机动地带；经营好山地，渗入平原，即向云浮以南至云东机动地带渗透，旨在建立山区游击根据地。

在地方工作上，强调辟点线，发动群众，扩大部队活动地域。这个策略一直指导着1948年三罗武装斗争的开展。

开展反"三征"　建立交通点线

根据中共三罗总工委确定的方针，云浮县党组织、武工队组织群众开展打击恶霸和反"三征"斗争，扩大交通战线和建立游击据点等工作。

一、开展反"三征"斗争

1948年7月下旬，中共三罗地区工委委员麦长龙，把云浮县划分为4个区，建立临时工委，统一领导各区开展各项斗争。

1. 云北区。区委书记叶永禄，与邓章率领的武工队在云浮县的前锋、南盛料洞和新兴县的勒竹、二十四山一带活动，称为新云边区。主要任务是配合三罗支队主力泰山队活动。

2. 云西区。区委书记韦敬文，与冯月庭、张梓棋率领的武工队在云浮县的白石、宋桂、大来和郁南县的河口、连滩以及罗定的苹塘、围底等地活动，称为罗云郁边区。

3. 云南区。区委书记陈云，与雷之楠、李光率领的武工队在富林、托洞、镇安和罗定的金鸡、阳春的阳三、河朗一带活动。称为云罗阳边区，主要任务是为泰山队回师创造条件。

4. 西山区。区委书记罗杰，与罗钊、罗平率领的武工队配合，吕梁队坚持在西山游击区进行武装斗争。

根据三罗总工委确定的方针，7月以后，云浮县地下党组织、武工队，深入到群众中去，做好发动工作，铲除恶霸及其他反动势力，镇压"三征"人员，开展反"三征"斗争。

在西山，自7月下旬建立区委后，区委的主要任务是巩固老区，具体工作：一是开辟点线，扩大活动地区；二是打击反动武装，鼓舞群众斗争士气；三是建立农会，组织民兵，开展反"三征"，实行"二五"减租。同时建立武工队，从部队抽调西山区籍的地方干部李家信、李东泰、麦家明、严超明、苏路5位同志和留在西山区治病的罗钊、陈勋、罗云仙3位女同志共8人组成武工队。罗钊为队长，李家信为副队长。武工队按照上级指示，在巩固老区的基础上，开辟新区。

当时，三洞村有个以兰香池为首的反动武装组织，他们平日里欺压村民、威迫群众、催租抢粮等，无恶不作，附近群众对他们都恨之入骨。这时，他们又派出爪牙兰六丁、麦进明对武工队进行盯梢、跟踪，阻挠武工队的活动。另外，就是这个兰六丁，在东征部队经西山挺进粤东区时，曾混进东征部队，偷带枪支逃跑，并卖枪资敌，之后又到处搜集军事情报并报告给兰香池。针对这一情况，武工队派出李东泰、麦家明、严超明3位同志，突进三洞村，一枪不发活捉兰六丁。

另外，武工队配合朱开率领的吕梁队，在飞鹅岭设伏活捉反动保长麦进明等人，事后均公布他们的罪行并处决。在云北区，7月至11月，武工队共处决反动恶霸6人。其中包括在8月17日，活动于云浮河口的武工队，打死国民党河口区分部书记、反动头子陈立廷，并没收其稻谷1.5万千克。西山的双王、云容、云帘、三洞等乡村成立农会，选举黎松运为总农会会长。他们制订了农会章程，在各村张贴，大力宣传，并通过反"三征"和开展"二五"减租，使村民们不再向国民党反动政府送粮、送兵。国民党反动政府的征粮、征兵、征税队也不敢进入武工队活动的村庄，只令乡、保长催征。而云水、云容、云帘、双王等村庄的乡、保长已经"白皮红心"，新区的乡、保长慑于武工队的威力，不敢再像以前那样胁迫群众送兵、送粮了。

在其他一些村庄，群众也实行抗征、抗粮，尤其是在有武工队活动的村庄，一个兵、一粒粮也不送给国民党反动政府，反"三征"取得了胜利。接着进行"二五"减租，秋收前农会把通过的《减租条例》张贴到武工队活动的村庄和各路口，收租户在三罗、两阳及新兴武工队的震慑下，都按照《减租条例》的规定执行，"二五"减租顺利进行，农会威信提高。还有是原来乡、保政权所辖的几个不脱产乡丁，明属乡、保政府管理，但实质上已成了武工队指挥的民兵。

云北沿山区及云腰公路沿线，都组织起武工队，总人数达300多人。云东有两个班共10多人，他们协助地方工作人员散发传单，剪电线和配合武工队打击敌人，成为对敌斗争的一支重要力量。在武工队发动下，群众反"三征"的斗争如火如荼。8月起，国民党云浮县政府派人到处抓丁征粮，疯狂"三征"，游击队和武工队则广泛开展反"三征"宣传，发动群众进行反"三征"斗争。

在云浮县的其他地方，群众开始是"拖征"，当国民党县政府开始抓人时，游击队和武工队则组织民兵抗征。在云北区一带，民兵们用武装驱逐"三征"工作人员，在云浮河口则直接打走"三征"工作人员。云东武工队则组织群众阻止"三征"的推行。就这样，国民党的"三征"，只能在云西区暂时勉强施行。但云西区人民也很快就起来反抗，白石圩的商人找到武工队商量，只要武工队能够阻拦征粮人员、销毁粮册，就愿意向武工队提供伙食。

二、开辟交通点线

1948年下半年，地方工作人员及武工队，分别在原有的基础上，扩大开辟交通点线和建立据点工作，全县交通网点星罗棋布，仅云西区的交通点就有三四十个。这些点形成了四通八达的交通线网，为部队和地方工作人员来往开辟了通道。从云北区到云南区，有两条干线沟通：东线从麦州到洞坑、挑坪、乌泥、云坑、云楼、菜坑转南盛入富林；西线从麦州经河口、大绀山、茶洞、托洞入富林。有些交通点，经过发动群众，组织起武装小组，成为武工队活动或隐蔽的地方，扩大了武工队活动的范围。至当年年底，武工队活动范围为：在西山，南至圭岗，西至云帘，北接云南；在云南，西至罗定东南部，北至茶洞，东至黄沙、西北至云西山地；在云北，纵约80千米，横约20千米，北至西江边，东近新兴江。就这样，形成了各个武工队能够集中与分散活动的地带。

壮大武装力量 伺机打击敌人

1948年4月云北区武工队成立后，于当年6月攻打了驻扎在河口的敌人九堡联防队；8月，泰山队袭击新兴船岗；11月，又夜袭础石乡公所（现前锋镇），武工队接连打击敌人，提高了群众斗志，武工队和人民武装力量也在斗争中得到了发展和壮大。

一、云北武装的建立和攻打九堡联防队

云北区的武装斗争，因地理条件限制，不适宜过早暴露，起步也较晚。但在云浮县特派员李东江的直接领导下，采取正确的方针，充分发挥党组织的领导作用，依靠群众和做好统战工作等，人民武装力量依然得到了较快的发展。

1945年4月15日，为准备迎接郁南"四一八"起义，李东江在河口布务村建立了云北区武工队，原解放军连级军事干部李行担任队长，成员有邓可忠、陈家英等7人，全部配手枪、手榴弹。20日深夜，为策应李镇靖率领的王震队西挺郁南，新组建的云北区武工队初试锋芒，分成两组人员率领民兵骚扰云城。其中一组向云浮县警察局放冷枪，点燃鞭炮；另一组则捣毁云城至六都的电线杆，牵制了云城驻敌。

1948年6月初，国民党云浮县政府加紧推行征兵、征粮、征税，以维持其反动统治，并在洞城乡河口圩建立九堡联防处。反动乡长陈某与国民党云浮县政府征兵委员黄崇佳共同组织九堡联

防队，到夏洞、初城、河口一带疯狂拉壮丁、勒索钱粮等，还四处刺探游击区的情报。当时，云北区党组织正领导群众开展反"三征"，有群众提出：现国民党当局派人来"三征"，我们应该怎样反？中共云浮县特派员李东江与云北区委书记黄浩波、副书记麦冬生等研究决定，捣毁这个反动据点以保护群众利益，并决定把这个任务交给云北区武工队。

云北区武工队经过两个月的活动，已经发展成为有20多人枪的队伍。武工队队长李行接受任务后，与云北区委领导研究了作战方案。九堡联防队的驻地是河口圩东"九堡甲"炮楼。"九堡甲"炮楼楼高4层，墙厚门坚，比较牢固，九堡联防队的队员是一些亡命之徒，而且装备比较精良。云北区武工队则成立不久，兵员素质和武器装备都还相对较差。按照这些实际情况，云北区武工队如果采取强攻，可能难以取胜。云北区武工队决定智取。具体办法是先通过关系，派陈锐、冯星、黄云3人打进九堡联防队当队员，然后来个里应外合，一举把敌人打垮。

攻打"九堡甲"炮楼的当天晚上，由李东江、李行率领的武工队全体队员，奔赴距云城8千米的河口圩。晚上9时，正好是云北区武工队打进九堡联防队当队员的陈锐值岗，他小心地推开那扇约10厘米厚的大木门，然后打亮手电筒向外划了3圈作暗号。这时，埋伏在河基已久的武工队队员，随着队长李行一声"冲啊"的号令，一齐冲进了炮楼。只见九堡联防队那些人，有些躺在床上抽着鸦片、有些正在赌博、有些则哼着一些肉麻淫调。突击手黄金、高森、钟才等，把枪指向敌人喝道："我们是共产党的队伍，缴枪不杀！"这时，九堡联防队的那些人被这突如其来的人吓晕了，只得乖乖地举起双手投降。打进九堡联防队的冯星、黄云带头缴了枪，其他也跟着缴了枪。这时，黄云偷偷地用手向楼上指了两下，暗示黄崇佳住在二楼，高森和钟才快速冲上二楼。这时，黄崇佳已惊醒，他正想拔枪抵抗，高森眼疾手快，用枪指着他喝令他投降，并顺手缴了他那支"黄金大锚"左轮手枪，把他押下楼。这时，楼下的武工队队员已向九堡联防队的那些人讲清政策，教育释放了。武工队队员们扛着缴获的武器，押着黄崇佳返回根据地。陈锐和冯星因已暴露了身份，也随队返回根据地，黄云则仍然留在九堡联防队。为了迷惑敌人，黄金和高森假装把黄云捆得格外结实。

这次行动，是云北区打响武装斗争的第一枪，缴获手提机枪1挺、长短枪7支、子弹400多发。国民党县政府催兵员黄崇佳作恶多端，经批准被处决。敌洞城乡乡长陈某因为害怕，偷偷地逃到香港去了。这次行动，狠狠地打击了敌人的嚣张气焰，使国民党当局在云北区的"三征"工作无法开展，云北区党组织和武工队的影响力也越来越大。同时，云北区的反"三征"工作也由宣传发动转到了武装斗争的阶段。10月，在云北区武工队的基础上组建"先念队"；队长莫健如，指导员高远钧；全队42人，配备轻机枪1挺、冲锋枪1支、长短枪40多支，主要在云北区范围活动。

二、主动出击　打击地方反动势力

1948年7月，三罗支队司令员李镇靖率领以原德怀队、王震队为基础编成的泰山队（队长戴卫民，指导员周钊），挺进新云边区的二十四山开展活动。活动包括深入发动群众，加强整训，提高战斗力等。同时，泰山队寻找战机，主动出击，消灭地方反动武装，壮大人民武装力量。8月26日，活动于新云边二十四山的泰山队和新兴七团紧密配合，远道奔袭船岗，战胜新兴自卫队，缴获轻机枪、步手枪50多支、子弹1万多发。船岗是新兴一个较大的敌据点，也是国民党反动将领叶肇的老家，打掉这个据点，对打开新兴县武装斗争的局面具有重要意义。

11月中旬，李镇靖、戴卫民又率领泰山队，在新云边区的崖楼山区活动，在广阳支队贺金龙、邓毅带领的部队配合下，挺进云浮南区，28日午夜，袭击了碰石乡公所自卫队。

当时，部队在新（兴）云（浮）边界集中，晚上7时出发，计划午夜12时到达夜袭目的地碰石乡公所。晚上天黑，大家都在颈上扎着一条白色手巾作为标记，使大家能一个接着一个前进。午夜，部队及时到达了碰石圩，敌人的驻地就在碰石圩头的旧庙内。突击组、爆破组的同志们悄悄逼近敌人营房，其他同志也分别进入阵地。突击组和爆破组的同志们到达敌人的营房边，从门窗往里看见敌兵正睡得烂熟，发出呼呼的鼻鼾声，毫无戒备。这时候，爆破组的同志们选择好爆破点安放好炸药，点燃导火索。只听"轰"的一声巨响，敌人的营房被炸开，突击组的同志们快速冲入敌营，大喊"缴枪不杀"，吓得敌人胆战心惊，纷纷投降，全部成了俘虏。这次战斗，前后仅用了5分钟便胜利结束。

这次战斗非常顺利，不费一枪一弹，只用了2包炸药，就活捉敌人16人，缴获冲锋枪1支、步枪9支、手枪6支、子弹数百发。部队把俘虏全部押送到横山坳公岭村。部队一到横山坳公岭村时，当地群众杀猪煮饭，慰劳同志们。部队领导则趁这个机会，向被俘虏的敌自卫队员讲清中共部队的政策，被俘虏的敌自卫队员经教育后全部释放。

夜袭碰石乡公所战斗的胜利，迫使准备开赴泽面、燕子尾等地扫荡的敌人从冲坑被急调到碰石，打乱了敌人对云北区的扫荡计划，同时也鼓舞了云东区人民群众的革命斗志。

夜袭碰石乡公所之后，泰山队返回云浮南部，与坚持在西山云罗阳边区活动的朱开率领的部队会合，并在东征部队配合下，于12月5日夜袭了驻金鸡的罗定县警中队，迫使敌人撤离金鸡。

战斗中，梁伦、伍炎两位同志为革命献出了宝贵的生命。

三、人民武装力量在斗争中发展壮大

1948年，从1月7日打响三罗武装斗争第一枪的富林战斗到郁南"四一八"起义，革命浪潮一浪接一浪，进步青年踊跃参军，从中区挺进三罗的德怀队、王震队已从46人发展到100多人。

7月中旬，中共广南分委向中共三罗总工委作出了"分散发展、地方工作重于军事工作"的指示。在军事上，强调分头活动，避免作战；地方工作上，强调以武工组辟点线，发动群众起来斗争。根据这一指示，在中共三罗总工委的统一领导下，紧密团结，互相配合，深入发动群众，联合一切可以联合的力量，广泛发动和组织民兵，"搬石头、拔钉子、辟点线"打击敌人。经过半年多的艰苦斗争，人民武装不断发展壮大，除云北区建立起先念队之外，11月，云西区又从民兵中动员了20多人和武工队合编为黄河队。12月，泰山队返回云浮南部与吕梁队会合编为泰山队。到12月中旬，主力部队进行整编，在云浮南部的编为第一大队。第一大队大队长朱开，政委周钊，下辖德怀连，连长周锡义，指导员黄海，人数125人。在云北的编为第二大队，大队长戴卫民，政委李东江，下辖先念连，连长莫健如，指导员高远钧，人数44人。12月，在云罗边还建立了罗南区队，队长陈云，队员34人。富林区队，队长刘九，指导员陈卓，队员25人。此外，还有云北、云西、云雾山、西山等地共组织起半脱产民兵近500人。

第八节 三罗大进军 连州战斗传捷报

1949年1月中旬，粤中军分委率部队挺进三罗，与三罗部队会师。为了适应进军三罗的需要，粤中分委和军分委决定把三罗支队改为中国人民解放军粤中纵队第四支队（简称"粤中纵队第四支队"），随即宣布组建第四支队第三团（简称"三团"）。三团作为第四支队的主力部队，转战于三罗各地。

一、三罗大进军 成立第四支队第三团

三罗武装斗争取得了一个又一个胜利，震慑了敌人，敌人不断对三罗部队进行"围剿"。1948年7月，马头山战斗后，三罗主力部队转向外围活动，依靠群众，壮大人民武装力量。到年底，部队有了较大的发展。为了进一步打开三罗武装斗争的局面，打通与新高鹤游击区的联系，中共粤中分委、军分委决定，趁三罗地区敌人兵力比较空虚，调拨主力部队向三罗进军。

1949年1月21日，由粤中军分委主席冯燊，第一副主席吴有恒，率领粤中主力部队，黑夜行军，穿过新兴、云浮边界的深山老林，迂回边远村庄，向三罗进军；唐章、李镇靖率领三罗部队接应。三罗部队的泰山队和吕梁队已到富林。麦长龙、李东江率领的云北部队先念队，雷之楠、罗杰率领的云南、云西的队伍，陈家志、陈云率领的云罗阳边区500多名民兵，一齐在富林会合，队伍浩浩荡荡，声势浩大，这就是三罗地区著名的"三罗大进军"。

为了适应进军的需要，中共粤中分委和军分委决定，在富林宣告成立粤中区主力团——独立一团。同时，把三罗支队改编为中国人民解放军粤中纵队第四支队，司令员李镇靖，政治委员唐章，副司令员吴桐，政治部主任谭丕桓。另外，把第一、第二大队合编为中国人民解放军粤中纵队第四支队第三团；团长兼政委麦长龙，副政委李东江，副团长戴卫民，政治处主任叶永禄，副主任罗杰；并明确把泰山队、吕梁队、黄河队、先念队归属三团领导。云罗阳边区民兵组建为三团二营，三团作为粤中纵队第四支队主力团，随粤中主力部队向罗定进军。

粤中军分委率领主力部队独立一团和粤中纵队第四支队共1500多人向罗定进军。为壮军威，鼓舞人心，由过去黑夜行军变为白天行军。各团连队高举红色军标，雄赳赳、气昂昂，浩浩荡荡向前进。行军队伍还高唱革命歌曲和高呼口号。1 500多人的队伍行进在山间的小路上，首尾长达1.5千米。大白天从山区向平原行军，这在三罗开展武装斗争以来还是第一次。

26日，部队进驻金鸡圩，粤中纵队第四支队在金鸡圩将云罗阳和罗云郁两个边区合并，并张贴布告，宣布成立中国人民解放军第四支队云（浮）罗（定）阳（春）郁（南）边区办事处。罗杰任主任，陈云任边区人民武装指挥部指挥员，韦敬文任政治委员。

部队在金鸡休整一天，然后兵分两路挺进。28日，一路队伍经镇安到白石，并在白石欢度春节。2月3日，另一路队伍向苹塘挺进。在苹塘，国民党反动乡长李权章负隅顽抗，带着乡自卫队60多人，登上石山顶，向部队射击，企图阻挡其行军。这时，独立一团团长黄东明指挥部队迎战，占据有利地形，把自卫队包围。敌人仍然想据险顽抗，战士们冲上山顶，敌军溃逃，李权章企图逃跑，部队击伤其脚部后并把其活捉。第二天，部队在苹塘圩召开公审大会，公布李权章的罪状，并将他当众处决，群众拍手称快。之后，部队经围底、罗平、太平等地，于2月12日进驻罗镜。

到罗镜后，粤中纵队第四支队对三团进行调整加强，把活动于新云边区的泰山队，罗郁岑边的贺兰队，云罗阳郁边的黄河队分别改建为吉林连、江苏连、辽宁连，作为三团的主力连；把参加大进军的云罗阳边区民兵编为第二营。这时，三团的战斗序列是：三团团长兼政委麦长龙，副政委李东江，副团长戴卫民、郑毅（后接任），政治处主任叶永禄，副主任罗杰。主力连：吉林连连长周锡义，指导员黄海；江苏连连长陈凤堃，指导员高远钧；辽宁连连长陆礼，指导员徐国栋。第二营：营长雷之楠，教导员罗杰（兼），副营长莫健如。一连连长韦应镛，指导员沈华。二连连长沈华（兼）。三连连长莫荣贤，四连连长朱明兴，五连连长刘伯泉。

二、连州战斗

三罗大进军中，部队沿途攻下圩镇，开仓分粮。国民党当局和反动武装或被部队消灭，或仓皇逃跑。部队到达罗镜后，罗定成立了十四团，在郁罗边活动的吴桐率部会师。郁南部队也组编成了十一团。

面对如此形势，国民党云浮县县长阮君慈，国民党罗定县县长缪叔文都十分惊恐。他们一方面做好逃跑的准备；另一方面则飞报第三"清剿"区司令官莫初如求援。莫初如急忙把部署在新高鹤、新恩开准备扫荡游击队的广东省保警十四团和十九团星夜调往罗定，企图堵截、围歼大进军部队。

2月21日，进军部队从罗镜抵达连州，准备经泗纶向郁南挺进。当晚，接到罗城交通站情报，国民党集中庞大兵力向连州进发。计有广东省保警十四团、十九团、罗定自卫总队、保警总队等共1 700多人。配备有六零炮、八二迫击炮、掷弹筒及轻机枪等，从罗城向连州进发，并已进驻到离连州只有10多千米的万车村。

当时，粤中独立一团、三团、十四团及罗云边民兵、粤桂边三罗总队第四大队等共1 500多人，已进驻连州。接到情报后，冯燊、吴有恒连夜主持召开干部作战会议，分析敌情，研究对策。

是打还是不打？当时有些同志认为，敌人有备而来，装备精良；而我部队虽然队伍庞大，但不少是刚参军的民兵，有些同志虽然是老游击队员，但因来自不同的队伍和地方，欠缺大规模作战的经验，应慎重考虑，他们主张向新兴云浮方向转移，避开敌人，以保存实力。

粤中纵队第四支队副司令员吴桐主张坚决打，理由是：四支队、三团、十四团和罗定县人民政府刚成立，不打能巩固吗？大进军以来，同志们群情激昂，部队求战，从兵力对比上基本相符，敌攻我守，击溃敌人是有把握的。再说敌人下那么大的决心来犯，来者不善，善者不来，现在即使我军转移避敌，敌人也会步步紧追。与其到那时被迫应战，不如现在就主动痛击敌人。

这些理由充分说明，这一仗，从政治上考虑必须打；从军事上考虑可以打。粤中纵队第四支队司令员李镇靖支持吴桐的意见，并认为敌军人数虽然稍多于我军，装备亦较优，但他们近日日夜行军，十分疲劳。另一方面，连州地形也于我方有利，背山面丘，敌人必须仰攻，又在白天，敌人兵力火力都暴露无遗。而我部队可预先进入阵地，先守后攻，打赢这一仗是完全有把握的。经过反复研究，最后决定打，给敌人一个迎头痛击。

决定打这一仗之后，粤中军分委第一副主席吴有恒提出了作战方案。大家一致赞成吴有恒的作战方案，并立即进行兵力部署。部署完毕，已是深夜零时，吴有恒命令部队迅速登山，占据有利地形，修筑工事等。到凌晨4时，作战准备就绪。22日上午9时，敌人大队人马杀气腾腾地从万车村分两路沿大路行进。正如吴有恒所料，敌人首先集中兵力从北面向替寮岗正面防守的三团发起攻击。在前沿指挥战斗的副司令员吴桐看到敌人已进入火力射程内，立即命令在前沿阵地布防的三团江苏连开火。麦长龙、戴卫民在侧翼策应。开始，敌人自恃其武器优势，六零炮、迫击炮、轻、重机枪齐发，霎时间，炮声隆隆，硝烟弥漫。在枪声的掩护下，敌人企图占领替寮岗制高点。但江苏连的指战员们毫不畏惧，几挺轻机枪一齐开火，用密集的火力打退了敌人一次又一次的冲锋。

经过一个上午的战斗，江苏连始终固守阵地。下午2时，吴有恒见反击时机已到，立即命令黄东明率领独立一团从关塘越过大蓬顶，涉过连州河，向勒竹坳方向迂回，攻击敌军侧后阵地，瓦解敌人防御系统，迫使敌人指挥所后撤。

这时，吴有恒见独立一团突击成功，立即命令部队全线出击，正面防御的三团转守为攻。十四团重机枪连以及预备队的两个连同时出击，敌人受到前后夹攻，一片混乱、丢盔弃甲、狼狈逃窜、全线动摇。独立一团乘胜追击，把敌人赶到万车村，入夜才凯旋。

之后，敌人逃回罗城，沿途遗弃尸体10多具以及丢弃大批武器装备。

连州战斗，吴有恒部队牺牲6人伤5人；敌方死伤60多人。另外，吴有恒部队缴获敌人大批武器装备。

连州战斗的胜利，在政治上、军事上都产生了重大影响。政治上，巩固和发展了中共粤中分委、军分委所领导的三罗大进军的丰硕成果，进一步推动和发展了三罗武装斗争的群众运动，巩固和扩大了统一战线，动摇了国民党当局的反动统治，巩固了新生的人民政权。在军事上，打出了粤中军的军威，挫败了敌人的追剿计划和妄图恢复对西江南岸的控制计划，巩固和壮大了三罗地区的人民武装力量，使云罗阳边区，罗（定）郁（南）岑（广西岑溪）边区东、西两翼的游击区连成了一片。同时，指战员们得到了一次极好的实战锻炼，极大地提高了指战员们的指挥能力和战斗力，增强了大家的信心，对部队建设和日后的斗争都产生了重大意义。

巩固云北根据地　积极开展武装斗争

　　大进军部队回到富林后，粤中军分委对日后的军事工作提出了"分散发展、积极巩固"的方针，三团根据这个方针，回师云北，大造革命声势，扩大部队影响，对云北武装斗争的发展和根据地的巩固发挥了积极的作用。

一、发展云北武装

　　进入1949年，中共香港分局根据全国解放战争的形势，先后向各地发布指示，要求各地做好准备，迎接解放军南下，解放广东。同时，要求西江地区的广宁、德庆、三罗要互相取得联系，粤中要加强攻势，三罗和新高鹤要加强出击，向着控制西江地区的目标推进。

　　3月初，参加三罗大进军的粤中主力团和三团回师富林，粤中军分委对日后的军事工作又提出了"分散发展、积极巩固"的指示。这样，大进军后，发展武装力量、打通西江南岸沿线，成为云浮县党组织和三团的首要任务。

　　大进军部队返回富林后，吴桐、谭丕桓、麦长龙即率领三团江苏连和辽宁连回师云北，在都骑、杨柳、泺源、河口一带活动。

　　三团回师云北后，时间虽然不长，但对云北武装斗争的发展起到了积极的推动作用。

大进军前，先念队调往云南，云北区只剩下武工队和民兵，大进军部队到达罗定围底时，三团副政委李东江根据粤中纵队第四支队领导的安排返回云北。李东江返回云北后，以武工队为骨干，从都骑民兵中吸收了部分积极分子参队。在三团回师云北的推动下，很快组建了粤中纵队第四支队第三团黑龙江连，李行任连长兼指导员，张力任副连长，张基（女）任副指导员，黄池、陈铁华、陈锐任排长，杨标、汤照任军事教员，周邦、蔡铨任文化教员。黑龙江连长驻在都骑，活动在云北周边地区，经常打顽除奸，做群众工作。在攻打敌六都警察所、突袭敌夏洞自卫队、智取初城、扶卓阻击战、桃坪反扫荡战斗、西江截击国民党军警交通船只等战斗中，都发挥了主力作用。黑龙江连到云浮解放前夕已发展到140多人。

1949年3月至4月间，中共云浮县工委和三团，在云北先后举办了两期民兵骨干训练班，学员共100多人。训练班结束后，一部分人留在云北参加武装斗争；一部分（40多人）组成大渡河连，郑国强任连长，黄浩波任指导员。同年5月初，在都骑组建了云北区中队，何日初任中队长，严洵任副中队长，黄秉超（后任指导员）任文化教员，钟标任军事教员，全队共30多人。其中严辉和陆金等一班人是携带吉庆村族公产的一批枪弹加入云北区中队的。

1949年春以后，云北周边地区人民武装力量发展很快，在杨柳有20多名民兵自愿携带机枪1挺、长短枪20多支，组成西湖连，潘善廷任连长，卢平任指导员；在泽源乡组成数10人枪的民兵连，陈明华任连长兼指导员；在思劳、夏洞、初城一带组成有20多人枪的武工队，负责人是李方、杨江。在扶卓、思怀、大河一带，组成有10多人的武工队，负责人是余家相、邓可中、陈来、许克明。在云坑、云龙、云楼一带，组成有10多人枪的武工队，负责人是邓章。

在云北及周边地区建立起来的人民武装，互相照应，并肩作战，打击敌人，给盘踞在云城的国民党县政府形成了大半个包围圈。这几支武装小部队，既是战斗队，又是宣传队和工作队。他们每到一处，都得到了群众的大力帮助，有些群众得知武工队要来，就提前帮他们打扫宿营地，准备柴草蔬菜等。武工队有时还会组织一些联欢晚会，宣传党的政策，宣传革命形势和任务；同时进行访贫问苦，发现哪户人家有人生病了，就派医务人员送医送药；发现哪户人家缺乏劳动力的，就帮助他们做一些农活。就这样，武工队深受群众欢迎，与群众建立起鱼水情。

周边地区群众不仅大力支持武工队的工作，有些家长还鼓励和支持子女参加武工队。河口布务村的蓝英，是一个最普通的农村妇女，她鼓励儿子和侄女参加武工队。同时，她又接受交通站的委托，热情接待过往的交通员，积极掩护照料武工队的伤病员，并为武工队打探敌情，采购食品和药物等，为武工队做了大量工作，被大家尊称为"民主娘"。

由于军民关系密切，所以在敌人的多次"围剿"扫荡中，虽然敌强我弱，但武工队不但没有被打垮，反而不断发展壮大。中共西江特委原书记梁嘉曾说："高明的合水、广宁的排沙、云浮的都骑，都是敌人攻不垮的堡垒。"

二、建立农会组织

1949年2月，中共云北区委根据云浮县工委的指示，在云北、云东区公开成立农民协会。

在做法上，一是广泛发动群众、组织群众学习农会章程，明确农会的性质、任务，动员群众自愿加入农会，遵守农会章程。一般以自然村（或联村）成立农会，管辖范围相当于过去的一个保；二是有组织、有领导地进行活动。各村在组建农会时，均由云北区委派出干部或由各片负责人亲自掌握。农会成立时召开群众大会，宣布废除保甲制度，一切权力归农会。然后选举农会会长、委员。一般设会长1人，副会长1至2人，委员3至7人。

当时，村农会虽然是群众组织，但实际上取代了过去的保、甲基层政权。村农会还组织村民联防，维持村内治安，调解村民纠纷等。农会成立后，组织群众开展减租、减息、退押，帮助群众度荒。各村农会按照云北区委"生产自救、借粮度荒"的指示，一方面把各公尝的存粮重点借给贫困农户，改变过去"按丁分粮"的做法；另一方面是号召群众"互通有无、互相帮助"，户向户借粮，利息不超过20%，经过努力，不少人把稻谷、木薯等借给有困难的农户。此外，很多村的农会还开办了农民夜校、妇女识字班等，并以此为阵地，学习文化、讲革命道理、唱革命歌曲等，活跃农村文化生活，有力地协助党组织在农村开展文化教育工作。

三、做好统战工作

云北区党组织一向都十分重视团结一切可以团结的力量，共同开展和做好革命工作。抗日战争时期，云浮县党组织通过多方面的工作，争取到都骑、杨柳、方平、泽源四乡部分乡绅的支持，建立了民主政权、组织了抗日联防委员会，有组织、有领导地进行抗击日本侵略者，保卫人民群众生命和财产安全。解放战争时期，云浮县的党组织同样十分重视统战工作，并专门安排麦冬生、陈明华两位同志负责统战工作。云浮县党组织对都骑的麦焯、麦耀年，杨柳的徐卓才、潘玉培，泽源的陈德銮等乡绅进行教育，使他们大力支持革命工作。他们中有些为革命队伍提供落脚点，有些提供情报，有些甚至成为了地下党员。由于统战工作做得好，党组织和武装组织的活动减少了很多阻力。

在统战工作中，党组织想方设法与在西江航线做船工的乡亲们联系。其中在省梧渡口当护航队队长的麦浩寰就是一个很好的例子。麦浩寰为人员往来和运送补给等提供了很多方便。云北区的党组织还发动工商界人士麦安记、麦同昌、梁德和、陈生利、莫同发等献粮献枪；又发动开明人士陈可成、赵翰泉、区瑞中、钟炳雄、陈维邦、严子芳、黄振中、谭官连等把村族公产中的粮食、枪支、弹药等交给武工队和民兵使用；发动乡村医生钟炳怡、区功盖、李亚好等为游击队伤病员治病。云浮县党组织还发动各小学老师，掩护革命同志和做好革命宣传工作等。

"把统战工作做到一切可以做的地方，把一切可以争取的力量争取过来"，这是当时云浮县党组织统战工作的方针。当时，云北四乡部分地方和思劳等地，都有土匪活动。其中比较大股的是在杨柳泽面一带活动的潘伙成匪帮，有200多人枪。匪帮中的大多数人，都是贫苦农民出身，还有少数人是出于自保而加入匪帮的。另外，土匪当中的很多人，对国民党反动派有着深仇大恨。因此，能把这些人争取过来，对当时的党组织和武工队都十分有利，所以这也是统战工作的内容之一。为此，经过麦长龙、李东江、戴卫民等分析研究，决定对部分匪帮进行教育争取。一天，戴卫民、黄雄、阮南等，以武工队的名义去见潘伙成及其下属。先是黄雄与潘伙成联系，但后来潘伙成要戴卫民亲自到他们的山洞面谈。开始，戴卫民有些拿不定主意——去的话又不知山洞虚实和潘伙成的意图，不去的话他们会说你无诚意、无胆量。最后戴卫民横下一条心，为了革命，为了工作，即使有最大的风险，也坚决要去。

就这样，戴卫民带着阮南赴约。一进山洞，只见潘伙成躺在床上抽大烟，他一见戴卫民带着阮南进来，立即叫人取枪。这时，戴卫民立刻警惕起来。但戴卫民见那人把枪递给潘伙成时，潘伙成不抓枪托而是手握枪管，这才松了口气。原来这是土匪的规矩，手握枪管表示相信你，叫你放心。行过礼后，戴卫民对潘伙成及其下属讲："我们是共产党和人民的武装，我们的主要宗旨是反'三征'，推翻国民党反动派的统治，解放全中国。我们对你们秋毫不犯，但我们的同志要在这一带活动，希望你们不要阻挠，更不能伤害我们的同志。"这些潘伙成都一一同意了。

做成了潘伙成的工作，就有了良好的开端和成功的经验，但要稳定局势，让匪帮口服心服，就必须进一步做工作。于是，当时武工队决定搞一次军事演习。一天，武工队通知潘伙成，说要在某个山头演习，潘伙成无异议。当时部队有30多人，还有一挺机枪。这次演习虽然人数不多，但搞得有声有色，像真的在参战。潘伙成他们耳闻目睹，从心底里佩服。同时，武工队的同志也利用一切机会找潘伙成匪帮谈心，讲革命道理，鼓励他们打到国民党的统治区，打国民党反动派的船。经过一系列工作，最后潘伙成匪帮还表示要成立"义勇堂"。

"义勇堂"成立当天，一方面是为了表示支持，二方面为了展示力量，武工队全体队员带上机枪赶赴会场。"义勇堂"成立后，为了确保对他们的掌控，在经得潘伙成同意后，武工队派出一名同志到"义勇堂"当参谋。之后，潘伙成及"义勇堂"又接受武工队建议，联合在西江边设立税站，对过往船只收税。关于收益，根据商议起初双方是五五分成，后来武工队占七，他们占三，到云浮解放前夕则全部由武工队支配。

经过多方工作，潘伙成及其下属中的许多人都走回了正道。1949年云北各地成立农会时，他们当中的一部分人被批准加入当地民兵组织，后来又有20多人携带轻机枪一挺，长短枪20多支，加入粤中纵队第四支队第三团西湖连。1949年6月，国民党西江救国军大队长许崇礼企图拉拢潘伙成投向国民党，潘伙成把这个情况报告了西湖连连长潘善廷。潘善廷请示李东江之后，决定将计就计，由潘伙成约许崇礼出来谈判，由粤中纵队第四支队第三团黑龙江连派出10多人化装成便衣，埋伏在谈判地点周围，掌握好时机把许崇礼及其随员抓获。

与对待潘伙成等人不同，对个别抢劫成性、欺压群众，甚至打着武工队旗号干坏事的土匪，云浮县党组织则实行坚决打击。杨柳吉山村的严树生，是一个土匪小头目。1948年冬，他私自在都骑对岸设立一个税站，并且悬挂云北税站的牌子，勒索过往船只，破坏云浮县党组织和武工队的声誉。为此，云浮县党组织决定严惩严树生。1949年1月，都骑圩圩日的一个傍晚，武工队员分布在都骑码头和街道，当严树生在码头露面时，黄雄、黄池、冯忠等几位武工队员迅速制服严树生，收缴了严树生的枪。紧接着，黄雄命令黄池、冯忠执行任务，黄池、冯忠的枪口对准严树生，随着几声响亮的枪声，严树生倒毙在码头。严树生的"马仔"见状逃到圩尾，被埋伏在那里的武工队员麦楚发现，立即把他击毙，并收缴了他的手提机枪。随后，黄雄代表云浮县党组织和武工队向群众宣布了严树生及其随员的罪行。这件事传扬出去，极大地提振了武工队的声望。

随后，70多人的先念队开赴大冲口，对盘踞在那里的土匪进行了整编，并落实相关政策，顺利地完成了对西江云浮段南岸土匪的整编工作。

1947年至1949年3月，杨柳泽面村惯匪潘树芬，联合河口大碑尾村的惯匪罗金生、罗贤娣两兄弟、思劳村惯匪温细娣、德庆惯匪何土荣等到处抢劫群众财物，甚至冒充武工队队员进行抢劫，影响极坏。三团领导和云北区委根据群众要求，决定严惩这帮惯匪：1949年3月，在河口茅坪村活捉潘树芬，立即公审，执行枪决；5月25日将温细娣逮捕，按群众要求把其处决；6月间，捕获了罗金生、罗贤娣两兄弟，押回都骑公审后处决。

云浮县党组织和武工队严惩惯匪为民除害，既提高了党组织和武工队的威望，又稳定了社会治安，受到群众的拥护，群众都拍手称快。

四、方杨中队武装起义

1948年2月，国民党云浮县县长阮君慈为镇压云北的革命运动，在六都召开了镇北、维新、方杨三乡会议，部署云北的治安工作，并在杨柳蟠咀建立了"云浮县自卫总队方杨中队"，负责方平牛远至六都勒头沙沿江一带的水上治安，任命徐颂辉为中队长。不久，又任命徐颂辉为方杨乡乡长。

徐颂辉是杨柳乡蟠咀村人，抗日战争时期，曾参加过当地的多项抗战活动，是进步人士，是云北党组织的统战对象。徐颂辉任职的时候，正是云北武装斗争走向发展的阶段。但徐颂辉的处境比较复杂，他既在国民党政府内任职，又与云北党组织有交往。

为了争取一切可以争取的力量，云北党组织开始做徐颂辉的工作，李东江多次找徐颂辉谈话。1949年3月，粤中纵队第四支队第三团回师云北后，继而到达杨柳石巷，杨柳的民兵也集中到此显示力量，大造革命声势，使徐颂辉看到了粤中纵队的实力。这时，麦长龙找徐颂辉谈话。徐颂辉要求在征得潘、徐两姓代表同意的基础上，在石巷村召开两姓代表参加的和解会。麦长龙、李东江到会祝贺，和解会成功召开，众人饮了"和解酒"，潘、徐两姓从此和解并支持革命。

同年4月，李少白出任国民党云浮县县长。李少白想方设法稳住徐颂辉以便依靠他稳住云北几个乡。但到了4月下旬，中国人民解放军横渡长江，攻下南京。徐颂辉感到国民党大势已去，于是决心弃暗投明。1949年5月5日天亮前，他率领方杨中队共19人，携轻机枪1挺，步枪10多支，各种子弹数千发举行起义，开赴云浮南部，后被编入三团。徐颂辉加入人民武装队伍之后，任粤中纵队第四支队司令部参谋，随司令部转战三罗各地。

五、南北两岸联合控制西江中段

1949年4月下旬，中国人民解放军胜利渡过长江，粤中纵队给三罗地方党组织和人民武装队伍的任务是：向西江沿岸地带发展，控制西江，准备迎接南下解放军解放全中国。

西江连贯广东、广西两省（区），西江中段南岸，是三罗地区，又是粤中纵队第四支队的主要活动区域。西江中段北岸，则属封川（今封开县）、德庆、高要，是粤桂湘绥贺支队的主要活动区域。解放军横渡长江之前，国民党蒋介石曾企图以长江为界，保住长江以南的"半壁江山"。解放军横渡长江之后，国民党蒋介石的美梦被打破，他们又试图把西江作为经广西逃往云南再逃往越南、缅甸等地的重要通道。

为此，1949年3月，中共中央香港分局根据当时的形势，要求中共粤桂湘边区工委首先与南岸粤中部队取得联系，然后采取措施，逐步控制西江，以便人民解放军聚歼残敌。

5月，中共粤桂湘边区工委、军分委派出绥贺支队司令员陈胜，到三罗与粤中纵队第四支队司令员李镇靖、政委唐章联系，再前往鹤山宅梧圩会见粤中军分委领导冯燊。经双方磋商，以工作联席会议形式，统一指挥控制西江的军事行动。随后，绥贺支队派出在德庆活动的二团副政委陈大良，粤中纵队第四支队派出在云浮活动的三团团长兼政委麦长龙，在云北区举行控制西江的"工作联席会议"。会上，双方互通情况，研究联合控制西江的有关事宜，并就西江两岸部队的交通、情报、税站等工作进行了统一安排。会议决定粤中纵队第四支队第三团负责控制从六都至禄步河段。这些河段发生什么情况，绥贺支队和三团都要互相支持，共同策应，对付敌人。

1948年10月份之前，西江南北两岸都有不少土匪向过往西江的船只收税，甚至抢劫过往旅客。为了打击土匪，保护商旅，维护社会治安，同时也为了解决部队的给养和依靠可靠的船只为部队运送军用品，当时活动在西江南北两岸的粤中三罗支队和粤桂湘边支队，分别在南北两岸建立税站和组建护航队。1948年10月，粤中三罗支队在云浮北区都骑建立税站，部队派出黄雄当站长，李波、马冲当助手。1949年春，又在杨柳的西坑口和泷源的泷水圩设立分站。3月，站长黄雄调离，云北税站由汪清、麦克强负责。同年春，绥贺支队第二团在西江边建立了以匡吉为站长的西江税站，用"护航大队"的名义开展工作。

西江两岸护航队的相互支持，共同策应，控制西江中段。绥贺支队二团和粤中纵队第四支队第三团在西江中段的联合行动，威胁着敌人西江供应线的正常运输，国民党广州绥靖公署主任余汉谋、国民党广东省主席兼保安司令薛岳，为了保护西江供应线的正常运输和控制准备逃往西南的西江通道，先调广东省保警第二师一个团，后又调刚从华北、华东败退回粤的第六十二军一八六师两个团，分别驻守在德庆县城、悦城和六都等镇，对西江中段南江口至悦城段形成了强大的军事压力，先后8次对西江两岸的青榕、响水、泷水和大河口等地进行"清剿"。每次"清剿"都有巡逻艇在江面配合。两岸税站及护航队则在群众的支持掩护下，采取"能打则打，不能打则避"的灵活战术，使敌人的"清剿"屡次扑空。

1949年初春的一个晚上，国民党广东省保警第二师派出100

多人，分乘几艘木船于黎明前偷偷地驶入都骑江面，企图偷袭云北税站。税站站长黄雄发现他们后，立即被当地农艇掩护撤往杨柳。敌人上岸后，四处搜查黄雄。他们搜不到黄雄，就随便抓了一名群众，迫他带路去找"豆豉"（黄雄当年化名为"斗士"，后被大家叫成"豆豉"）。这位被抓的群众带着敌人东行西转，来到一间咸杂店前对敌人说，这里有"豆豉"。咸杂店老板问敌人要多少。敌人知道误会了，急忙说要找一个叫"豆豉"的人。大家都连说不知道。敌人扑了空，灰溜溜地走了。

1949年5月，国民党广东省保警第二师派两名特务到泽水圩秘密侦察，后被西江南北两岸武工队识破。后冯忠把他们引诱到黄茅咀，将其活捉。5月下旬，省保警又派出50多人从上咀、泽水、泽面三方包围泽水税站，企图捉住汪清。敌人靠岸时，护站员陈罗呀协助汪清带上手枪、文件等，迅速绕道隐蔽，避过了敌人的搜查。敌人偷袭扑空，却把当地群众的财物洗劫一空。

敌人几次"清剿"都扑了空，于是秘密派出特务葛肇煌到六都圩建立特务据点，对外挂"云城公司"的招牌，实际上是纠集反动的洪门会徒和地痞流氓，秘密刺探西江南北两岸武工队的活动情况。

六都地处西江边，是云浮县在西江边上一个较大的圩镇，水陆交通方便，南有公路直达云城。国民党云浮县政府在此设有警察所，所丁20多人。"云城公司"的特务与警察所的所丁紧密勾结，妄图以六都为据点，追剿西江南北两岸武工队。5月上旬，国民党驻德庆县的保二师派出100多人，由德城沿西江东下，驻德庆九市的敌自卫队沿西江溯江而上，对北岸洞坑口绥贺支队的税站实行三面围攻。绥贺支队第二团副团长刘超明率领部分主力从青榕夜渡西江，到云北游击区与粤中纵队第四支队第三团会合，让敌人扑了个空。驻在西江南岸响水村的收税人员发现敌情后，在当地群众的掩护下，迅速撤离到洞坑尾隐蔽。敌人又扑了空，然后放火烧山就走人了。

为打破敌人对西江中段两岸武工队的"清剿"计划，夺取西江水上交通控制权，打通沿江一线，绥贺支队第二团副团长刘超明与粤中纵队第四支队第三团副政委李东江举行"工作联席会议"，决定联合行动，夜袭六都，拔除"云城公司"和敌警察所这两颗"钉子"。

为了打好这一仗，三团多次派出武工队员、交通员进入六都圩，对敌人进行秘密侦察，作出周密部署。1949年5月12日，刘超明率领绥贺支队第二团主力连40多人枪到都骑，与粤中纵队第四支队第三团黑龙江连及云北区武工队会合，联合组成160多人的队伍，做好战斗准备。在三团副政委李东江率领下，部队由扶卓出发，经黄湾、沿西江挺进，隐蔽进入六都。然后按计划兵分三路：李东江率领黄池机枪排占领六都与南乡之间的制高点，阻截援敌；另派部分兵力包围"云城公司"；同时派主力部队扑向敌警察所。刘超明和黑龙江连连长李行带领机枪排封锁警察所正门，黑龙江连副连长张力带领武工队20多人，从六都小学绕道转入敌警察所后背，拟用炸药炸开围墙。但雷管未能引爆已被敌人发觉，双方展开激烈交火。这时，武工队员们抬来一根大木头，撞开围墙，然后奋不顾身地冲进去。由于部队人多火力强，敌人抵挡不住，全部缴械投降。"云城公司"的特务听到警察所方向传来枪声，连衣服都顾不上穿就仓皇逃命。

战斗胜利结束，部队俘敌警察20多人，缴获枪支弹药和其他物资一批，俘虏经教育后全部释放。

这次战斗，是西江南北两岸兄弟部队联合控制西江的首战之捷，给西江两岸的国民党保警和特务当头一击。此后，武工队的活动范围从云北扩展到六都、大河、南乡一带，有力地支援了德庆部队设站收税。同时，又共同落实了中共香港分局提出的"南北联合控制西江"的战略任务。

六、突袭夏洞乡公所

1949年4月，追随三罗抗日指挥官谭启秀的李少白当上了国民党云浮县县长。他一上台，就大力施展其反革命伎俩：一方面通过关系，与武工队谈判，要求武工队停止武装活动；另一方面，又抓紧网罗反动势力，扩充反动武装，把县自卫大队由1个增加到3个，着手收拾残局。河口的陈亚夫，初城的阮卓均，夏洞乡乡长高应勋，自卫队队长莫桂荣，粮仓主任高福生等，都曾经是云浮县党组织的统战对象。但李少白当上了国民党云浮县县长之后，他们逐步走向反动，公开与武工队作对，特别是高应勋、莫桂荣、高福生三人，他们充当李少白的"鹰犬"，监视武工队的活动，阻碍武工队在云东、云北区开展工作。粤中纵队第四支队第三团领导决定，派出黑龙江连配合夏洞武工队，铲除夏洞自卫队，严惩高应勋等人。

6月中旬的一天，正是夏洞圩日，黑龙江连派出机枪班在圩头作掩护，其他同志在张力、卢平、李方、杨江指挥下，分批化装进入夏洞乡公所。黑龙江连展开突然袭击，首先缴了门口岗哨的枪，随即冲入乡公所，喝令敌人投降。敌人20多名自卫队队员毫无防备，个个束手就擒成了俘虏。黑龙江连把敌自卫队队员的武器收缴完毕，马上又赶到莫桂荣的家。与此同时，黑龙江连的卢平、李方等人，已经把莫桂荣和高福生捉获，高应勋事前去了乌泥，得以逃脱。

这次战斗，仅用了20分钟，俘敌20多人，缴获步枪20多支、冲锋枪1支、手枪2支、弹药一批。

七、打破敌人的"围剿"

夏洞乡自卫队被黑龙江连缴械后，李少白十分不甘心。1949年6月14日和7月8日，李少白指派敌保二师营长冯恩式，两次带保安队和便衣特务到杨柳石巷村，抢掠稻谷、耕牛以及其他财物。武工队则避开优势敌人，没有受到损失。

7月下旬，驻肇庆的葛肇煌特务队、保二师1个营，纠集云浮县保警总队和刘汉清自卫队共1 200多人，于27日兵分几路向云北根据地中心麦州"进剿"。第一路由肇庆出发在六都登岸，经乌泥、桃坪、洞坑汇集麦州；第二路经杨柳猫山再经石巷、大播开赴麦州；第三路从都骑圩直指麦州，妄图一举消灭活动于云北的武工队。李东江、麦冬生、麦裕滔、余家相、张力、李行等领导，有组织、有计划地避开敌人。黑龙江连由李行带领撤到泽面，民兵由余家相带领撤到高村。群众则坚壁清野，疏散人畜财物，规劝一些统战对象不要与敌接触，并指定地点避开敌人。敌人进村后，破门入屋，抄了麦长龙、麦冬生、麦裕滔、余家相、区德民的家，但没有抓到人。经过两天"清剿"，敌人找不到武工队，其他收获也不大，给养也难以维持，只得灰溜溜地撤走了。

此后，敌人分别在都骑圩和杨柳的猫山留下部队驻扎。黑龙江连、西湖连和武工队、民兵等，在驻敌周围放冷枪、偷袭其补给船只等，使敌人寝食难安，提心吊胆。因为这样，敌人不久便撤走了。

第十节 游击根据地的发展和人民政权的建立

云罗阳边区和云北区是粤中纵队第四支队、云浮县党组织和三团的重要活动区域和游击根据地。四支队、云浮县党组织和三团，都十分重视巩固和发展这两个根据地。

一、建立人民政权

1949年3月，中共三罗地工委把三罗中心地带云罗阳、罗（定）云（浮）郁（南）两个边区合并成为云罗阳郁边区，是粤中纵队第四支队设在四县边区的办事处，直属三罗地工委领导，负责沟通四县联系。云罗阳郁边区管辖范围包括阳春的中南乡，罗定县的金鸡、苹塘、围底、华石，云浮县的富林、莲塘、白石、高村、镇安，郁南县的南江两岸。三罗总工委给边区的总任务是建立一片比较巩固的根据地，成立中共云罗阳郁工作委员会，书记是韦敬文，委员是罗杰、陈云、冯月庭、黄平；设立云罗阳郁边区办事处，主任是罗杰，副主任是冯月庭、黄平，军事指挥员是陈云。

云罗阳郁边区按照三罗地工委的指示，重点巩固四县边区游击根据地。为把群众切实组织起来，领导群众开展事关切身利益的斗争，边区办事处成立一支地方工作队，黄平任队长。队员有从香港、广州等地来参加三罗武装斗争的李波、郑文、曾元、汤章、蔡雄；有从部队转到地方工作的李光；还有在边区地方工作的韦应镛、罗炳等同志。他们活动于边区各地，从事惩顽打反、开仓济贫、为部队筹集给养、扩大民兵组织、向部队输送兵员等工作，对搞好边区建设发挥了重要的作用。

为了扩大政治影响，有组织地同国民党反动当局作斗争，并经粤中分委批准，1949年4月20日，云浮县人民政府在富林乡莲塘村宣布成立，县长麦长龙。

1949年5月，云罗阳郁边区按照上级指示，又建立了双富、金鸡两个乡人民政府。在建立这两个乡人民政府前，边区组织首先向人民群众宣传解放军南下并已经渡过长江，解放战争胜利在即，宣传《华南人民行动纲领》以及三罗地区解放战争的形势，号召人民群众行动起来当家作主；之后以联村为单位，召开群众大会，选举联村长，再成立乡人民政府。

云罗阳郁边区在建立村、乡政权和群众组织时，注意加强统一战线工作，争取地方开明绅士的支持，利用他们的影响力，发挥好他们的作用。如富林绅士刘丹田，经过武工队长期的教育争取，最终支持革命工作，并在成立双富乡人民政府时当选为乡长。党员李光任双富乡人民政府乡政督导员。金鸡乡乡长黄国兴是统战对象，地方工作队几次袭击金鸡的国民党部队时，他都暗中为地方工作队提供支持。成立金鸡乡人民政府时，他当选为乡长，郑文任金鸡乡人民政府乡政督导员。

9月26日东北区人民政府成立，麦冬生任区长，同时都骑、杨柳、泷源三个乡政权建立。麦长龙、潘善廷、陈明华分别担任上述三个乡的乡长。麦裕滔、董培杰、陈国柱分别任上述三个乡的政治指导员。各联村的村长，大多数由支持革命工作的原保长或地方绅士担任，他们把各村中的各界人士调动起来，在边区树立起各阶层人士团结协作、推翻国民党反动统治的一面统战旗帜。

二、发展农会和民兵组织

1949年4月后，云罗阳郁边区和云北区普遍开始发动群众，组织农会。在云罗阳郁边区，组织农会与建立乡村政权同步进行。农会会长由群众选举产生，一般都是农民骨干。除村、乡农会外，还有联村农会，管辖范围相当于过去的一个保。在云北，首先建立农会组织的是都骑、杨柳，然后发展到泽源、河口、初城、夏洞一带。村有村农会，乡有总农会。农会组织主要是发动群众，协助部队和武工队开展反"三征"、清债废债等。9月，东北区总农会与东北区人民政府同时成立，麦裕滔任总农会会长。

在建立农会时，各地同时抓好民兵组织建设。1949年，云浮县党组织和三团在壮大主力部队的同时，在云罗阳郁边区和云北区广泛建立民兵组织。双富乡基本做到村有民兵小队、乡有中队。云北区各乡也有民兵组织。民兵有不脱产的、半脱产的和脱产的，云北区共有脱产和半脱产的民兵50多人。

民兵组织在建设和巩固游击根据地工作中发挥了重要作用：一是在游击根据地站岗放哨，防止敌人偷袭进犯；二是配合部队作战，打击敌人；三是维持游击根据地的社会治安，阻止地方恶霸向反动政府输送兵员。

1949年夏天，国民党云浮县政府纠集县警、自卫队和民团数百人，对云北游击区进行扫荡，武工队派陈国柱、何伟组织了都骑南山村武装民兵7人，泽源乡双上村武装民兵11人，对敌人的通讯设施进行破坏。他们把河口岗坳至马岗路段约200米的架空电话线及线杆全部毁坏，使敌人通讯中断。

1949年7月中旬，云北区思怀村9位民兵在武工队的带领下，在清水塘口伏击敌人，当时驻六都的保二师1个营直奔思怀村，思怀村民兵在清水塘村对面排仔山居高临下伏击敌人，毙敌2人伤1人，使敌人灰溜溜地窜回六都。

1948年春，云东武工队到夏洞乌泥村和马王塘村秘密串联群众，先在乌泥村建立起民兵基干连，陈禹彬任连长。然后在马王塘村建立了民兵队，董兆铭任队长。之后又在赤村、钱罗围、江背、孔村围、双柏、罗茅、大塘口、桐围、夏洞、金鸡咀、大坳等14个自然村建立了民兵队。在此基础上，又建立了以乌泥村和马王塘村民兵为骨干、拥有300多人枪的夏洞民兵营。夏洞民兵营于1948年底配合云北区武工队参加了攻打夏洞粮仓的战斗；1949年，又先后参加了攻打云楼村保警队、河口九堡甲保警队、夏洞乡公所、初城乡公所等战斗，并开赴都骑阻击扫荡杨柳石巷的敌人。

1949年9月中旬，夏洞武工队派队员董荣、董北长带领民兵黄维龙、李石琰等前往夏洞圩侦察敌情。据当日从腰古回来的民兵报告，国民党军队10多人，携轻机枪1挺，步枪数支，从思劳双羡向夏洞开来。董荣得知后，立即组织在夏洞的民兵，选择有利地形进行伏击。当时民兵仅有3支手枪，当敌人进入伏击圈以后，他们向天开了一枪，然后齐声高喊"缴枪不杀"。在这突然袭击下，敌人惊慌失措，又弄不清对方到底有多少人，只得乖乖地缴了械。这次战斗，敌人全部当了俘虏，民兵缴获敌人轻机枪1挺、步枪6支、子弹、手榴弹一批。

这次战斗的胜利，极大地鼓舞了夏洞民兵的斗志，装备也得到了充实，他们决定扩充民兵队伍，继续伏击过往的敌军。这时，刚从大渡河连受过军事训练的李行、李棠也加入民兵组织担任机枪手，并组成了一个机枪班。同时，还准备了一批红旗和喊话筒。一天，敌军40多人从城村向夏洞方向开来，当敌人进入民兵伏击圈时，只听一声号令，满山红旗飘扬，喊杀声连天，在民

兵强大火力的打击下，敌人只得乖乖投降。这次伏击战，只用了
10多分钟就取得了胜利。民兵俘虏了40多名敌人，缴获轻机枪1
挺、长短枪30多支、手榴弹100多枚、子弹数千发。

1949年10月27日，云城解放。11月，南区国民党反动派残部
刘汉清在解放军进剿南区时窜到西山，在西山又遭解放军围剿。
于是他又从西山向东北经富林南部企图窜回南区铁场，富林民兵
闻讯后纷纷出击。同时，叶肇残部也在西山被粤中部队围剿，四
处逃窜，被富林民兵堵截。另一方面，解放军派出通讯员前往留
洞与西山中队领导陈云联系，并分别通知六家冲村民兵从东面、
下岗村和什屯村民兵从南面、林冲村民兵从西面包围敌人，守
住四围山头，不让敌人逃跑。这次堵截，一共出动了200多名民
兵，从当天下午1时一直堵截到5时。这时，陈云带领西区中队赶
到，并与敌人谈判，敌人见大势已去，缴械投降。这次战斗，共
俘敌200多人，缴获重机枪1挺、轻机枪15挺、长短枪100多支。

云罗阳郁边区成立两个多月以来，已建立了2个乡政权、15
个联村政权、15个联村农会、15个民兵中队，民兵1 500多人。
云罗阳郁边区接连在富林、阳三、界石、金鸡、苹塘、围底、
镇安、白石等地组建了4个全脱产的民兵中队，配有轻机枪、步
枪、手枪、手榴弹等武器装备。同时，设立民兵大队，韦敬文任
大队长兼教导员，莫健如任副大队长。

三、开展广泛的斗争

国民党当局的"三征"政策，到1948年底，在云浮县大部
分地方已无法实施。但反动当局不甘心，还是经常派出武装人
员四处活动。1949年3月12日，云浮县保警二中队就窜到河口圩
催粮、催兵。云浮县工委即发动附近民兵、群众数百人，登山
鸣锣，呼喊驱逐令。一部分民兵与三团辽宁连配合，围攻敌人，

使敌人慌忙退入九堡甲龟缩起来，后来县城敌人来增援才得以脱身。

1949年，云浮县党组织和武装部队继续发动群众，打开国民党反动当局的乡村粮仓，分粮给群众解决困难以及解决部队的给养。四五月间，部分地方出现粮荒。云浮县党组织在云北的都骑、杨柳一带，发动群众借粮度荒，借粮都要归还，并且要付利息，但比高利贷要低得多。同时，云罗阳郁边区和云北区都开展了减租减息、清债废债运动，深受群众欢迎。当时，云罗阳郁边区办事处分别在金鸡、富林共举办了两期"双减"培训班，学习中共中央有关减租减息政策和《华南人民行动纲领》，还结合边区实际，制定了《云罗阳郁边区减租减息条例》（下称《条例》）。《条例》针对原边区三种地租形式作了三条规定：

分收租的，在田中收割对半分后，从田主部分减二成五给耕种户。

定额租的，如租额减为对半分后，再从田主部分减二成五给耕种户。

和分租的，由农会与田主根据时年评定和分后，按租额减二成五给耕种户。

但不论哪种形式，每1/15公顷田收获的稻谷，佃户所得不能低于62.5%，田主所得不能高于37.5%。对减租减息和清债废债，《条例》还规定，所有债务利息不得超过3分；凡所付利息已超过本金2倍的，债务废除，并且公开销毁契据；实物抵押的债主要立即归还实物。为了保证减租减息和清债废债顺利进行，云浮县党组织、三团和边区办事处采取以下措施：一是组织强有力的工作组，大张旗鼓地开展贴标语、发传单等宣传活动，并召开群众大会，向群众讲解政策和有关规定；二是打击反对"双减"的行为，如召开军民大会，公开处决了1个混进挺进部队、破坏减租减息的特务；三是打击抗减的恶霸租户，为佃户和群众撑腰。这些措施，保证了减租减息和清债废债的顺利进行，使农民群众在经济上得到了实惠，在政治上长了志气。就当时的双富乡而言，约667公顷稻田减了租，减租稻谷约25万千克。

四、解决部队给养

1948年下半年以后，云浮的部队有了较大的发展，尤其是三团成立后，云浮县党组织和部队的队伍更加壮大。这时，解决部队给养已经是一个十分重要的问题。为此，云浮县党组织采取多种方法来解决这个问题。一是在有国民党当局粮仓的地方，实行开仓分粮，在开仓分粮过程中，除大部分分给群众之外，小部分留给部队给养和地方工作人员作为补助。二是在没有国民党当局粮仓的地方，向土豪劣绅征粮。大部分土豪劣绅都有囤粮，可利用民愤向他们征粮。通过这一形式，部队在阳春北部、富林、安塘、河口等地，筹得稻谷5 000多千克。三是凡是在部队管控下的地方设立税站。大圩镇收屠宰税，每50千克生猪收稻谷6.25千克。在云浮县党组织管控的农村，则征收田亩税，计征办法是按田亩计，每1/15公顷收稻谷1.5千克，征收的税比国民党当局征收的少得多。

此外，部队还在云南、云北设立税站进行收税。云南的税站设在河邦，时间从1948年冬至1949年夏。河邦是云浮县南部与春湾货物交流的必经之地，税站对过往货物收小量税款。云北税站设在都骑，1948年9月设立，对过往西江的船只收护航税。收税按运货量定，每次一般收50至100元。1949年初，又分别在杨柳、泮水设立了税站。之后，还建立了一支30多人的金星队，武装保护税站。

还有一种解决给养的办法是借枪借粮。由于武装斗争的发展，部队和民兵的队伍不断壮大，所需武器也越来越多。部队通过发动群众，把祖尝的武器借过来；在河邦，通过共产党员罗增元和武工队罗炳、罗东海、雷之楠等人做工作，先后在当地借到枪支62支和子弹1 500发；在富林，通过刘新苟、刘南和武工队做工作，借到枪支13支，子弹1 000多发；在云北一些村庄，也借来一批枪支弹药。此外，在云北扶桌村，部队还建有一个兵工厂，负责制造、维修枪支和制造弹药。

借粮则一般在各地指定专人负责，给借粮人写借条，有借有还。其中有一些是向土豪劣绅征到粮后就归还，有些则是在云浮解放后才用公粮还清的。

第十一节 武装斗争胜利发展 战斗凯歌频传

1949年4月21日，中国人民解放军胜利渡过长江。5月7日，中共中央华南分局就解放军渡过长江后的华南工作向各地发出指示：南下解放军是攻打城市的，因此在解放军未到之前，党组织必须把农村全部解放并进行控制。云浮县党组织和三团按照华南分局的指示，不断出击，扫除地方反动武装，扩大控制区，夺取武装斗争的全面胜利。

一、两次攻打镇安

镇安位于云浮县西部，与罗定县金鸡乡毗邻，是云浮县通向罗定的咽喉，也是云罗阳郁边区内沟通云南与云西的门户。1949年2月，粤中主力部队向三罗大进军时，曾路过镇安。当时的国民党镇安乡长江中泉、敌自卫队长李伍和乡绅周良佳等，慑于粤中主力部队的威力，都表示保持中立。当时，云罗阳郁边区武工队的活动已从秋风坑等地扩展到镇安圩附近的村庄。边区武工队的陈云、郑文、陈三等同志已多次与江中泉、李伍和周良佳接触、谈判，并发动镇安乡自卫队长起义。

1949年4月，李少白上任国民党云浮县县长。李少白为了维持其反动统治，分片组织反动联防。其中河口、初城、夏洞作为一片联防，企图封锁云北根据地；而连滩、白石、镇安又作为一片联防，企图封锁云罗阳郁边区。国民党镇安乡乡长江中泉依附的正是李少白。三团领导决定打掉镇安这个敌据点。

第一次攻打镇安是5月8日，由陈云率领三团和镇安武工队30多人，从云青的塘步村出发，经墩头、天后宫等地到达镇安。7名手枪组的同志飞奔过桥，直插敌自卫队驻地，先是缴了敌岗哨兵的枪，然后冲入其队部，喝令其缴械投降。这时，后续部队赶到，在后面楼上的敌人也被三团和镇安武工队控制，只好缴械投降。

镇安自卫队被打掉后，当地群众大受鼓舞，40多名当地农民报名参军，加上之后在高朗参军的民兵，再和何鉴荣的抗征队合并，组建成西江连，连长何鉴荣，指导员韦敬文（兼）。5月底，三团西江连进驻镇安。

李少白不甘心失败，命令国民党云浮县保警李巨波排纠集白石自卫队，于6月6日早上偷袭镇安。适值西江连指战员外出筹粮，于离驻地不远的竹子围与敌相遇。双方经短暂交战后，因敌众我寡，西江连立即转移，李巨波排进驻镇安，并重新组织镇安自卫中队，人数达60多人，李巨波任队长。

6月22日午夜，白石李仲军率自卫队到宋桂高坎村围捕并杀害交通站站长冯鉴泉。白石沙朗的交通员陈安也是在此期间被杀害的。

6月下旬，粤中纵队第四支队政委唐章以及三团、云罗阳郁边区党委、边区办事处的领导在界石就如何再次攻打镇安做了研究。25日清晨，三团在云浮南部的主力部队和第三大队在麦长龙、罗杰等带领下，部署在头盔山、背岭坳、狮子山顶等地，对镇安驻敌形成包围圈。突击队则埋伏在敌驻地正面对河沿岸，准备乘敌人早操之机偷袭。但这天早晨，云雾笼罩、小雨纷飞，敌人没有出操。

天亮后，李巨波走出营房察看，此时埋伏在河对岸的战士一轮扫射，李巨波当场毙命，同时打伤了另一名自卫队员。随即，突击队发起冲锋，敌人龟缩在炮楼内向外扫射，负隅顽抗。双方对峙到上午9点钟。这时，敌人的增援部队从白石方向赶来，突击队只好撤退转移。西江连战士周呀在撤退时掉队，翌日不幸被敌人抓走并杀害。

这次战斗，虽然战果不大，但由于击毙了自卫中队队长李巨波，敌人十分惶恐。第二天，敌县保警溜回云城，镇安自卫中队也一哄而散。

经过两次攻打镇安，从此敌人再也没有在镇安驻军，边区根据地得以巩固，交通线也变得顺利畅通。

二、拔除南浦"土围子"

南浦是云浮县与阳春接壤的一座村庄，位于凌霄岩北口，村前有座小山，向外只有一条通道。南浦地势险要，易守难攻。南浦村有一支自卫队，原来只是维持本村治安。但李少白当上国民党云浮县县长后，指使该村保长程石保，自卫队队长程兆芳，把自卫队扩充到70多人，并与罗阳的练仁三自卫队相勾结，多次袭击云浮县党组织的地下交通员，破坏地下交通线，阻挠武装部队活动，并扬言不准武工人员经过。虽经云浮县党组织的多次劝告和警告，但他们仍坚持其反动立场。对此，中共云浮县委、三团和阳春六团的领导经过研究，决定拔掉这个反动据点。8月30日，云浮县党组织的部队向南浦自卫队发起攻击，先由三团团长兼政委麦长龙带领红旗连和第三大队攻克村前山头碉堡，扫清前进道路，吸引敌人；后派出三团副团长郑毅率领光明连自右侧迂回，六团副团长曹广率领五台连从左侧包抄，同时冲入村。但是，敌人仍然负隅顽抗，后经两昼夜战斗，敌人终于在9月2日上午举白旗要求和谈。三团派出李光、春北武工队派出罗世芬作为代表进村谈判。中共云浮县委要对方缴械并解散自卫队、赔偿军费稻谷1万千克、保证我过往人员安全。敌方只同意赔偿军费稻谷1万千克，谈判破裂。中共云浮县委最后限敌方在中午12时前答复。到下午3时，敌方仍未回复，于是三团和六团发起进攻。在强大的攻势下，敌人抵挡不住，只好投降。这次战斗，毙敌3人，俘虏70多人，缴获长短枪72支，六团战士张土、李东林牺牲，数人受伤。

三、智攻初城自卫队

初城是国民党云浮县党部书记阮炳铨的家乡，有一支20多人的自卫队，队长是李文佳。李文佳和乡长阮卓昆都曾一度保持中立。但国民党云浮县县长李少白上台后，他们的态度发生了变化，转变为与云浮县党组织为敌，成了武工队活动的一大障碍。为了排除这个障碍，中共云浮县委和三团决定，要打掉初城这个据点。1949年8月8日晚上，黑龙江连和云北区武工队偷袭初城，但当他们接近敌人驻地时，被敌哨兵发现，又因民兵向导仓促开枪，惊动了敌人。敌人龟缩驻地负隅顽抗，黑龙江连和云北区武工队在久攻不下的情况下撤出战斗。

之后，由李东江写信约李文佳谈判。9月6日，李文佳依约谈判，谈了半小时无结果，突击队即冲入谈判地点捉住李文佳。之后，突击队令李文佳带路前往自卫队驻地。当突击队员押着李文佳走近炮楼时，哨兵喝问是谁，李文佳回答说"文佳"。但哨兵一看李文佳后面跟着几个人，就朝天开枪，一战士一步冲上去缴了哨兵的枪，大家快速冲进自卫队驻地，20多名自卫队员来不及抵抗就成了俘虏。

此次战斗，突击队缴获长短枪20多支，将俘虏教育后全部释放。李文佳怕回家途中经过云北区武工队控制区受阻，要求发给通行证，云北区武工队满足了他的要求。攻打初城时，乡长阮卓昆不在场，但他闻讯后连夜逃往了香港。

四、桃坪阻击战

国民党云浮县县长李少白上台后，一方面部署自身兵力，另一方面勾结国民党驻肇庆的反动军警，对云北游击区再次发动大扫荡。1949年9月上旬，肇庆方面派出100多名反动军警，在董以莹的带领下开到腰古一带作增援力量。9月11、12日，李少白指派云浮县自卫大队大队长廖家安、中队长刘汉清带领200多人，到达河口、夏洞一带。

按照敌人兵力部署分析，敌人计划从夏洞经桃坪对云北游击区进行大扫荡。为了使云浮县党组织和武装部队，以及当地百姓免受或减少损失，三团领导和云北区委领导研究决定，在9月12日入夜前，云北区所有武装部队赶到桃坪村，做好反扫荡的准备。麦州、洞坑、古州、桃坪等武装民兵同时集中到洞坑、桃坪两村待命。当晚，李行、张力率领黑龙江连120多人，潘善廷、卢平率领西湖连80多人，何日初、严耀率领云北区中队60多人，先后到达桃坪村集结待命。麦冬生、黄浩波、麦裕滔、余家相、邓南等率领都骑各村武装民兵共200多人，几乎同一时间到达洞坑、桃坪，配合部队行动。

当晚深夜，战地总指挥李东江命令黑龙江连副连长张力带领机枪排，到乌泥岭顶放哨并监视敌人。深夜3时，部队刚到乌泥岭顶不久，即发现敌人兵分两路，一路从乌泥岭迎面而来，另一路从乌泥村的东北面、登山向桃坪行进。发现敌情后，机枪排一面火速向领导报告，一面立即用机枪扫射截击敌人，与敌人展开了激烈战斗。

经过两个多小时的激战，张力的部队和民兵全部登上了桃坪村后背的几个山头，敌人也占领了桃坪村后背的其中一个山头。部队和民兵连续多次击退敌人的进攻，使敌人无法进入桃坪村。战斗持续到13日下午3时，部队向敌人发起攻击，敌人败退回夏洞，战斗胜利结束。这次战斗，打死打伤敌人4人，民兵麦才光荣牺牲。这次战斗打破了敌人全面扫荡云北游击区的计划。

五、攻打白石

1949年10月，中共云罗阳郁边区工委书记韦敬文在富林召开区工委扩大会议，传达中共三罗地委9月1日发出的《紧急动员，扩大力量，夺取胜利，为配合南下解放军解放本区而斗争》的文件精神，并要求边区人民武装要乘南浦战斗胜利之势，集中力量解决盘踞在白石圩的顽敌。

10月14日，广州解放。26日上午，陈云和黄平又接到韦敬文的来信，说三团已在腰古与解放军会师，他和罗杰代表麦长龙团长与国民党云浮县政府县长李少白的代表谈判，并达成协议：27日三团接管云城。信中传达了中共三罗地委委员、云浮县党组织和三团团长麦长龙的指示，要用军政双管齐下的手段，解除边区内的一切反动武装，建立人民政权。为了更好地落实中共三罗地委的指示精神，边区工委委员、办事处副主任黄平负责根据地的接应，陈云负责与镇安、金鸡、苹塘的乡政府指导员郑文、谭哲、邓风联系，率领边区飞行队、双富乡刘新苟中队、镇安冯星中队、金鸡莫荣贤中队、苹塘谭养中队等共300多人，于26日黄昏经过苹塘迫近白石；另通知边区工委委员、人民武装部副指挥员康星辉率领区队和河口康广泉中队前来合攻白石圩守敌。这时，云浮县保警大队队长梁永钦及其大队部一中队正驻在白石圩，妄图作垂死抵抗。他们把兵力分布在白石圩各个路口，摆出一副负隅顽抗的阵势。

面对这股顽敌，如何攻打，部队指挥员陈云决定吸收准备起义的敌自卫队中队长梁荣参加作战会议，制订作战方案。获得信任梁荣十分感动，除介绍了敌人的实力和布防情况外，还提出了攻打白石的方案。方案拟于10月28日上午7时发起进攻。后因当日是白石圩日，人较多，为避免误伤群众，改为10月29日上午7时发起进攻。

此期间，传来特大喜讯：一是国民党云浮县政府已于26日撤出云城，三团800多人已于27日接管云城；二是南下解放军二野四兵团十三军三十九师先头部队已到苹塘，粤中纵队第四支队政治部副主任周钊等做向导，向罗城追击敌人。

29日凌晨2时，正当参战部队整装待发之时，康星辉派人送来快信，说粤中纵队第四支队政委唐章命令他率边区队与陈家志、黄鼎元率领的第四大队合击解放连滩。这一消息，意味着攻打白石的力量减少。但陈云同志手一挥，说："出发！"攻打白石的队伍按原定计划行动，解放连滩的队伍按上级指示赶赴战场。

当时针指向7点时，陈云当即下达攻打白石的命令，刹那间，部队从西、南、北三面一齐向白石圩发起攻击。密集的枪声，震荡山谷。经过近一小时的交火，陈云命令部队集体向敌人喊话："缴枪不杀、优待俘虏。"在这些震撼人心的政治攻势下，敌人开始动摇了，火力减弱。陈云当即命令西、南、北三面阵地集中火力，掩护冯星区中队和边区飞行队过河，攻占一甲口和水裕档阵地。之后，陈云挥手向隐蔽在保生堂药店的梁荣中队发信号，示意他们把事先写好的劝降书送达县保警大队大队长梁永钦。但敌人并不买账，还突然向西、南、北三面阵地猛烈射击，然后又分成几股冲出白石圩，边打边向云磴方向逃窜。陈云见状，即下达追击命令，各路部队立即冲下山冈追击敌人。

　　敌人逃至云磴村即隐藏在村内，陈云部队又立即把云磴村包围，梁永钦感到已经走投无路，终于派人向陈云部队表示接受劝降条件，定于当日下午3时集中缴械投降。边区人民武装解放白石的消息传到云城，中共云浮县工委、三团党委传令嘉奖，并指示在白石成立中共云浮县西区委员会和云浮县军事管制委员会西区办事处，陈云任区委书记兼办事处主任，立即开展西区的各项建政工作。

第十二节 中区环城的对敌斗争

中区即云城及郊区，是国民党云浮县的统治中心。云浮县党组织和三团在此建立了多个武工队，同时设立了秘密的交通情报网，搜集敌人情报，为云城的和平解放发挥了重要作用。

一、活跃在"淮河区"的武工队

"淮河区"，是邓章武工队活动的地区，指云城至河口南部的山区，也是武工队的暗语。邓章武工队在这一区的主要任务是开辟新区，宣传发动青年参军，做好有关人员的统战工作，搜集情报，为部队筹粮筹枪等。

在"淮河区"，邓章武工队在每到一个村庄，白天隐蔽在群众的柴屋里休息、学习、研究工作等，晚上外出活动。他们一般以借粮形式维持生活，住在初城山家村冯湛家时就由冯湛提供伙食，离开时给冯湛写借条。三团政治处副主任黄浩波到武工队时，指示他们一定要提高政治觉悟，做好工作。武工队在云城的云楼村时，他们住在炮楼，晚上召开群众大会，向群众讲述革命战争形势和革命道理，鼓舞群众，使大家增强对共产党和人民军队必胜的信心。大家听后都报以热烈的掌声。武工队开会时，为防止有人破坏，还派出队员在场外警戒。

武工队除了以召开大会的形式宣传发动群众之外，还经常走家串户做群众工作。初城山家村是他们活动的据点之一。上文已提到，村民冯湛一家不但为武工队提供伙食，而且还和其他村民一起，大力支持武工队的活动，使山家村成为了云北与云南之间的重要交通联络点。冯湛家虽然遭到国民党反动当局的抄家，但他们不但没有消沉气馁，还毅然把儿子冯华清送到部队，冯华清很快就加入了中国共产党。在冯湛的带动下，该村一批青年先后加入到部队。

武工队的活动，得到了群众的大力支持，一旦有敌情，他们会冒险向武工队报告。有一天晚上，武工队到马岗坳村召开群众大会。第二天早晨，有人向泰安乡乡长李鹤年告密，李鹤年即派人搜查。有一群众知情后，马上向武工队报告。当时，敌人离村只有500米左右的距离了，而武工队队员还在该村休息。接到报告后的武工队队员，立即从村后山撤离，武工队得以化险为夷。

邓章武工队还十分注重做好统战工作。河口绅士陈亚夫是统战对象，有一天，武工队员从驻地山家村到达大围村陈亚夫家中。邓章找陈亚夫谈话，何日初等3名队员在外围警戒，汤章则用陈亚夫家的收音机收听延安广播并速记下来，由交通员送到部队。武工队员一直活动到深夜才回驻地。

1949年六七月，云浮县自卫大队"围剿"云北根据地，邓章武工队接受了一项特殊任务，即配合李军率领的红英连，乘云城敌人空虚之机夜袭云城，骚扰敌人后方。一天晚上，武工队公开到云楼至坑口和土门一带贴标语，故意让人看见，使国民党县政府知道云楼、土门一带有武工队活动。入夜，邓章武工队和红英连4个战士从云楼村出发，经土门村到云城南沙河桥头的山冈上，用事先准备好的煤油罐装炮仗，后边的几个战士则向云城方向射击。这样，枪声和煤油罐内的炮仗声混合在一起，就像机枪扫射的声音。人们听到这些声音之后，熄灯的熄灯、关门的关门，云城街上静寂无声。完成扰敌任务后，邓章武工队和红英连又顺利回到了驻地。

"夜袭"云城后，县长李少白不知底细，迅速撤回了参加扫荡云北游击区的县自卫大队，使云北游击区的压力大大减少。

二、三坑村反扫荡

三坑村是河口初城南面的一条村庄，现称云坑，下辖云坑、山家、新坑、白石坑、坳背、连洲围、正降等自然村。解放战争时期，这里山高林密、地势险要，是粤中纵队第四支队第三团和武工队活动的地区之一。

1947年秋，粤中小分队挺进云雾山区，开辟南北军事交通线。11月，上级党组织派梁祥、邓可中、高森等5人到初城活动，通过云坑村的何日初、山家村的冯湛等开展革命活动。

1948年6月以后，邓章又带领武工队在三坑各村组织群众开展反"三征"和反恶霸斗争。三坑村民兵先后参加了河口、初城、泽源三乡围攻河口九堡甲联防队和攻打初城粮仓等战斗。7月，惩治南乡恶霸何明森。因何明森在三坑村有很多土地、山场等，平日放出不少高利贷。此外，此人还与国民党当局勾结，残酷剥削当地农民。群众对他恨之入骨，强烈要求铲除这个恶霸。7月30日上午，黄雄、高森等率领武工队，在三坑的九曲岭长咀坑活捉了何明森。同时，三坑村的民兵在武工队的带领下，多次剪断敌人铺设在云腰公路河口至夏洞的电话线。

1949年春，三坑各村成立农会。5月，在连洲围刘家祠成立总农会，冯湛当选为总农会会长。之后，各地在总农会的领导下，积极推行"二五"减租。

三坑各村群众积极支持三团和武工队，千方百计为他们筹集粮食、武器弹药和其他物资，国民党当局因此对三坑各村群众恨之入骨。5月至7月，国民党当局连续3次派兵扫荡三坑村。1949

年5月13日，国民党云浮县县长李少白派出县自卫大队纠合省保二师冯式恩营共300多人，从河口九堡甲出发，兵分三路进犯三坑村，企图围捕武工队和农会骨干。敌人进到白石坑口时，抓到民兵刘木，威逼他带路。刘木反抗时，被敌人搜出手枪和革命歌曲手抄本，刘木便被敌人认定为共产党，他被一番毒打之后又被押至云城杀害。上午10时左右，敌人到达山家村冯湛家，武工队和冯湛家人已安全转移，敌人扑了空。敌人见状把冯湛家洗劫一空，并在大门贴上封条。中午12时左右，敌人又分兵登上白石坑屋背山搜索，之后再分兵窜到山家村和云坑村，强迫群众讲出武工队的去向和谁是共产党员。群众都说不知道。敌人恼羞成怒，就大肆抢掠财物。云坑村的何日初、何子佳等4户人家被洗劫。直到当日下午，敌人才取道云龙大山尾，经云楼窜回云城。

同年7月10日，国民党云浮县自卫大队陈卓、周国祯部共100多人，从河口九堡甲出发，对三坑村进行第二次扫荡。由于武工队和民兵及时转移，敌人又扑了空，于是又把冯湛家洗劫一次。敌人还把正在犁田的村民捉去搬运洗劫所得物资至河口乡公所。

7月25日，国民党云浮县县长李少白率领陈卓、周国祯自卫大队和广东省保警100多人进驻初城，在大围村大楼以沙包构筑工事，对初城三坑村一带的武工队进行第三次扫荡。当时，河口、初城、夏洞3个武工队刚在马塘村开完会并准备去偷袭夏洞黄岗头的敌人。敌人再次扑空，便再一次洗劫了冯湛家。

国民党反动派当局虽多次扫荡三坑村，但武工队并没有离开三坑村。当敌人来扫荡时，武工队要么与敌人周旋，要么避开敌人，使敌人扫荡屡屡扑空，而武工队则每次都能化险为夷。这是因为三坑村有一批革命意志坚定的群众，为武工队提供帮助。三坑村总农会会长冯湛，就是其中之一。他的家多次被洗劫，自己随时都有生命危险，但他没有害怕，还坚定地说："不要性命，也要革命。"

三、建立交通情报网

1. 横排村。横排村坐落在云城的天马山脚，下辖杭营、中围、陈屋3条自然村。这里的农民大多数租种云城地主的田地，收成大部分用于交租，而他们自己则只能以番薯、木薯等做主食，生活极为困苦。

1946年下半年，云浮县党组织指派邓章在云城建立交通情报网。邓章从安全上考虑，认为横排村离云城只有四五千米，村后是大山，沿山路往南，可到南盛、前锋再到富林的云雾山；往东可直达河口、初城，是设立交通情报网点比较理想的地方。邓章不久就动员了村民黄国、黄树芬、黄福荣、陈永桐等人参加情报接送工作。这些同志为党组织和武工队收送了大量情报，使党组织和武工队能及时了解云城驻敌的动态。

1948年下半年，叶永禄、李军等率领的飞行队，也在横排村设点，宣传"只有打倒国民党反动派，人民才能分田分地翻身作主人"等革命主张。经过两个多月的时间，飞行队的活动范围从横排村扩展到云楼、分水坳、秧地坪、土门等村，并发动了一批青年参加游击队。1949年5月，叶永禄、李军等组织土门、横排、云楼、河口、初城5村的部分青年成立了"五保联团"民兵组织，并在横排村召开成立大会。

飞行队在云楼、土门一带活动，得到了横排村群众的大力支持，他们积极协助武工队筹集和运送粮食、收集情报等。一年多来，全村支持武工队的粮食达5 000多千克。他们还利用去云城卖柴草的机会，为武工队收集情报。1949年4月，陈永桐担柴去云城卖，刚好是卖给敌县自卫队队部。他从炊事员那里打听到，敌县自卫队队长区昌明准备带人去横排村搜捕武工队。时隔1天，区昌明果然带着100多人来到横排村搜捕武工队。由于提前收到信息并及早做好准备,武工队队员分散隐蔽,敌人搜了大半天什么也没有搜到,只得灰溜溜地撤回了云城。

横排村的群众大力支持武工队,不论武工队住在横排村或是路过横排村,他们都热情接待,免费提供食宿。村民陈发开、陈发喜、黄福、黄树芬等人家,差不多每月都接待武工队。1949年春节期间,邓章、冯华清等同志到横排村时,家家户户都拿出炒米饼、粽子等,让他们带给武工队驻地的同志们。

横排村的群众还曾经冒险掩护武工队的同志。1949年5月,国民党云浮县自卫队又窜到云楼、土门一带搜捕武工队。横排村的村民黄九看到大队人马向横排村开来,于是他赶在敌人的前头回村向武工队报信,武工队得以尽快隐蔽,敌人扑了空。同年7月,县自卫大队周国祯为配合广东省保警对都骑、杨柳等地进行扫荡,指派区昌明带领100多人,对云楼村进行扫荡。当时留在云楼村的几名武工队员得知后,迅速撤到横排村。横排村的群众立即分成两部分:一部分引领武工队的同志到天马山后面的山寮隐蔽;另一部分则留在村中监视敌人,了解敌情,做好应对。由于横排村的周密安排,敌人到处搜查,也没有搜到武工队,最后只是抢掠了几户人家的财物便溜回了云城。

2. 目塱村。1948年秋,上级党组织决定在云城开辟新区,先在城内和城郊建立交通点。经地下党组织负责人陈明华、冯海察看后商定,目塱村比较适合。目塱村是一条小村,全村只有13户人家,距云城不足半小时路程,有利于及时了解县城敌人的动态。另外,村后有座大山,西面靠近大绀山,北面连接大降坪,跨过公路,即可到达清水塘、赤黎、思怀等游击区,这样的地方有利于开展活动,所以陈明华、冯海决定在目塱村建立交通站。

正在云浮中学读高中的区菲是目塱村人。在地下党组织负责人冯海教育帮助下，她已成为一名地下工作者。某年放寒假时，党组织交给她一个任务：回目塱村发动群众建立交通站。在冯海、区昭的指导下，区菲走家串户、访贫问苦、宣传革命思想。很快，该村村民区铁、区西等都表示支持革命，成为积极分子，并当上交通员。交通站很快建了起来，由区菲当站长，区铁、区西为交通员。

交通站的工作是搜集情报和传送信件。上级指定该站的送递地址是河口圩祝瑞金和大元市两个站，如遇特殊情况可送石桥冲陈华年家和清水塘，特急情报则直送麦州总部领导。当时，国民党在全省对游击根据地进行扫荡和"清剿"，上级领导为了及时掌握敌情，要求交通站每天或隔一天送情报。为了搜集敌情，他们通过各种关系，深入敌人的重要机关。目塱村的区仲芬是云浮电报局局长，他的女儿是区菲的同学，也是姐妹，区菲经常出入区仲芬的家。在他家，区菲可以从与区仲芬的谈话和翻阅电报稿纸中得到许多重要的情报。有一次，区菲从电报稿纸中获悉，驻肇庆保警二师从肇庆开来六都，准备"围剿"太平洋区工委驻地和麦州总部。交通站立即派人前往六都，站在码头察看敌人上岸，清点其人数和枪支等，并连夜送情报到麦州总部。

交通员的工作不分白天黑夜、严寒酷暑，经常是风里来、雨里去。但交通员不怕苦、不怕累，甚至不怕死，一心一意为革命干好工作，出色地完成党组织交给的交通情报传递工作任务。

1949年初，上级党组织指示要进一步开辟新区，又要求目塱村从秘密交通站发展成为开展武装斗争的据点。从此，目塱村又开始担负一项新的工作任务。首先，区菲等人把目塱村从单纯的村交通站转变为云城地区中心交通站，负责联系李洪负责的大绀山、石门头矿区交通站，李耀负责的云城西街李荣昌商店交通站。此外，还要新发展循常、云城西街健庐交通点。目塱村交通站的任务除继续向上级送达情报外，还要负责武工队和几个交通站的信件往来，任务比过去繁重得多了。

目塱村还是地下党组织和上级领导研究工作的地方，云城地下党组织负责人冯海、黄锋、李国光和其他县、区领导经常到目塱村研究工作；云北区委书记黄浩波先后多次在目塱村主持召开会议、部署工作；粤中纵队第四支队某领导也曾住进过目塱村，了解云城敌人的活动情况，并召见冯海、黄锋、李国光、区菲等同志，对他们的工作作出指示；太平洋工委书记余家相和大河武工队队长陈雷住在目塱村时，他们向在云城工作的同志传达了毛泽东同志《目前形势和我们的任务》的讲话精神。

目塱村的群众积极配合武工组的工作，当上级决定袭击六都的敌警据点时，区铁、区西、李洪、李耀等人剪断云城至六都公路沿路的电话线，破坏敌人的通讯联系。同时，他们又在云城西郊的马岗山等山头鸣枪，扰乱向六都增援的敌人和牵制河口等地的敌人。

目塱村的群众对云浮县党组织的同志十分热情，一旦有同志往来，都为他们提供食宿，离开时又为他们准备好路上的干粮。为了进村同志的安全，村民区志、区泽、吴月容、关六妹等，经常在村前村后和利用在田间劳动时放哨，一旦发现有情况即回村报告。其间，目塱村先后组织了农会、民兵组织和妇女小组等。

1949年7月，目塱村经受了一场严峻的考验。7月3日，三团战士梁衡、李强、李伙、李林4人，从云南返回云北，路经太空岩时被捕。4日，广东省保警与密探队捣毁了位于云城西街的地下交通站李荣昌商店，带走地下工作人员和家属9人。清晨，区菲接到情报，马上意识到事态的严重，即派人通知冯海，并掩埋好文件、书籍，向大家做好思想工作。下午，冯海回到目塱村时，云城周围已布满了军警特务，全村笼罩在一片白色恐怖之下。

此时，目塱村派出交通员区西通知武工队和有关人员，迅速转移和隐蔽。第二天，区菲和村民吴月容冒险去云城，并从电报中获悉，敌人认为城西、城北一带有共产党武工队潜伏，李荣昌商店是物资供应站，军警特务将采取大搜捕行动。同时，敌人还将加强云城至六都、云城至腰古、云城至罗定公路沿路的武装巡逻，加强云城至石门头、南山河至石仔岭一带村庄的便衣警察巡逻。交通员区铁连夜将这些情报向上级报告和请示。上级决定，为避免发生意外，武工队和有关人员暂时撤出云城。

在广东即将解放、革命斗争节节胜利的大好形势下，1949年8月底，冯海又秘密回到云城，并把黄锋、邓谦的武工队，陈熙晃、彭锋的武工队从清水塘转移回云城。9月，三团政治部副主任罗杰来信，指示活动在云城的党组织和武工队，以目塱村为据点，做好迎接云城解放的各项准备工作，目塱村的群众满怀热情迎接武工队同志们的归来。武工队归来后，区西、区水等随同武工队到城北的大绀山、石门头、城西、循常一带，有时还进入云城街活动，做好解放云城的准备工作。

3. 李荣昌商店。李荣昌商店坐落在云城西街，从1948年至1949年，它是党组织的秘密情报交通站和物资供应站。李荣昌商店是李国良和李伍才经营的一间杂货店，他们的弟弟李国光是中共地下组织的工作人员。1948年4月，党组织决定在该店建立交通站。李国光接受任务后，回店做好发动工作，他的兄弟们表示支持。弟弟李耀决心参加革命并愿意当交通员。李耀在当交通员期间，不怕苦、不怕累，机智灵活，从未耽误过情报传送工作。为避免敌人怀疑，冯海让李荣昌商店生产酥饼，李耀以外出卖酥饼作掩护。李耀天天外出卖酥饼，把情报信件插入扁担头，穿街过巷。有一次，在罗沙振民亭附近遇上敌警搜查，他假献殷勤，让敌警品尝酥饼，避开搜查，机智地把情报送到河口交通站。

李荣昌商店还是地下党组织和武工队的物资供应站。1948年底，它为活动在云楼一带的邓章武工队和活动在赤黎一带的陈熙晁武工队供给大米和食盐等生活用品。这两个武工队一般在云城圩日派人到商店提取所需物品。李国光家境并不富裕，上有老下有小，当时全家10口人。但李国光一家情愿省吃俭用甚至挨饿，也要向武工队提供生活物资，使大家深受感动。

1949年6月9日凌晨，国民党云浮县保警和密探队如狼似虎地扑向李荣昌商店，几十个敌警把小小的李荣昌商店包围得水泄不通。他们先用两挺机枪分别封锁前门和后门，然后进店搜查，翻箱倒柜，搜了一遍又一遍，却搜不出任何物证。密探队队长又重搜一遍，结果把包括李国辉从马来西亚带回的钱物等全部财物劫走，还同时捉走了李耀、李国良等9人，连李耀年仅8岁的侄子李云也没有放过。

李耀被抓进监狱后，很快稳定了情绪。李耀与几个兄弟回忆，在事发前的一天，负责交通站的区岳得知在太空岩有4位同志被捕，于是他们立即清理转移了李荣昌商店里所有的文件资料，烧毁了一切可疑的东西，所以敌人在搜查时没有搜到任何证据。

在狱中，敌人多次审问李耀及其兄弟，但他们不是守口如瓶，就是一问三不知。敌人没有搜到任何证据，审问也没有问出什么结果。

李荣昌商店事发后，地下党组织很快通过内线，向李耀一家表示慰问，并告知他们党组织正在设法营救。这时，党组织和冯海，要求朱廷材、区仲勋等出面营救。区菲等同志则发动云中学生声援，营造社会舆论。通过多方面工作，云中校长朱廷材和商会会长童鼎出面保释，同时，李耀一家也散了不少钱财，使得国民党当局终于在9月释放了李耀一家。李国光和李耀获释后，按上级指示，继续为党工作，但李荣昌商店因损失太大而无法复业。

四、云浮中学党支部

1947年7月，党中央号召以革命武装对抗反革命武装，广东省党组织依照"实行小搞，准备大搞"的方针，根据云浮开展武装斗争的需要，派冯海进入云浮中学。同年8月，冯海重新负笈考入云中，以学生身份开展革命工作，

冯海进校后，勤奋学习，以优异成绩赢得了老师和同学们的信任，顺利地开展工作。他物色和培养了一批品学兼优的学生积极分子，特别是把黄锋、区菲、李国光等人作为骨干，并介绍他们先后加入中国共产党，在云浮中学又重新建立了党支部。

党支部建立后，党组织掌握了学生组织和学生活动的主动权。在组建学生会时，冯海又被选为学习委员和学生代表，区菲被选为班会文娱委员。1948年，黄锋当选为学生会主席兼所在班班长。有了这些职务，他们就牢牢地掌握了学生的活动阵地。出墙报、办读书会、游艺晚会、举办演讲等各种活动，都基本上由他们主办。

他们的重点是出墙报。针对当时时局的发展，他们利用墙报这个阵地，宣传共产党的政策和主张，揭露国民党反动派的黑暗腐败。墙报先后刊登了《纪念孙中山诞辰》《教育的呼声》《统治者和被统治者》《纪念黄花岗七十二烈士》等10多篇文章。墙报不仅在校内办，而且办到了云城的大街上。墙报内容引起了社会各界的关注，反动当局更是惊恐万状，字迹未干，他们就把墙报撕下来，接着学生们又贴上，使得反动当局无可奈何。

同时，学生们又在校内组织读书会、学术时事演讲、座谈会

等，向广大学生宣传革命道理，灌输革命意识。这些活动，触怒了反动当局，他们指示学校的教导主任，禁止学生们开展这些活动。之后，学生们只得隐蔽地举行三五人的小组活动，继续交流革命思想。

与此同时，国民党反动当局在举兵扫荡云北游击区时，声称云中也有共产党，并已获知云浮中学共产党员的名单，扬言要搜查云浮中学。这时，云浮中学校长朱廷材赶紧叫冯海他们离开。但冯海他们觉得如果在这个时候离开，反而会暴露自己的身份，所以他们并没有离开，而是各自回到宿舍。反动军警包围了云浮中学，封锁了云腰公路，架起机枪，气势汹汹。反动军警从课室搜到宿舍，还搜查了不少行人，结果什么也没搜到，到傍晚时灰溜溜地撤走了。

根据工作需要，上级决定成立"北平"区（云城地区）工委，冯海为主要负责人兼武工队队长，委员为陈熙晁、彭锋。他们的主要任务是为迎接云城的解放做好准备工作。

第十三节 配合南下解放军解放云浮

在全国即将解放的形势下，国民党云浮县反动当局仍做垂死挣扎，不断向四支队和三团"进剿"。针对此情况，三团决定回师云北，做好解放云浮的相关准备工作。

一、三团回师云北

1949年10月上旬，在三罗地区的国民党反动派，纠集其他反动武装，在云罗阳郁边区，"围剿"粤中纵队第四支队司令部和三团。面对敌人的"围剿"，粤中纵队第四支队司令部率领新一团挺进郁南，三团主力则回师云北。

三团主力回师到达麦州后，召开领导干部会议，研究部队的下一步行动。此时的三团，因与粤中纵队第四支队司令部失去联系，仅有的一部收音机也坏了，消息十分闭塞，对外面的形势了解不多，只知道敌人正在败退，解放军已经南下。为多了解当前的形势，三团派人到高要禄步找人联系，又派人在西江边巡游，以了解一些情况再对形势作出判断。正在此时，三团突然接到云东武工队队长梁莹（女）急报，南下解放军十五军四十三师一二五团已于18日解放了肇庆，19日横渡西江后在腰古圩一举歼灭国民党军队1 000多人。

捷报传来，云北军民欢呼雀跃，中共云浮县委和三团迅速召开会议，决定由麦长龙、郑毅、韦敬文率领部队到腰古迎接南下解放军；李东江、叶永禄留守都骑，负责主持进城接管和建政工作；罗杰率领云城武工队严密监视云城情况。21日，三团在途中接受了安塘、夏洞两个乡自卫队投降后，到腰古迎接南下解放军。但南下解放军主力已过境，只留下部分人员负责后勤联系工作。麦长龙代表中共云浮县委和三团请求南下解放军协助解放云城，并要求提供一批武器。解放军负责同志表示，因主力部队要日夜兼程追歼逃敌，未能协同进军云城，而送给三团六零炮2门，重机枪2挺，轻机枪10挺，步枪一大批，子弹数万发。对解放军赠送大批装备，麦长龙代表三团表示感谢。麦长龙另特别叮嘱东区工委书记梁锋要继续发动群众，做好"迎军支前"工作。随后，麦长龙、郑毅带领部队回到初城，并对解放云城的相关工作进行了部署。

二、做好解放云城的准备

为做好解放云城的准备和迎接云城的解放，三团决定在云城一带加强活动，在"北平"武工队的基础上增加人员，组成东海、南海、渤海、黄海4个武工队，在云城郊区开展活动。

10月初，三团政治处副主任罗杰写信给在云城的武工队，指示他们"迅速开展上层人士的统战工作，分化瓦解敌人阵营，维护好云城的治安，扩大我部队的政治影响，同时组织好欢迎团，届时欢迎我部队进城"[①]等。武工队的领导冯海、邓谦等即对云浮县电报局局长区仲芬做发动工作。经过做工作，区仲芬表示乐意协助三团做好云城解放的准备工作。在区仲芬的协助下，跟着又做通了云浮商会会长童鼎和东安镇镇长区应洪的工作，争取他

---

① 中共云城区委党史研究室，中共云安县委党史研究室编：《中共云浮党史大事记》，内部资料，1999年10月，第40页。

们的支持，他们还为武工队提供了一些敌人的情况。

为了更好地做好统战工作，冯海召集了朱廷材、区仲芬、潘景龄3人到云城西街云庐二楼开会，并向他们传达了上级的有关指示精神，阐明共产党的政策，请他们协助做好相关人士的工作，使更多的敌伪人员认清形势、放下武器、停止对抗，以实际行动迎接云城解放。他们都表示乐意去做。

会后，冯海等以云浮中学学生的身份，登门拜访了朱廷材，得知朱廷材原来还是国民党云浮县党部的执委。朱廷材十分高兴地表示："以前我在云浮中学掩护过你们，现在更应该出力迎接云城解放。"通过朱廷材做工作，云浮师范学校校长申元亨也主动提出组织师生参加维护县城治安，迎接云城解放。同时，对富宁路乡的伪乡长盘文治，鹏石乡、循常乡的伪乡长以及其他村中的一些有影响力的人物进行了耐心的教育，使他们支持革命工作。

10月20日，武工队按照三团领导的指示，重点抓好县城的治安，并组织云浮中学、云浮师范的师生以及街道居民做好三团大部队和武工队进城时的相关事宜，初步确定进城的地点选在比较安全的电报局。

10月24日早晨，伪县长李少白等敌伪人员已撤往南区。根据三团领导的指示，武工队公开宣布进驻县城实行全城戒备，并于当天到伪县政府监狱，解救和慰问被国民党政府监禁的同志，命令看守所负责人马上释放他们。这些同志出狱后即回归队伍。

武工队进驻县城时，只有20人左右，还有一批民兵。但县城这么大，在三团大部队进城前，单靠武工队和民兵，难以维持县城的秩序。为此，只得利用伪县政府没有撤走的职员、商店老板、街道居民等共同维护好治安。同时，与朱廷材、申元亨、潘景龄等落实三团大部队进城时的欢迎仪式，并由区菲组织目塱村和城北各村的群众参加欢迎仪式。一切准备就绪并经反复检查之后，区菲等人便向三团领导汇报，再经三团领导检查确认后，准备工作完成。

三、云城和平解放

李少白出任国民党云浮县县长之前，因他与蔡廷锴、谭启秀有过部属关系。为此，上级党组织通知云浮县党组织把他列为统战对象。李少白就任后，也曾多次与云浮县党组织谈判，但对起义问题却一直避而不谈，还曾针对党组织和武装部队采取过很多反动措施，致使双方虽经历多次谈判却未能达成协议。

三团回师云北后，统战对象陈德鋆带来陈亚夫的来信，表示愿意说服李少白早日进行谈判。云浮县工委和三团领导认为，现在已大军压境，谈也罢，不谈也罢；因而命陈德鋆复李少白，如果谈就按中共中央提出的国共和谈八项条件谈。10月23日，麦长龙率领部队从腰古进驻初城，即接到西区交通员送来李镇靖司令员的指示信，指示云浮县工委可以与李少白谈判，信中还夹有李少白、陈亚夫要求谈判的信。麦长龙、郑毅、韦敬文等经过研究，决定一方面由郑毅、韦敬文带领部队开到河口，摆开进攻云城之势；另一方面，由麦长龙会晤陈德鋆，了解李少白、陈亚夫要求谈判的目的。

23日，李少白派县田粮处主任申元东和苏文川2人，云浮县党组织派罗杰、韦敬文2人，在河口布务村陈德鋆家中进行谈判。谈判的警卫、通讯、人员接送等，均由第三大队副教导员陈明华负责。谈判按《国内和平协定》（最后修正案）规定，参照云浮县的具体情况逐一落实。谈判持续到深夜才初步达成协议。25日，李少白方面增加保安第一营营长周国祯、云浮县党组织增加了三团政治处主任叶永禄为代表。列席谈判会议的还有双方认可的知名人士，包括国民党云浮县参议员陈德鋆，云浮中学校长朱廷材，云浮商会会长童鼎。敌方代表周国祯表示，李少白同意大部分条款，但立即缴枪收编有困难。其借口是驻防南区的刘汉清营需要时间做说服工作，要求县城军政人员先撤离云城，集中到南区等候收编。

云浮县党组织经分析认为：一是敌人可能想拖延时间，以便与民革方面取得联系，把他们作为整个系统的力量来处理，以便把他们保存下来；二是没有南下解放军的帮助，云浮武装一时也难以把他们打败，让他们先撤离县城，云浮武装先进驻县城，可以在政治上确立影响；三是敌人撤离县城后集结到一个地方，他们如果反悔，只要解放军路经云城，云浮武装便可在解放军的协助下把他们打垮。

考虑到这些，云浮县党组织同意了李少白撤离县城、集中南区、等候收编的条款。另外，还可留下少数人在县城负责维持社会治安。其他条款，主要按照国共和谈八项条件，包括保证他们生命财产安全。对收编人员，人民政府将根据每个人的情况，采取量才录用等措施，并对原协议作了修改。25日中午，谈判双方在协议上签了字，协议一式三份，签字时双方代表加上知名人士共9人在场。26日中午，李少白带着协议回到县城。下午，又率领军政人员撤离云城，前往南盛料洞等候收编。

在与敌人进行谈判的同时，云浮县党组织也同时做好了武力解放县城的充分准备。一是部署好进攻县城的队伍，向县城制造大军压境之势；二是筹粮筹款，赶制部队制服、标志、红旗以及其他物资；三是成立云浮县军事管制委员会，麦长龙任主任，郑毅、叶永禄、罗杰、韦敬文、麦冬生等任委员。

军事管制委员会10月24日在河口成立，主要任务是消灭敌人残部，巩固新生的人民政权。在中国人民解放军南下的声势震慑下，敌人纷纷溃逃，广东省保警原在云浮县境内最大股的残敌刘汉清部逃往西山，企图伺机反扑。

10月25日，中国人民解放军粤中纵队第四支队第三团集中河口整编为3个营9个连。团长兼政委麦长龙，副团长郑毅，副政委李东江，政治处正、副主任叶永禄、罗杰、黄浩波（接任）。一营营长陈凤堃，教导员李行；二营营长雷之楠，教导员罗杰（兼）；三营营长兼教导员韦敬文，副营长莫健如，副教导员陈明华。

1949年10月27日上午，三团部队和民兵800多人从河口开进云城，城内秩序良好。云城中小学生以及工商界群众列队欢迎解放军。接着，在马坪召开欢迎大会，云浮中学校长朱廷材致欢迎辞。麦长龙在大会上讲话，宣布云浮县城和平解放。

四、配合南下解放军解放云浮全境

解放军进驻云城后，迅速恢复城内社会秩序，接收旧政权机构。李少白派出移交委员3人，向解放军移交文书档案及其他公产公物。11月3日，李少白派李颂春等14人，返回县城向解放军报到，在解放军安排下开展工作，交接工作似乎顺利进行。但另一方面，李少白撤往料洞后，关于两个保安营和一个自卫队的整编问题，却以公文往来的手段一拖再拖。本来双方再次决定于11月1日整编部队，但李少白却行文称："今晨欲迅速实行有枪弹人员先后移交，但有数点可考虑。一是诚恐枪支机件难保完整；二是如此移交，诚恐汉清营发生疑虑，拟于明天12时将人员名册枪弹呈送，请予指定整编地点。"①但一直拖至11月6日，李少白

---

① 中共云城区委党史研究室，中共云安县委党史研究室编：《中共云浮党史大事记》，内部资料，1999年10月，第41页。

仍不愿意接受整编，反而与逃往西山的反动头子叶肇密切联系，以致云城谣言四起，人心浮动。但县委、县政府白天照常办公，晚上则随部队秘密撤离云城以外的地方布防。

11月7日，向西江进军的解放军十三军三十九师路经云城，该师刘副师长听取了麦长龙的情况汇报后，同意派一个加强连配合三团行动，解决李少白拒不执行《国内和平协定》的问题，清除动乱的根子。

于是中共云浮县委和三团作出部署：郑毅率三连协同南下解放军前往料洞执行任务；李东江、叶永禄、罗杰等分别负责逮捕李少白等首要分子；麦长龙和韦敬文负责主持召开县城知名人士以及各单位负责人会议，向他们揭露李少白拒不执行《国内和平协定》的事实，申明云浮县党组织和政府的立场，要求全县人民行动起来，推翻反动政府，建立人民政权。

上述工作规定在当晚就行动。入夜，刘副师长和郑毅率领部队进入料洞，首先包围敌人驻地。至拂晓，南下解放军进行政治喊话，李少白听知已被南下解放军包围，遂投降，所部400余人纷纷缴械。在清扫战场后，刘副师长率领他的部队向罗定方向行进。而郑毅则率领三团把所俘的敌人押回云城听候处理。此次军事行动，逮捕了国民党云浮县县长李少白和一批首要分子。至此，国民党云浮县政府彻底垮台，云浮县全境解放，云浮人民从此站起来了，云浮进入了一个崭新的时代。

第五章
建设发展时期

 1949年10月（云浮县解放初期）至党的十一届三中全会（1978年12月）召开前，云浮县（云城区）人民紧紧依靠党的领导，开启人民当家作主、艰苦奋斗、进行社会主义革命和建设的伟大征程。

第一节　清匪反霸　巩固政权

一、建立政权

（一）云浮县政府及工作机构

1949年4月20日，云浮县人民政府在富林双富乡莲塘村成立。县政府设县长1人，麦长龙任县长，未设其他机构。1949年10月24日，云浮县军事管制委员会在河口成立，其工作内容主要是接收旧政权，查封各种敌伪档案资料，没收国民党的官僚资产，收缴各种枪支弹药等。麦长龙任云浮县军事管制委员会主任，李东江任副主任。10月27日，云浮县城解放。28日，云浮县军事管制委员会设立司法和交通科，接收云浮县国民党政府各办事机构；限令各机关团体、学校、商店等立即废除国民党党歌、中华民国国歌；废除各学校国民党的地方自治课程和训育制度；要求集会时向毛主席肖像致敬并唱中华人民共和国国歌。11月上旬，颁布《双减条例》和《农会组织章程》，同时发出通告，一律禁吸大烟和大小赌博，开展"减租减息"和组织"农会"等运动的宣传。宣布没收县城的"兴业公司""合益公司""东城号""太行医药局"等云浮县国民党官僚资产。

云浮解放后，县政府陆续建立公安局、民政科、教育科、财经科、邮政局等机构。1950年3月，在云城召开全县各界代表大会，出席会议代表296人。会议中心内容是：大力开展"减租退押"运动；深入发动依靠群众开展剿匪、肃特、反霸，安定社会秩序；完成公粮和税收任务；恢复文化教育；恢复工矿企业生产；禁止港币流通，推行人民币；加强城乡物资交流；成立云浮县各界人民代表会议常务委员会，推选黎百松为主席，并推选常务委员会委员13人。从1950年3月至1953年7月，云浮县召开各界人民代表会议共7次，对清剿匪特、镇压反革命、"减租退押"、完成公粮任务等各项工作起了很大的促进作用。1954年6月24日至7月1日，云浮县第一届人民代表大会在云城召开，选举县长1名、副县长2名。县政府工作机构增设了工商科（后分为工业科、商业科）、粮食科（后称中央粮库云浮县分库，再改为云浮县粮食局）、税务局、县政府秘书室、生产建设科（后改称农建科，再分为农业科、林业科、水利科）、人事科、统计科、卫生科。财经科改为财政科，后改称为财政经济委员会；民政科与教育科合并为文教科，后分设为民政科、文教科。1955年7月，县人民政府改称县人民委员会，原工作机构不变。把财政经济委员会撤销，设财贸委员会，县政府秘书室改称县人委办公室，撤销统计科，设立计划委员会。1949年10月至1957年1月，先后任云浮县县长的有：麦长龙、赵本仁、麦冬生、戴鉴；任副县长的有：麦冬生、戴鉴、吴世昌、邓南、邓强、董伟荣、邓章、严北林。

（二）区乡基层政权

1950年初，云浮县划分为东区、南区、西区、北区、中区、西山6个区。各区设军事管制委员会办事处，办理接管民国乡政权，并作为临时的人民政府基层机构，执行军事和行政任务。1950年5月，全县划分7个区，区下辖43个乡、1个镇。各区成立区人民政府，设区长、副区长、秘书，并设民政、财粮、生产、文教、公安、调查统计等助理员。区以下设乡，乡设乡长、副乡长、指导员。乡以下废保甲制度，改为行政村（或联村），成立农民协会。1952年3月，设置9个区130个乡2个镇，各区辖乡（镇）如下：

第一区辖东安镇（1952年改名云城镇）和上洞、茶洞、珠洞、蕉坪、迳口、鹏石、阜宁、岔路、城西、东安、城北、横岗、云楼、罗沙、牧羊塘、高峰、洞殿、大台、大庆、冬城、南乡、谷塘、佛水、大河、六都、黄湾、簕头27个乡。

第二区辖仙菊、洚水、三合、桔坡、六合、洞坑、石巷、洚面、蟠咀、都友、珠川11个乡。

第三区辖腰古镇和水东、云表、芙蓉、黄岗、茅田、下约、中约、上约、思劳、双羌、都老、冲坑、古律、四坑14个乡。

第四区辖料洞、益南、枧岭、上下贡、横江、七洞、罗坪、𥫣蓬、罗坤、碴石、横山、围仔、增村、黄沙、竹洞、铁场16个乡。

第五区辖镇安、南安、公安、祥安、西安、民安、民乐、民福、白石、东圳、西圳11个乡。

第六区辖宁坡、车岗、宋桂、茅坡、马安、茅岭、大坪、粗石、虎岩、深埗、沙滩、思约、讴塘13个乡。

第七区辖河口、云龙、泰安、初城、布务、扶卓、赤白、夏洞、南七、红营、古宠、三都、布贯13个乡。

第八区辖高村、大田、佛洞、谭翁、白梅、司马、六马、清水、石牛、思磊、龙塘、沙涌12个乡。

第九区辖托洞、留洞、云青、高潭、高龙、秋风、富林、大寨、界石、东路、马塘、寨塘、云河13个乡。

1954年4月增设大绀山乡，隶属第一区管辖，全县共有9个区，131个乡（其中1个矿山乡），2个镇。是年，全县进行第一届基层选举，进一步健全基层政权。全县选出乡、镇长133名，副乡镇长136名，乡、镇人民政府委员1 184名。同时区改为区公所，为县人民政府派出机关。1955年8月，各区以区公所驻地命名，第一区为云城区，第二区为都骑区，第三区为腰古区，第四区为料洞区，第五区为西安区，第六区为宋桂区，第七区为河口区，第八区为高村区，第九区为托洞区；区仍设区公所。

二、清匪反霸

（一）清剿土匪

1949年12月23日，云浮县军事管制委员会针对部分残存在云浮县境内的国民党土匪和地方反动武装不甘失败、妄想策划反革命暴动的情况，发出通令：一切特务奸细和暗藏分子应于本月底前向本会及各级人民政府投降自首，并交出武器、电台等军用物资及证件、文件等，以及办理自新登记手续。然而，坚持与人民为敌、不自量力的反革命分子仍垂死挣扎，拒不执行云浮县军事管制委员会的通令，反而变本加厉，于1950年春节过后，组织了高村乡、南区土匪暴动。直接参加暴动的人数达3 000多人，杀害了区乡干部、征粮工作队和公安战士27人，抢去粮食5 000多千克、机枪5挺、步枪手枪50多支，财物一大批，成为震动西江地区的云浮土匪暴动事件。

组织南区和高村土匪武装暴动的匪首正是刘汉清。1949年11月，解放军围捕国民党云浮县县长李少白时，刘汉清夜逃到西山与国民党广州绥靖副主任兼西江绥靖指挥官叶肇联络，共谋"反共"计策，深得叶肇赏识，被封为"广州绥靖公署西江指挥所第三路军第一旅长兼独二团团长"。云浮解放前夕，刘汉清潜回老家铁场乡（现南盛镇铁场村委）。1949年12月2日，刘汉清率领800多人到西山为叶肇保驾，因他"保驾有功"，获叶肇"奖赏"大批枪支弹药。

为颠覆人民政权，刘汉清一方面在云浮南部搜罗国民党残余士兵、匪贼和反动地方武装，扩充队伍，建立了团部，组成2个独立营，4个普通营，20多个连，共230多人的土匪武装，成为云浮西南部以及新兴县籍竹等地的匪首。刘汉清指挥籍竹的土匪陈乃章、云浮西区高村乡的土匪赖卓进行反革命活动，并委任一批土豪劣绅、地方恶霸、国民党军政人员为营连骨干。另一方面，刘汉清的土匪武装打着共产党征粮"过重"的旗号，在活动区内散布对共产党的不满言论，强迫成年人加入其反动组织，使不少不明真相的群众被他所利用，在南区暴动时加入暴动队伍。同时，刘汉清的土匪武装千方百计收买革命队伍中意志薄弱者为其效力。

1950年2月，刘汉清组织高村、南区土匪进行暴乱。为此，云浮县军事管制委员会组织县武装大队与人民解放军一起，对云浮县境内的高村、南区、红营、思劳等土匪实行全面征剿，并取得剿匪斗争的重大胜利。

剿匪平乱战斗，从开展军事围剿到基本完成清查收缴武器，经历两个阶段：第一阶段是军事围剿，花费半个多月，其间经历4次战斗，毙敌8人，伤敌10余人，俘敌300多人；第二阶段是围捕清查匪特和收缴武器阶段，历时约半年，由于宣传政策，思想教育工作做得较好，向人民政府投降和自首登记的土匪有6 000多人。在剿匪斗争中先后缴获重机枪3挺，轻机枪12挺，长短枪630多支，弹药和军用物资一批，至9月中旬，基本完成清查工作。

1. 清剿高村土匪

1950年2月14日，国民党高村乡副乡长李伯茂，召开原保甲长和农会（当时的农会被国民党反动分子控制）会议。李伯茂在会上大造反革命舆论，作武装暴动动员："叶肇、刘汉清军队将至，各地按兵不动，大家听从指挥，接到命令时，大家齐动手，把所有枪支拿出来，攻打高村的乡府和粮仓所在地。征粮工作队的蓝天、邓锐、陈源荣表现最'牙擦'（粤语，自负），要杀他们一两个。"①于是，秘密制订了杀害工作队的计划，商定谋杀的地点、时间、方法和杀手。

2月21日，早有预谋的李伯茂、姚树荣（国民党高村乡代表、农会会长）、叶志民（保长、农会委员）、麦成澄（副农会长）等人，以召开征粮评议会为名，通知征粮队员蓝天到吉地冲开会。当蓝天到达时，被姚镜、孙九两人用大刀砍死。当天下午，李伯茂和符周元、符星科等人布置各村爪牙纠集匪徒。傍晚，近百名手持武器的匪徒集结三江村，符周元给匪徒打气壮胆："叶肇、刘汉清等军队于今晚赶到，同我们一齐去打高村。"后由李伯茂带队，夜窜高村。与此同时，活动在白梅的赖卓经过密谋策划后，率土匪暴动。当日中午，驻白梅征粮工作队区浩、邓锐、吴润初等11人，在北冲村动员群众交粮。匪首赖卓、赖进泽等即纠集暴徒六七十人召开紧急会议，准备袭击征粮工作队，并下令陈四找工作队。陈四找到工作队时说："赖卓请你们到他家商讨减收征粮事宜。"工作队信以为真，便前往赖卓家，途中，遭到匪徒袭击。赖卓首先开枪打死工作队长区浩，接着又杀害工作队员邓锐。另一队员吴润初在下北冲被匪徒捉去，拉到山上用锄头、木棍打死。这一事件被称为"北冲惨案"。当晚，赖卓又派匪徒200多人与李伯茂带领的匪徒汇合高村乡人民政府，并高呼反动口号，大造攻打声势。后因叶肇、刘汉清匪军迟迟未来增援，才未敢轻举妄动。

高村乡的土匪暴行，激起了人民群众的极大愤慨，也引起了

----

① 中共云浮县地方史第二卷云城区、云安县领导小组编：《中国共产党云浮县地方史》（第二卷，1949—1978），内部资料（粤云区印准字第2014002号），2014年7月，第29页。

云浮县人民政府的高度重视，决定予以严厉打击。1950年2月21日深夜，西江军分区十三团开赴高村与六区公安中队联合剿匪平乱。在当地群众支持下，通过开展强大的思想政治攻势和军事打击，一大批组织、煽动暴乱的主要人员和杀害工作队的凶手陆续被捕归案，受到严惩，胁从人员也纷纷自首登记。其中金山、石牛、白梅等地自首登记的胁从人员有200多人，匪乱很快得到平息。匪首赖卓逃到怀集县，1952年土改时被抓回交群众斗争，因其在监管中垂死挣扎，并打伤看守民兵，后被愤怒的民兵当场击毙。策划谋杀工作队员蓝天的其中两名凶手被处决。姚某暴乱后隐瞒罪恶，假装积极，混入革命队伍，1956年肃反时被揭露，判处有期徒刑15年。

2. 清剿南区土匪

1950年2月26日，南区土匪和反革命武装分子实施反革命暴动，先后杀害乡干部、征粮工作队员、公安战士23人，事件震惊西江两岸，史称云浮"南区土匪暴动"。

1950年2月25日下午，硙石乡人民政府指导员蔡雄组织召开乡核心成员会议，传达区政府关于逮捕反革命分子、土豪恶霸的指示，决定农历初十（即公历2月26日）逮捕土匪陈伙（又名陈献瑞，硙石乡人，云浮解放前是土匪头子，云浮解放后被刘汉清任命为土匪独一营营长）、乡长陈礼川、官僚恶霸黄宗令等人，并制订了行动计划。

为防止意外，会上宣布纪律：凡参加会议的人当晚不准外出。但混进革命队伍并成为核心组成员的黄有兴（当地人，土改时被划定为地主）以"肚痛"为由，乞求请假回家"取药"。获准后，即找到陈伙的胞弟和逮捕对象李某等人，把逮捕名单、时间、方法等向他们告密，叫他们速作准备。陈伙闻讯后，于当晚召集附近的匪干20多人到冷水坑秘密召开会议，这批亡命之徒认为坐着等死不如先下手为强，决定初十组织暴动。陈伙以土匪营长的身份下令："明早攻打乡政府，个个要去，不去的要枪毙。"于是，这些匪徒连夜分头布置，纠集队伍、搜集枪支，并派人通知罗坤、罗坪等地的匪徒同时行动。次日早上6时左右，匪徒集结100多人，在陈伙带领下，分头围攻碰石乡政府，追杀乡政府工作人员。

狂徒进攻乡政府时，遭到值班人员开枪还击，匪徒暴跳如雷，狂吼："凡在乡政府食过公饭的都要打！"狂徒冲进乡政府后，开枪打死粮仓主任陈生，杀害乡人民政府前指导员彭毅（女）。叛徒黄有兴向暴徒提供工作人员的去向，勒令土匪搜查。接着乡长梁忠文，工作队组长李波（女）相继被杀害，乡指导员蔡雄，工作队员黎民、黎荣冲出包围后，撤到兔村附近与土匪搏斗，最后被土匪杀害。当天上午10时，陈伙又带匪徒20多人赶到罗坪乡，与这一带的匪徒围攻罗坪乡政府。11时左右，暴徒包围乡政府，工作队组长程文修和队员陈昌、石茵（女）、吴鉴等4人被土匪杀害。匪徒占据碰石乡、罗坪乡政府后，气焰嚣张，抢粮抢物，还灭绝人性地用木棍摧残被害女同志尸体。

2月27日，碰石、罗坪一带的匪徒300多人集中在碰石召开"庆功会"，张贴反革命标语，呼喊反动口号，佩戴标志（白色布带）、发放证件，杀猪杀鸡，狂饮暴食，忘乎所以。陈伙还公布一批暴乱"有功"人员，指派三个连分守主要通道，准备长期固守乡政府。

碰石、罗坪两乡土匪暴乱后，盘踞在铁场的刘汉清认为暴动的时机已到，于2月26日晚通知各地土匪骨干集中于铁场黄沙岗悦来店开会，部署暴乱事项。刘汉清说："在碰石陈伙已经行动，徐维明（匪独二营营长）也准备反攻，簕竹方面将前来协助我们，大家有机会行动了。"次日，刘汉清派出刘梓麟（一营长）、陈家凯（二营长）、刘玉堂（四营长）带匪徒七八十人赶赴料洞，支援徐维明反攻。铁场、七洞、横江等乡的大小匪首，带领其残部200多人举旗暴动，并强迫乡民加入暴乱队伍。匪徒手持武器，举着白旗，占领山头，封锁要道，妄图切断剿匪队伍进退路线。匪徒围攻铁场、七洞、料洞、横江等乡政府，抢劫粮食、洗劫财物，杀害工作队员和乡干部等，整个南区处于白色恐怖之中。

南区发生暴动后，南区区长兼公安中队长李军（又名李诚君，广西平南县人，由香港地下党组织派回三罗地区参加武装斗争，曾任雄鹰连连长、区长）带领50多名公安中队队员和120多名区乡干部、征粮工作队员兵分两路，开展清匪行动。一路由区长李军和区公安中队指导员肖翼伍带领区公安中队往大枧方向镇压土匪；另一路由赖宁带领区乡干部、工作队撤往北村炮楼，作为接应，因北村炮楼已被匪徒占据，即转回县城报信。李军率领队伍到达大枧附近的白凡墩时，遭到占领山头的土匪袭击，2名战士负伤，队伍被迫撤回。当队伍退到大田头时，由于个别组织如农会、民兵等和干部队伍阵线不清，组织成分不纯，排长李少雄带20余人、两挺机枪、8支步枪叛变投敌，机枪手徐某用沙塞进枪膛后投敌。暴徒见李军队伍处境困难，更加猖狂抵抗，随尾追打。在形势危急下，李军率领队伍从山旁取道绕向北村，但通道已被徐维明部匪占据，只好折回高村，上了炮楼据守，坚持同匪徒战斗。匪徒对炮楼发动猛烈攻击，但始终未能攻下，便于傍晚挖通附近的屋墙，把柴草堆到炮楼下，浇上煤油，纵火焚烧。李军等在危难时刻，视死如归，与土匪展开激烈的搏斗。翌日，李军等在打光子弹后，被匪徒捉住杀害，牺牲时仅23岁。同时被杀害的战士还有涂江、肖翼伍、张金兴、张呀、高水德、曾松金等。

　　由赖宁带领的小分队，几经艰险，冲破土匪层层封锁，终于回到县城报信。云浮县军事管制委员会接报后，迅速组织力量到南区开展清剿行动。3月1日，人民解放军第四野战军四十一军一二二师三六四、三六五团和县大队，从不同路线对南区土匪实行军事围剿。14日，东进部队（主要是解放军）从小河、新兴县的同安保方向进剿罗坪、碰石的土匪。大军一到，即向碰石圩、莲塘、大江头、石脚等地打了几发炮弹。匪徒被轰隆隆的炮声吓破了胆，惊呼"大军到啦，走呀！"，乱成一团，四处逃跑，撤出碰石乡政府。部队进驻碰石后，张开围捕大网，开展清匪行动。3月4日，匪营长陈伙逃到山上，与解放军交火，后被击毙。经过10多天的清剿，解放军共抓获包括土匪连长梁某在内的匪徒130多人。杀害程文修、石茵等同志的两名凶手也被活捉。

　　从北面进剿的县武装大队和河口民兵连，在县武装大队长陈凤堃、政委李行的带领下，经云龙、云楼、分水坳等地围剿横江、东山、十八坑一带的土匪，县武装大队和民兵连打退了沿途阻击的匪徒后，迅速占领了十八坑山顶高地，切断了匪徒南逃的退路。龟缩在十八坑炮楼的匪徒，弃楼逃遁。3月6日，部队向敌人发起总攻，盘踞在横江、东山一带匪徒负隅顽抗，妄图突围。部队即以炮火轰击，接着紧缩包围，活捉了包括队长在内的一批匪徒。战士李满在战斗中壮烈牺牲。

　　在扫清外围土匪后，部队即向中心区料洞进发。此时，匪徒慌忙退却，匪独二营营长徐维明退到七洞据守。部队进驻料洞后，为防止群匪逃散，采用缓兵之计，每日只派小分队前往攻打，又攻又退，边打边退，假装弱势，稳住敌人，等待时机发起进攻。当时，匪徒得意忘形，写信到部队搞策反，并做好进攻准备，妄图进攻大部队。

　　3月12日，一支主力部队从福龙乡（现前锋镇围仔村委）的围仔村向七洞包抄，另一支从茶洞方向进山，封锁通往铁场的道路，正面从料洞挥师进剿，开展了大规模的围歼战。徐维明率领的土匪陷入解放军四面包围之中，成了瓮中之鳖。战斗打响后，即被部队分割包围，匪徒彼此不能相顾，乱作一团，或仓皇夺路逃命，或向部队投降。徐维明带领一股匪徒妄图从岗根岭退入铁场，被截击后退入岗根村炮楼，最后被活捉。经过1天多的战斗，敌人死伤多名，俘敌100多人，其中匪徒连长以上9人。解放军三六四团战士孙志成在战斗中牺牲。

此战还活捉叛徒莫扬仔。莫扬仔原是征粮工作队员，与工作队员冯石容在七洞征粮时，被国民党七洞乡乡长汤某用金钱美女收买。土匪暴乱时，冯石容提出回区府汇报，请示工作，但莫扬仔心怀不轨，说"大路有土匪，危险，行山路最安全"，骗冯石容从山路出发。当走到松山附近，冯石容被莫扬仔安排同行的匪徒莫初杀害。部队围攻时，莫扬仔又垂死反抗，被击伤活捉。

经过七洞战斗，徐维明匪营被歼，群匪惊恐万状，再不敢与部队对抗。匪首刘汉清见大势已去，将余匪遣散，各自隐蔽，他逃到附近深山躲藏。部队乘胜追击，迅速进剿刘汉清老巢——铁场。为了瓦解敌人，挽救被蒙蔽的群众，驻军向匪徒及其家属开展强大的政治攻势，宣传政策，敦促他们认清形势，放下武器，向人民投降。部队并利用经过教育有悔改表现的匪干进行现身说法，使匪徒审时度势，解除顾虑，纷纷投降自首。副团长兼政治部主任刘某（后逃脱）、副团长刘某、团参谋长梁某、军需主任刘某和一批营连匪干投降归案。外逃的匪徒，除了刘汉清等3人逃到香港外，其余的先后被捕或在围捕中被击毙。

3. 清剿红营土匪

1950年2月，云浮县南区土匪暴动发生后，云浮县军事管制委员会即作出平暴战斗部署。由初城乡民兵中队长李毅生率领民兵60多人,连夜赶到墩岗防守。云城及各乡政府、粮仓也由各乡民兵中队、县驻乡工作队驻守。28日,红营村匪徒将南区匪徒引入红营村,杀害农民干部2人,且盘踞该村炮楼。入夜,县公安中队长何日初率领公安队,叶林率领河口乡民兵到墩岗增强防守。3月1日清晨,公安队号兵吹响冲锋号,公安队及民兵100多人从墩岗山头冲下,直捣红营,盘踞炮楼的土匪200人顽抗了一阵子,即往南逃窜,公安队和民兵乘胜追击,到达东山村时,与南下解放军会师,合力歼匪获胜。

4. 清剿思劳土匪

1950年,以姚志荣(外号"狗虱仔")为首的一股土匪仍在高要县白诸、云浮县思劳一带打家劫舍。12月12日,姚匪纠集匪徒约50人,集结在高要活道水口洗劫新兴江客船,后窜入思劳山区,继续四处抢掠。云浮县武装大队和当地民兵700多人,会同西江军分区十三团、独一团合力进剿。经几次战斗,土匪溃散,县武装大队和民兵继续搜山。到1951年9月,共毙匪7人、俘匪2人,其余匪徒全部自首。在思劳剿匪战斗中,西江部队战士欧广义、县大队战士黎杰成和民兵1人牺牲。

(二)减租退押

在清剿土匪的同时,又开展减租退押,称为"八字运动"。中华人民共和国成立初期,云浮县还有较多的农民靠租田耕种,受田主剥削。田租形式有三种:一是分收田,农民租田耕种,收获稻谷后各占一半;二是额租田,不管耕者收获多少或者无收,都必须向田主交纳一定量的稻谷;三是定租田,田底属田主,田面属佃户,佃户有永久使用权,所交的田租稻谷固定不变,田租一般占收获稻谷的两至三成。

地主除收田租剥削外,还有雇工、放高利贷等多种形式剥削农民。其中雇工又分为临时工、季节工、常年工。高利贷一般贷出一担，收租一担半，或贷一担收回二担。田租和高利贷使很多贫苦农民背上了沉重的负担，因此云浮解放后必须清除。

1950年3月，中共云浮县委抽调100多名干部组成工作队，在罗南乡罗沙村、鹏石乡鹏石村、铁场乡铁场村搞试点。随后在全县铺开，各地工作队紧密依靠贫、雇农，开展访贫问苦，组织骨干，诉苦串联，发动群众进行清算租押和斗争地主恶霸，实行减租退押，把贫苦农民在云浮解放前预交给地主的田租或土地押金，退还给贫苦农民，并废除农民欠下地主的债务。至1951年7月，全县减退稻谷65万千克，收缴契约押物一批，退还给贫苦农民。

三、土地改革

民国时期，占人口极少数的地主拥有大量土地，属于封建土地所有制。云浮县中部地区的地主区擢岩就占有土地13.5公顷，区宝年占有田地20多公顷，西部富林莲塘村的地主黄善初占有田地26.6公顷。土地改革中统计，全县总户数63 301户，总人口218 136人，耕地面积19 086公顷。全县有地主2 306户，14 346人，占总人口的6.58%，占有土地2 950公顷，占土地总数的15.46%，人均0.21公顷；富农1 060户，7 902人，占总人口的3.62%，占有土地1 024.3公顷，占土地总数的3.58%，人均0.087公顷；中农15 507户，62 743人，占总人口的28.76%，占有土地3 461公顷，占土地总数的18.13%，人均0.055公顷；贫农37 833户，114 905人，占总人口的52.7%，占有土地3 878.3公顷，占土地总数的20.32%，人均0.03公顷；雇农3 498户，8 146人，占人口总数的3.7%，占有土地155.1公顷，占土地总数的0.81%，人均0.0019公顷。地主人均占有土地为贫农的5倍，为中农的2.72倍。

1951年2月，中共云浮县委、县政府部署在一区东安镇的东安乡、鹏石乡、岔路乡开展土地改革（简称"土改"）的试点工作。工作中心是：安定人心，宣传镇反政策，开展政治攻势，分化敌人，在贫雇农内部加强诉苦教育，搞好群众关系，扩大力量，酝酿斗争。同时，帮助群众解决生产上的困难，提高农民生产积极性。7月，确定4个区作为第一批土改区，全县组织272人分派到这4个区。其中一区103人，二区49人，三区89人，四区31人。开展土地改革的有4个区15个乡，人口共有100 185人。以一区为点，二、三、四区为附点。在土改试点中主要是走好群众路线，依靠贫农，宣传形势和开展"清匪反霸，减租退押"的八字运动。通过成立各种群众组织及生产互助组，宣传教育干部群众，克服麻痹、模糊的思想认识，提高干部群众的阶级斗争观念。同时，土改队深入到群众中去，依靠农协会，做到与群众同食、同住、同劳动（简称"三同"），进行深入细致的工作，在土地改革试点中锻炼和培养了干部，为开展全面土改运动打下了基础。

1951年11月20日，中共广东省委确定云浮县为全省土地改革重点县之一，并派出王万春、杜焕、刘良荣、关山月、王澈、陈残云等同志带领省委党校、省属文教系统的干部职工和华南文艺学院师生员工共500多人，到云浮参加土地改革工作。

1952年1月9日，云浮县土地改革委员会成立，并设办公室、宣教组、调研组、巡检组，共30多人，同时组织2个宣传队共38人。全县共抽调县、区、乡干部和贫雇农积极分子300多人，与省派来的工作队一起组成887人的土改工作队。主要领导方面，广东省土改工作队中的王万春（省委党校）兼任云浮县委副书记、刘夏帆（省委党校）兼任县委委员、李信（省委党校）兼任第一区区委书记、蔡洛（省委党校）兼任第二区区委书记、吴枫（省委宣传部）兼任第三区区委书记、陈残云（华南文艺学院）

兼任第四区区委书记、何文（省广播电台）兼任第五区区委书记、王澈（省委党校）兼任第六区区委书记、关山月（华南文艺学院）兼任云浮法庭庭长。全县土改工作从1952年1月9日开始至1953年6月结束，分三个阶段进行。

第一阶段：访贫问苦，扎根串联，组织阶级队伍开展土改斗争。全县第一批开展土改的有6个区59个小乡，共21万多人。县的工作重点是三区的夏洞小乡，腰古的水东小乡，其余为附点。工作队于1952年1月9日下乡，并与农民"三同"，受到农民的热烈欢迎。2月，全县组织群众召开公审大会镇压反革命，开展反霸斗争，共逮捕80多人，处决反革命分子11人，参加斗争的群众有3万多人。3月10日，全县继续开展反霸斗争，长达16天。一共斗争了80多个地主恶霸，参加斗争的群众有5万多人，群众斗争情绪高涨。

1952年3月16日，县委决定转入土改试点的有一区的东安、鹏石，二区的桔坡，三区的水东、夏洞5个小乡，涉及人口15 339人。5个试点乡分别召开贫雇农代表会议，进行"四查"（查思想、查立场、查工作、查团结）。3月26日，县委决定将5个试点乡减为水东、夏洞、东安3个乡。试点乡准备于4月中旬转入划阶级阶段，争取4月底完成划阶级工作，再总结经验作推广。4月初，在试点乡中进行摸底，查队伍、查思想、查破坏、查阴谋，向上级汇报。4月上旬，全县继续开展对敌斗争，举行大小斗争227场，斗争了82个对象，参加斗争的群众有703 810人次，控诉者5 240人，共认赔稻谷12.375万千克，交出9 510千克，另收缴金戒指和白银等。农民组织串联12 709人，共成立贫雇农小组511个、9 915人。4月15日，第二批土改在97个乡全面铺开，全县扎根串联14 501人，成立贫雇农小组684个，组员12 273人，26个民兵队，队员419人。共举行大小对敌斗争会730多次，参加斗争人数340 461人，参加控诉的有23 242人，斗争对象302人，处决反革命分子20多人。认赔果实稻谷131.328万千克，已交稻谷21.6314万千克，收缴武器共有长枪111支，手榴弹83个，短枪51支，子弹16 084发，炮弹11发，刀剑52把，另收缴黄金、白银及人民币等一批。之后全县进行串联，扩大革命队伍，分化敌人亲属，追缴赔偿等工作，土改转入第二阶段。

第二阶段：划阶级成分，征收没收。1952年6月，土改试点乡已全部划完阶级。云浮县在土改中划阶级成分的主要做法是：按规定要求，15%以上的农民加入贫协组织后，便开展划阶级成分的工作。在具体工作中，强调贯彻政策，按政策办事，克服"左"的倾向，不能提高成分，扩大打击面。县土委会根据华南分区指示作了政策规定：一是严格掌握地主与富农和小土地出租者的界限，以及富农和中农的界限。规定在一个地区（主要是乡）内，地主户数不超过总户数的5%，地富合计不超过8%。又规定，对地主阶级的打击重点是地主阶级当权派，这部分占地主阶级总数的30%。二是保护工商业。对地主兼工商业或工商业兼地主的，按中共中央华南分局规定标准计算应追余粮及租押（押金按折半计，如有困难者仍可减少）。县城以下的圩镇，规定凡农民进行清算余粮或租押时，需经区委审批，对某些新营待业经济作用较大，而其成分究竟系地主兼工商业或工商业兼地主难以分别者，应一律划为工商业兼地主成分，以之保护。三是保存富农经济的政策不能动摇。除依法征收其他出租土地外，不得向富农征收其他财产，不得清算赔偿或罚款。

在划地主富农阶级时，主要是看其有无参加劳动，以及田地来源、剥削收入等。确定名单后列榜公布，然后进行追余粮和征收没收。并按中共中央华南分局关于追余粮的规定标准追收：对占30%的大地主以一年租粮为标准，50%的中地主、工商业地主、华侨地主应少于一年的租粮，对20%的小地主少收或免追收。

至于农民内部阶级的划分，也强调不能提高成分。方法是开好家庭会议，回忆诉苦、自报田亩、收入、农具、耕牛和劳动情况。通过自报公议，民主评定，乡贫下中农协会批准，实行三榜定案。全县在土改中划定的阶级成分有雇农、贫农、中农、富农、地主（其中有工商业地主、华侨地主）、小土地出租者、工商业者、自由职业者、小商贩和手工业者等成分。

在划阶级成分中，县土改委注意纠正不按政策办事、错划成分的现象。1952年10月，一区区委从各乡的复评阶级中发现提高成分、扩大打击面的偏向相当严重。例如谷塘乡原划定地主18户，复评为8户。阜宁乡原地主24户，复评为16户。大庆乡原地主47户，复评为33户。南乡原地主52户，复评为45户。其他阶级成分也普遍提高。南乡原定富农25户，复评为17户，六都乡有11户中农复评为贫农。产生偏差的原因：一是干部存在怕右倾，产生"宁左勿右"思想；二是剥削量与劳动计算不准；三是不重视调查研究。县委把该区的复评情况和做法通报全县，要求各地在"征收没收前一定要复评一次阶级"（主要是复评地主富农成分），克服"宁升勿降"的错误思想。同时也要注意克服"宁降勿升"的错误思想，实事求是，按政策办事、纠正部分地区出现的提高成分，扩大打击面的现象。

在运动中，全县没收地主土地，征收公尝土地和富农出租部分土地共15 055.7公顷、没收地主房屋17 235间、耕牛3 703头、农具9 936件、稻谷466.04万千克、衣物等一批。

第三阶段：分配胜利果实，土改复查，查田发证，民主建政。在没收地主土地，征收公尝土地和富农出租部分土地及房屋、耕牛、农具、稻谷等的基础上，对胜利果实进行分配，分给雇农、贫农、下中农。地主、富农按家庭人口分给同等数量的一份土地，全县有25.43万人享受分配。对土地、耕牛、农具分配的原则如下：

分配土地的做法是：做好组织贫协骨干学习分配政策、分配原则，统一思想，明确做法，各户自报田亩数量，开展查田评产，评分田份数，分配插签到户。

分配水田的方法是：1．分配原则。以村为分配单位，以乡为调整单位，土地调剂时抽出田的村原则上稍高于被入田的村。将全乡水田定为七级，以第三级田的产量为标准，其余则折合之。报田亩，统一从旧有习惯的面积单位为标准，按实际面积自报。2．分配政策。一是有永佃租关系的一般作为自耕田，不必征收，个别超过平均数较多的永佃户，可酌量征收一部分；二是旱田不折水田分；三是典当田属农民典给地主的，无条件收回，地主富农出典的，没收征收；四是鱼塘、果园折标准田分配，可数户共得；五是柴山因人人需要，待后另分。

对耕牛、农具等生产资料的分配，各地贯彻"填坑补缺，满足贫雇农，照顾需要，有利生产"的原则，评定每头牛可使役田亩，按贫雇农无牛户的田亩多少分配。征收没收牛力不足时，就买牛或折价发钱到户补足；大农具如犁耙等跟牛走。

对实物（稻谷、衣物）的分配，除了满足贫雇农外，适当照顾中农。方法是：反复交代政策，打通思想，做好统计，列榜公布，自报公议，比劳、比苦、比需要，民主评定，提倡团结互让，尽量避免干部说了算、骨干多占和平均主义现象。

1952年11月中旬，全县顺利完成土改任务，进入全面土改复查工作阶段。1952年12月中旬，县委对土改复查作了部署：一是复查重点地区是三类乡，这些乡有38个，占全县总乡数的29.4%。二是复查要解决的重点问题是：1．纠正错划的阶级成分；2.解决分配上的遗留问题；3.建立和健全各种组织；4.搞好农民内部，以及干部与群众之间的民主团结；5.宣传生产十大政策，布置转入大生产运动；6.整顿对四类分子的管制工作，建立治安保卫委员会。三是要求在1953年3月底完成复查工作的同时，组织生产互助合作，每个区都要找一个条件好的乡成立一个互助组。

1952年12月16日，开始土改复查工作，全县组织复查干部506人。复查分两批进行，第一批春节前先复查一、三、五、七区共64个小乡，第二批二、四、六、八区65个小乡，春节后铺开，用时45天。复查分四步进行：第一步了解情况；第二步对敌斗争；第三步解决遗留问题（主要是错划阶级及小数土地、房屋、果实、谷的问题）；第四步查田、丈田、发土地证，民主建政及建立各种组织。复查干部下乡后，积极开展调查研究，深入发动群众，组织群众开展对地主、恶霸、匪特进行斗争。在复查中斗争了漏网地主4人，其他94人。处理死刑4人，有期徒刑1人，管制407人，扣押15人，释放92人；收缴短枪3支、子弹435发、手榴弹9枚。

1953年3月，土地改革复查后全县有73 214户292 443人。其中，划为地主2 518户15 386人，富农1 367户9 233人，中农16 990户79 977人，贫农45 417户169 404人，雇农3 743户8 896人，工人412户1 285人，贫民618户1 303人，工商业资本家246户947人，小土地出租者574户1 140人，小土地经营者396户1 104人，小商贩184户772人，自由职业者65户284人，小手工业者297户1 046人，债利生活者110户333人，迷信职业者53户126人，游民171户367人，革命军人114户262人，伪官吏46户192人，其他93户386人。

1953年2月下旬，全县开展查田发证工作，以一区的罗沙、三区的水东、五区的云青、七区的河口等4个复查附点乡进行试点工作。每个试点分派干部7—8人，经过20天时间，完成了3个试点乡的基本普查工作，其中罗沙乡还完成了填写土地证工作。3月中旬后，全县按试点乡的经验，开展查田发证工作，6月基本完成。

建政和建立各种组织工作在土改后期和土改复查中进行。到1953年2月上旬，全县129个乡都成立了乡人民政府。组织起来的农民队伍已有11.07万人（占当时农村总人口27.32万人的40.5%），民兵有12 261人，农村团员1 534人，农村党员130人。乡政权和各级组织的建立，加强了农村基层建设，巩固了党在农村的阵地，它们在领导和组织广大农民发展生产，组织互助合作和保卫土改成果工作中，起到重要作用。

第二节 从合作社到人民公社

一、成立人民公社

（一）农业互助组

土改后，广大贫农、雇农和下中农，成为土地的主人，生产积极性空前高涨，农村生产力得到了恢复和发展。1953年，全县农业产值2 875.8万元，比1952年增长8.87%。但由于经济基础薄弱，生产资料不足，加上受个体经济限制，在生产中遇到了很多困难。如不少农村又重新出现雇工、放债、买卖土地等现象。中共云浮县委及时贯彻中共中央《关于农业生产互助合作的决议》，号召广大农民组织起来，走互助合作道路。1953年秋，云浮县通过典型示范，引导农民组织互助组。互助组分为临时互助组、季节性互助组、常年互助组、联合互助组等几种形式。但不论哪一种互助组，都是按自愿互利的原则。互相帮助做工，一般不计报酬，生产资料和农作物收获归各户所有。互助组促进了生产的发展，受到广大农民欢迎，因而发展很快。1954年夏收前，全县已组织起临时互助组4 793个、参加农户18 396户，常年互助组531个、参加农户2 871户，合计参加互助组的农户共21 267户，占总农户数的31.45%。1955年上半年，联合互助组发展到562个，参加农户7 691户；常年互助组1 416个，参加农户10 081户；临时互助组2 916个，参加农户14 824户。组织起来的总户数达到32 596户，占全县总农户的48%。

（二）农业生产合作社

1954年1月，中共云浮县委首先在河口乡洞心村试办第一个初级农业生产合作社（简称"初级农业社"），全社18户，伍元石任社长。农民自愿入社，土地入股，耕牛农具折价入社，按比例分红（土地占40%，劳动占60%）；实行评工记分，按分计酬。接着又在横岗乡陈屋村、留洞乡营下角村各办起1个初级农业社。这些初级农业社建立后都不同程度地获得增产增收。1954年底，全县办起初级农业社24个，参加农户占全县总农户的9.5%。1955年底，初级农业社发展到414个，参加农户共63 399户，占总农户的93.6%。但由于当时干部缺乏办社经验，劳动生产、财务物资管理和分配等都出现不少问题。中共云浮县委为了把农业社办好，1956年秋收前在全县开展升社、并社、整社运动。此外，云浮县把办得较好的初级农业社升为高级农业社，取消土地分红，全部采用按劳动工分分配；有的几个初级农业社合并为1个高级农业社；同时整顿农业社的经营管理、劳动组织、财务管理、计划管理和建立、健全各项规章制度。通过升社、并社，农业社由原来414个并为390个，入社农户增加到67 015户，占总农户的97.9%。其中，高级农业社377个，参加农户65 628户，基本完成对农业的社会主义改造。

高级农业社组织起来后也出现一些问题：一是农业社的规模过大，平均每个社209户，有的1个乡成立1个高级农业社，不易管理；二是发展过快，从1954年开始搞初级农业社试点，仅3年时间，全县就实现了农业合作化，有些农民参加农业社并非出于自愿；三是经营管理跟不上，经营单一化，以粮食生产为主，忽视多种经营，尽管粮食获得增产，但经济收入少。如云城镇的横岗高级农业社，1956年总收入11.67万元，除去成本，纯收入仅

7.35万元，占总收入的62.98%，年人均收入41.7元，月人均收入3.47元。有的农业社每个劳动日值只有8分钱。在管理上，劳动组织混乱，出勤"一条龙"，做工"一窝蜂"，干多干少、干好干坏一个样，分配上存在平均主义。加上入社时生产资料折价款得不到兑现，严重挫伤了群众的生产积极性。很多农业社未能发挥其优越性，不少农民对农业社失去信心。1957年初，全县出现退社风波，部分农民取回入社时的土地、耕牛、农具，退出农业社，自己耕种。据1957年2月7日统计，全县有200个农业社的1 889户社员思想动摇，想退社，有85个社的663户社员已退社。

1957年春夏之间，中共云浮县委为解决农业社出现的问题，抽调大批干部组成工作组分别到各个乡，一方面宣传合作化方针政策，动员退社的社员重新返回农业社；另一方面帮助农业社搞好经营管理，建立和健全各项规章制度，开展多种经营，增加收入。云浮县委农村合作部成立1个会计辅导组，每个乡设1名会计辅导员，帮助各个农业社搞好财务管理工作。经过几个月的努力，退社的社员纷纷返回农业社。1957年底，农业社发展到392个，参加农户75 639户。其中，高级农业社379个，参加农户74 253户；初级农业社13个，参加农户1 386户。

（三）人民公社

1958年8月，毛泽东主席在视察河南省新乡县七里营人民公社后，称赞"人民公社这个名字好"。云浮县迅速掀起大办人民公社热潮。9月11日，在云城乡办起了第一个人民公社。9月下旬，全县建立10个人民公社。10月上旬，全县调整为8个人民公社，即激流人民公社（腰古乡）、东方红人民公社（云城乡）、云雾山人民公社（托洞乡）、幸福之路人民公社（料洞乡）、烘炉人民公社（六都乡）、震西人民公社（镇安乡）、惊天人民公社（东坝乡）、太阳升人民公社（都骑乡）。人民公社实行党政合一、政社合一、军政合一，并统管工农兵学商，农林牧副渔。实行"五统一"（统一领导、统一经营、统一核算、统一分配、统一排工）。人民公社的基本特点是"一大二公"。"大"就是规模大，全县8个公社，平均每个公社8 731户，31 898人。最大的激流人民公社14 898户，45 300人。"公"就是公有化程度高，以公社为核算单位，一切生产资料归集体，一切收入归公社，由公社统一分配，并取消自留地，取消家庭副业，把社员家庭养的生猪也收归公社集体饲养，社员天天为集体干活。在管理体制上，除人民公社下设管理区、大队、生产队，还按军事化要求，建立营、连、排编制；生产上统一调配劳动力，搞大兵团作战；生活上推行伙食供给制，大办集体饭堂，实行"五包"。一包吃饭，社员家庭男女老幼全部到村里的集体饭堂吃饭，吃饭不收钱，全县建立集体饭堂2 399间，在集体饭堂吃饭的人数达22.49万；二包教育，学生读书不收钱；三包医药，社员看病抓药不收钱；四包理发；五包殡葬。社员由公社发工资。1958年10月15日，中共云浮县委合作部印发《关于办好人民公社的意见》中写道："分配形式，1958年11月起实行粮食供给制和基本工资加奖励工资制。随着生产的发展，今后应逐步增加供给部分，以过渡到实行'各尽所能，各取所需'的共产主义分配制度。"[①]在这种思想指导下，1958年10月起，全县刮起一股"共产风"，无偿平调土地、房屋、劳力、农具、粮食、资金等。在大炼钢铁和建立集体饭堂过程中，无偿拆掉社员住房12 305间，平调社、队的金额达451.07万元，使农副业生产遭受到严重破坏，社员生活

---

① 中共云浮县地方史第二卷云城区、云安县领导小组编：《中国共产党云浮县地方史》（第二卷，1949—1978），内部资料（粤云区印准字第2014002号），2014年7月，第96页。

出现严重困难，极大地挫伤了群众的生产积极性。

1960年底，中共云浮县委贯彻中共中央《关于农村人民公社当前政策问题的紧急指示信》，把以公社为基本核算单位改为以大队为基本核算单位。1961年，在贯彻《农村人民公社工作条例》（草案）的同时，调整公社、大队规模，把原来8个公社划分为15个公社，把196个大队划分为584个大队，下设3 521个生产队，并撤销管理区。但在分配上仍然搞平均主义，吃大锅饭。全县还有半日制饭堂308间，农忙饭堂464间。1962年7月，云浮县委贯彻中共中央《关于改变农村人民公社基本核算单位问题的指示》，把以生产大队为基本核算单位改为以生产队为基本核算单位，实行以生产队为基础的公社、大队、生产队三级集体所有制；实行"四固定"，即把土地、耕牛、农具、劳力固定到生产队；同时，搞好经营管理，进行评工记分，恢复定额、定勤、定肥的管理制度；水稻生产实行"三包一奖"，即包工、包产、包成本，超产奖励的办法，较好地克服了生产队之间和社员之间的平均主义，调动了生产队和社员的积极性，使农村经济得到较快的恢复。

在"文化大革命"中，强调"农业学大寨"，批判"三自一包"（自留地、自负盈亏、自由市场和包产到组到户），生产队取消定额记分，推行大寨式政治评工记分制。同时，大批"资本主义"，大割"资本主义尾巴"，限制社员种竹、种果和养猪、养"三鸟"等家庭副业，严重挫伤了社员积极性，出现了农业生产徘徊不前、集市贸易萧条的局面。1976年，全县农业总产值8 070万元，比1966年增加26.9%，年均递增仅为2.69%；1976年全县稻谷总产量10.62万吨，比1966年增加8%，年均递增仅为0.8%。

二、大办学校　扫除文盲

（一）幼儿教育

1. 云浮县城的幼儿教育

1950年，在县城办起托儿所，有教养员1人，接收干部职工子女入托，入托幼儿10多人。1952年下半年，云浮县政府拨款修葺艺圃书院，创办云浮县机关幼儿园，有教职工5人。全园有大、中、小3个班，在园幼儿72人。1956年，增办幼托班，在园幼儿共有125人。云浮县与新兴县合并期间，原云浮县机关幼儿园、托儿所停办。1961年4月恢复云浮县建制后，复办机关幼儿园、托儿所。有教职员21人，并增办全托班，招收1—3岁的幼儿入托。全园有6个班，其中小班1个，中班2个，大班2个，幼托班1个。1962年，托儿所从幼儿园分出，搬到五芝园的一所公房开办，幼儿园教职员由21人精减为16人。20世纪60年代中期，幼儿园停办。1975年，云浮县机关幼儿园复办，有教职工24人，设9个班，在园幼儿310人。

2. 农村幼儿教育

1950年以后，云浮县妇女联合会多次举办保育员训练班，培训100多人。1955年至1956年9月，云浮县农村办起托儿所679所，入托幼儿4 060人。1957年，在农村办起常年幼儿园13所，入托幼儿650人；季节幼儿园485所，入托幼儿7 275人。1958年秋，农村大办幼儿教育，云浮县幼儿园增加到2 513所，在园幼儿5.96万人。由于师资缺乏，只能起托管作用。1968年，各大队的小学开办"耕读班""早晚班""红小班"。1971年云浮县进班的幼儿有12 543人。

（二）小学教育

1949年10月27日云浮解放，学校由云浮县军事管制委员会文教委员会接管。是年底，云浮县仍开办的小学只有47所，在校学生6 171人。根据当时的情况，云浮县立即分期分批做好恢复学校教学工作，利用寒假举办教师进修班，并吸收部分社会上失业的知识分子到进修班学习，以解决师资严重不足的困难。同时，做好宣传发动工作，动员学生回校上课。1950年，全县开办的小学增加到332所，在校学生2.49万人。

1952年，云浮县人民政府贯彻中共中央提出"巩固、提高、整顿、改造"的教育工作方针。1953年11月，全县开展整顿小学试点工作，到1954年基本结束。是年，全县有小学299所，在校学生2.38万人。之后，执行中共中央提出的"整顿巩固，重点发展，提高质量，稳步前进"的指示，全县小学教育稳步发展。1956年，全县有小学295所，在校学生2.43万人。

1957年，根据国务院《关于教育工作的指示》，贯彻"两条腿走路"的方针，云浮县高等小学和一部分初等小学实行公办，大部分初等小学实行民办。

1958年秋，云浮县小学以乡为单位并成大校，师生集中学习、食宿。3个月后，大校因无法坚持而停办。

1962年，执行中央提出的"调整、精简、压缩"方针，云浮县调整了部分小学。1963年，全县有小学334所，在校学生3.32万人，其中民办小学150所，学生1.13万人。1964年以后，云浮县继续贯彻"两条腿走路"的办学方针，在办好公办小学的同时，在人口分散的边远山村大力发展耕读小学（半耕半读），方便学龄儿童入学。1966年，全县有小学638所，在校学生5.22万人。其中公办小学220所，学生2.89万人；民办小学160所，学生1.47万人；半耕半读小学258所，学生8 558人。

云浮县部分年份小学教育情况表

年份	学校数（个）	班数（个）	毕业生数（人）	招生数（人）	在校学生数（人）	教师数（人）	
						合计	其中民办
1949	275				15 088	840	
1953	302		1 582		25 462	708	
1957	249		2 208	3 675	26 992	864	35
1961	237		1 748	6 264	27 762	1 132	158
1965	387		2 195	7 599	39 613	1 327	385
1969	434		5 593	6 505	40 079	1 547	824
1973	533		5 607	15 706	56 589	1 965	1 201
1977	511	1 807	10 323	5 454	65 312	2 357	1 640
1979	204	1 737	8 632	13 271	63 608	2 047	1 593

（三）中学教育

1. 普通中学

云浮解放初期，云浮县军事管制委员会接管学校时，全县有中学4所，高中学生136人，初中学生707人。1950年，裁撤私立端化中学，西山中学随行政区域调整划给阳春县，西区中学改为白石中学。是年，全县有3所中学，在校高中学生49人，初中学生447人。1951年秋，云浮中学高中部并入肇庆中学。1952年，蓉华中学、白石中学并入云浮中学。1954年秋，县立初级师范裁撤后，在云浮中学附设2个初师班。1956年7月，恢复白石中学，并把其改名为云浮县第二中学。云浮中学恢复高中班。同时，在腰古、料洞、都骑3所中心小学分别附设初中班。是年，全县有独立中学2所，小学附设初中3所，在学高中学生101人，初中学生1 604人。1957年上半年，把腰古、料洞、都骑

3所附设初中班的小学办成独立中学，分别改名为云浮县第三、第四、第五中学，并在六都南乡开办云浮县第六中学。1958年11月至1961年4月，云浮县与新兴县并县期间，先后开办夏洞中学、托洞中学、富林中学和附城岔路小学附设初中班。1961年秋至1963年，贯彻"调整、精简"方针，停办富林中学，把夏洞中学和托洞中学改为半日制农业中学，撤销附城岔路小学附设的初中班。1965年，全县有普通中学6所，在学高中学生292人，初中学生2 069人。

1968年缩短学制，实行推荐招生办法，要求每个生产大队办初中，每个公社办高中。1969年，全县16个公社开设了高中，169个大队的完全小学开办了附设初中班。1970年，全县有完全中学16所，小学附设初中169所，在校高中学生3 753人，是1965年的12.9倍；初中学生13 011人，是1965年的6.3倍。1976年，全县有完全中学（含独立高中）16所，小学附设初中170所，高中83班、学生4 129人，初中340个班、学生12 712人。1977年，云浮县着手调整中学布局，撤销39个小学附设初中点。

2. 职业中学

1964年贯彻"两条腿走路"方针，在办好全日制中学的同时办好职业中学。至1966年，全县有农、林业中学20所，在校学生1 259人。1968年，全县有6所农、林业中学停办。1970年后，片面强调发展普通中学教育，全县农、林业中学全部停办。

（四）专业教育

1. 师范学校

1950年，云浮县简易师范学校迁到县城竹园。1951年，增设2个速师班，招收初中毕业生，学制1年。1952年10月，该校更名为云浮县初级师范学校，在校学生415人。1953年，云浮县初级师范学校的应届毕业生被保送到肇庆中等师范学校和广东省女子师范学校学习。1954年秋，根据广东省对师范学校的调整方案，云浮县初级师范学校停办，在校学生并入云浮县中学附设师范班。

1970年，云浮县初级师范学校复办，附设于云浮中学。是年，学校举办初级中学师资培训班，招收高中毕业的社会青年150人，开设语文、数学和工业基础（物理、化学）3个班，学习期限1年。1972年秋，云浮县初级师范学校独立设置并迁往采营。1974年，该校改名为云浮中等师范学校，把在罗定师范就读中师二年级的云浮籍学生转回该校学习，并招收中师一年级1个班，学生50人。之后，该校每年都招收两个中师班。1974年至1988年，云浮中等师范学校共培养中师毕业生966人。1979年在竹园兴建教学大楼。1980年全部班级搬回竹园上课，并开展师范专科和中等师范函授教学。

2. 卫生学校

云浮县卫生学校于1958年创办，附设在县人民医院内。学校的校长和职工（2—3人）是专职的，教学人员由医院的在职医生兼任。是年，举办1期3年制的西医班，学员26人。1960年办中医进修班1期。1966年招收1个护士班，学生19人（均是初中毕业的女生），学习期限3年，毕业后分配到本县医疗单位工作。1966年至1978年，该校的主要任务是培训农村医生（赤脚医生）和接生员。在各级医疗单位配合下，采用办班或师带徒的形式，培训农村医生和接生员共725人。

3. 农、林业学校

云浮县农业学校。1958年由云浮县农业局创办，设在河口公社永丰桥附近。是年该校招收1个班，有学生53人。此后，该校不定期举办关于种植粮食作物、经济作物的短期培训班。

云浮县林业学校。1965年秋由云浮县林业局创办，首届招收

1个班，学生54人。开办时校址设在大云雾林场，中期转到附城公社岔路，最后迁到云浮县中心林场。学校开设语文、数学、政治、林木学、经济林栽培学、土壤分析学、气象学、测量学和森林保护基础知识等9门课程，学习期限3年，实行半工半读的办学形式。学生毕业后发给中专毕业证书，并由云浮县林业部门统一分配到本县林业部门工作。办了一届后停办。

云浮县劳动大学。1965年创办，校址设在采营，学校招生对象是初中毕业生，学制4年，前3年在学校读书，后1年到林场劳动实习。学校开办后，第一届招收2个班，学生100人；第二届招收1个班，学生45人。招收两届学生后于1968年9月停办。两届学生学习期满之后，由云浮县统一分配工作，1986年国家承认其学历，补发了中专毕业证书。

4. 技工学校

云浮县农业工矿技术学校。1958年秋开办，校址设在云城城隍庙内。第一届招收农业技术班和工业技术班各1个，学生97人，学制3年。学校开设政治、数学、物理、化学等基础课，还开设专业课（农业技术班设生物、农业知识课；工业技术班设机械制图课）。次年，校址迁往云浮县农机厂，只招收工业技术班，学生51人。学生毕业后发给中专毕业证书。办了两届后停办。

云浮县化工学校。1962年在云浮县化肥厂（今磷肥厂）创办，招收2个班，学生39人。学生毕业后发给中专毕业证书，并分配在云浮县化肥厂工作，办了一届后停办。

云浮硫铁矿技工学校。该校1974年创办，1974年至1982年培训在职技术工人，1983年至1987年逐年招生，人数分别为90人、40人、90人、72人、100人（其中代培、自费各10人）。

（五）成人教育

1. 农民业余教育

1950年，云浮县政府要求各乡农会组织冬学夜校，开展扫除文盲（简称"扫盲"）工作。全县办起夜校515所，入学人数23 125人。1951年冬，坚持开办的冬学夜校只有58所。

1954年秋，云浮县成立扫盲工作队，配备专职扫盲干部5人。先在一区的横岗、七区的河口搞试点，开办农民业余学校10多所，组织400多名青壮年文盲、半文盲入学学习，效果很好。次年秋，云浮县很多农村都办起夜校，有6 000多人参加学习。1956年，云浮县召开扫盲工作大会，动员社会各阶层人士投入扫盲运动。是年，全县办起农民业余夜校999所，有学员39 629人。

1958年，开展万人教、全民学的识字运动。全县办起夜校1 686所，有91 618人入夜校学习。经考试有1.8万人脱盲。1960年，受经济困难影响，农民业余教育基本停止。

1965年，根据"农民业余教育要结合生产，统一安排，因材施教，灵活多样"的原则，全县先后复办夜校200多所，有4 015人参加学习。

1966年，业余教育机构被撤销，业余教育停止。1973年，云浮县重新恢复农民业余教育领导机构，先后成立工农教育委员会办公室、成人教育委员会。1974年，全县办起政治夜校850所，文化室225个，参加学习有13.7万多人。

1980年至1982年，全县先后办起扫盲班共548个，有10 900人参加学习；业余高小班35个，学员831人。1982年，全县18个公社（镇）的207个大队中有201个大队达到脱盲要求，12岁至40岁的少、青、壮年文盲的脱盲率达97.1%。是年6月，经肇庆地区检查组验收，符合省规定的扫盲标准，确认云浮县为"脱盲县"，并颁发了奖旗和奖金。

2. 职工业余教育

1950年，云浮县文教科和云浮县总工会联合在云城兴办职工业余夜校，学员267人。文化学习以识字为主，也学时事、政治。1952年，云浮县总工会分别在云城、六都圩和云浮县炼铁厂办起职工业余夜校4所8个班，学员319人。

1956年9月，中共云浮县委宣传部在云城办起机关干部业余文化学校，设甲、乙、丙3个班，共有学员189人；配备专职政治教师1人，兼职教师1人。是年，全县还办起夜校8所，组织干部、职工学习文化、政治。共有学员1 511人，其中高小班167人，初中班82人。

1962年底，机关、厂矿企业干部、职工有7 999人进入夜校文化学习班学习。至1963年，云浮县基本完成对干部、职工的扫盲教育，并让他们继续接受初等教育、中等教育和初级技术教育。1965年，全县机关、厂矿企业干部、职工分别参加业余高小、业余初中、农业技术学校学习的共有569人。1966年，云浮县职工业余学校停办。1979年以后逐步恢复。

三、发展社队企业 壮大集体经济

（一）乡镇企业

1956年，云浮县乡镇始办工业。当时企业规模较小，设备简陋，生产能力低，只能进行一些小农具生产和食品加工，年产值仅77.33万元。1958年秋，为了壮大人民公社工业，全县42家二轻手工业企业转为人民公社企业。1960年社办工业总产值达到281.5万元，比1956年增长超过2.6倍，占全县工业总产值的22.3%。1961年恢复二轻手工业体制，把原属二轻部分从公社企业中划回县二轻系统管理。同时，对原材料采购困难、消耗大、生产成本高以及与国营工业企业争原材料的公社企业进行调整、压缩。1963年社办企业工业总产值降至80.89万元。从1964年起，社办企业逐步恢复和发展。1966年工业总产值218.09万元，比1963年增长1.7倍。1967年，县城以外的52家手工业企业转为公社企业，1969年复归县二轻企业。1970—1977年，社办工业立足于本地矿产和水力资源，建立起一批骨干企业。1973年云城镇石米厂建立，1974年富林文锋石米厂、腰古建材厂建立。1977年附城大冲石料厂等建立。此外，河口、附城、前锋、思劳等公社先后建起了13座小型水电站，装机20台，容量共2793千瓦。1977年把分布于各乡镇的原属二轻管理的26家手工业企业再次转为公社企业，社办企业工业总产值574.48万元。

1978年后，乡镇企业逐步发展，云城、腰古等镇（街）先后办起一批以石料建材为主的企业。

云浮县1956—1979年乡镇企业工业总产值情况表

年　份	工业总产值（万元）	年　份	工业总产值（万元）
1956	77.33	1966	218.09
1957	87.30	1967	298.97
1958	129.87	1968	265.38
1959	237.52	1969	291.76
1960	281.50	1970	397.74
1961	216.70	1971	395.18
1962	120.53	1972	525.35
1963	80.89	1973	541.58
1964	138.26	1974	529.39
1965	164.64	1975	570.87

（续上表）

年　份	工业总产值（万元）	年　份	工业总产值（万元）
1976	631.48	1978	601.14
1977	574.48	1979	664.57

（二）队办、村办企业

1957年，个体工业已全部组织起生产合作社（组）。在"大跃进"和人民公社期间，生产合作社（组）全部转为全民所有制企业或社办企业。1977年前，村办企业都是一些直接为群众生活服务的粮油加工厂、小水电站、小砖瓦厂等小企业。1978年后，以石料、砖瓦等建材为主的村办企业得到发展。

水利、水电、交通建设

一、大兴水利

（一）蓄水灌溉和发电工程

1. 蓄水工程

中华人民共和国成立后，云浮县根据不同时期的特点和主要矛盾，部署兴建不同类型的水利、水电工程项目，改善农田灌溉条件。从1953年起至1992年，共兴建中、小型山塘水库560座。其中蓄水量1 000万立方米以上的中型水库两座，蓄水量100万至999万立方米的小（一）型水库11座，蓄水量10万至99万立方米的小（二）型水库28座，蓄水量10万立方米以下的小山塘519座；总库容8 322万立方米，有效库容5 091万立方米，灌溉面积6 000公顷。

主要蓄水工程：

（1）朝阳（现南盛镇）水库，属于中型水库。位于云城区南盛镇的南盛河上游大枧村，集雨面积45平方千米，总库容2 376万立方米。其中有效库容1 316万立方米，垫底库容260万立方米。1972年动工，1978年建成。共完成土石方165万立方米，投放劳力380万工日；总工程费554万元。库区淹没耕地21.5公顷，村庄9个，迁置移民684人。

库区建筑物有主、副土坝两座，放水涵管1条，泄洪洞1个，放水塔两座。主坝高50.65米，坝顶长130米，坝顶建防浪墙1条，高1.2米，安装测压管4条；副坝高38.65米，高程138.65米；进口涵管底高程110.2米，放水塔高28.5米，最大放水流量14.6立方米/秒。

效益方面，主干渠长11.5千米，渠道主要建筑有隧洞7个，渡槽4座，灌溉农田160公顷，建成小水电站3座，装机6台，总容量2605千瓦，年均发电量约500万千瓦。

1979年，朝阳水库工程管理处成立，有干部、职工95人，分设放水涵、泄洪洞管理站；主干渠分设4个管养所，实行岗位责任制，加强对水库的管理。水库管理处还充分利用四周山地造林种果，种下柑、橘、橙、荔枝等各种水果70多公顷。

（2）塘磋湾水库，属小（一）型水库。位于云城区思劳镇思劳村，集雨面积2.86平方千米，总库容125万立方米。其中有效库容89.4万立方米，垫底库容1.6万立方米。1957年11月动工兴建，1958年7月建成库区，1964年12月灌区渠道及建筑物全部完成，是云浮县最早建成的小（一）型水库。

库区建筑物有大坝1条，放水涵管1条，溢洪道1条，放水启闭室1座。大坝高24.4米，坝顶高程120.4米，坝顶长142米，坝顶建防浪墙1条，放水涵管是钢筋混凝土圆管结构，管直径0.6米，长135米，管底高程102米，最大放水流量2.3立方米/秒，放水涵安装斜拉活塞式启闭闸门1扇。溢洪道位于坝左侧，是开敞式矩形浆砌石陡坡结构，净宽3米，长63米，道底高程117米，最大下泄流量29.1立方米/秒。

该水库以灌溉为主。灌区有主干渠道两条，共长32千米，有大小渡槽12条，大小跌水凼10个，于1964年12月全部完成。主干渠过水流量0.3立方米/秒，灌溉思劳、江尾、鸡村、双羌、城村5个村的农田，共213.4公顷。

云浮县（现云城区）主要水库一览表

水库名称	型别	地点	建设年份		工程规模					效益		
			开工	竣工	集雨面积（平方千米）	总库容（万立方米）	有效库容（万立方米）	最大坝高（米）	坝型	灌溉（公顷）	装机（台）	容量（千瓦）
朝阳水库	中型	南盛镇大枧	1972	1978	45	2 376	1 316	50.65	土坝	160	6	2 605
泾尾水库	小（一）型	云城街泾尾	1958	1978	4.8	199	139	31.17	土坝	145		
云龙水库	小（一）型	河口街云龙	1958	1978	5	245	143	30	土坝	167	2	250
塘磋湾水库	小（一）型	思劳镇思劳	1957	1964	2.86	125	89.4	24.4	土坝	213.4		
大蓬绛水库	小（一）型	思劳镇大蓬	1969	1978	10.28	375	244	25	土坝	152	2	320

199

（续上表）

水库名称	型别	地点	建设年份		工程规模					效益		
			开工	竣工	集雨面积（平方千米）	总库容（万立方米）	有效库容（万立方米）	最大坝高（米）	坝型	灌溉（公顷）	装机（台）	容量（千瓦）
石古河水库	小（一）型	前锋镇增村	1959	1978	24.39	100	57	26	砌土坝	320		
新村水库	小（一）型	南盛镇新村	1970	1978	4.82	220	151.4	33	土坝	136	2	250
洞仔水库	小（一）型	南盛镇洞仔	1970	1978	2.5	130	91.6	25	土坝	57		
云楼水库	小（二）型	云城街云楼	1970	1971	3.9	21	13	25	土坝	74	3	360
扶草水库	小（二）型	河口街扶草	1968	1975	1.75	43	30	19	土坝	53		

（续上表）

水库名称	型别	地点	建设年份		工程规模					效益		
			开工	竣工	集雨面积（平方千米）	总库容（万立方米）	有效库容（万立方米）	最大坝高（米）	坝型	灌溉（公顷）	装机（台）	容量（千瓦）
白石坑水库	小（二）型	河口街蓬州	1957	1963	5.9	67	37	16	土坝	120		
乌石坑水库	小（二）型	南盛镇小东	1958	1959	1.53	84	67	22.5	土坝	45		
洞殿水库	小（二）型	高峰街洞殿	1970	1973	1.03	40.3	31	20	土坝	27		
梅子根水库	小（二）型	河口街梅子根	1975	1976	1.81	32	21	19	土坝	23		
木公塘水库	小（二）型	安塘街石头地	1956	1957	0.75	14	8	8.5	土坝	17	1	125

（续上表）

水库名称	型别	地点	建设年份		工程规模					效益		
			开工	竣工	集雨面积（平方千米）	总库容（万立方米）	有效库容（万立方米）	最大坝高（米）	坝型	灌溉（公顷）	装机（台）	容量（千瓦）
石仔坑水库	小（二）型	安塘街夏洞	1956	1957	0.69	15	8	13.5	土坝	15.6		
鹅塘水库	小（二）型	前锋镇崖楼	1957	1958	1.27	30	30	10	土坝	32		
麻坑水库	小（二）型	南盛镇麻坑	1970	1972	0.97	23	16	13.2	土坝	25		
城头水库	小（二）型	腰古镇城头	1969	1972	1.84	24	11	16.6	土坝	45		
三块田水库	小（二）型	南盛镇	1991	1992	0.5	10.5		10	土坝	23		

水库建成后，成立管理所，有职工6人。在库区内开展养鱼、养猪、造林种果等。

2. 引水工程

中华人民共和国成立后，云浮县政府组织群众把历史遗存的临时陂和半永久性陂等引水工程改建成永久性陂圳工程，并兴建一批可灌溉66.7公顷以上土地的永久性陂圳工程，扩大农田灌溉面积，保障农业生产。从1953年至1992年，全县共兴修永久性水利工程343个，引水流量34.4立方米/秒，灌溉农田5 786.68公顷。

云浮县（现云城区）主要闸坝（水坡）一览表

工程名称	地点	河流名称	建设年份		水陂			灌溉（公顷）
			开工	竣工	长度（米）	高度（米）	引水流量（立方米/秒）	
大湾口陂	云城街城北	南山河支流	1958	1959	20	5	1	93
河头陂	云城街城北	南山河支流	1955	1956	35	14	0.5	71
十八坑陂	南盛镇横江	南盛河	1967	1968	35	2	0.6	67
田心陂	南盛镇七洞	南盛河支流	1975	1976	6	2.5	0.1	67
两罗大圳陂	前锋镇罗坤	南万河	1963	1964	38	1.2	0.3	67
白芒陂	前锋镇白芒	石古河支流	1962	1963	20	1.5	0.3	67
卫生院闸陂	腰古镇芙蓉	新兴江支流	1969	1970	4	2	0.2	67
小河引水陂	前锋镇罗坤	小河	1962	1963	60	2	1.2	333.4

（二）防洪排涝工程

防洪堤　1956年至1978年，政府组织群众先后兴建大、小防洪堤围工程26项，总堤长54.52千米，保护耕地面积1 602.4公顷，受益人口17 142人。其中：新兴江腰古段堤围6条，长14.71千米，保护耕地653.6公顷，受益人口4 563人；小河沿岸9条，长17.81千米，保护耕地452公顷，受益人口4 912人；南山河沿岸11条，长共22千米，保护耕地496.8公顷，受益人口7 667人。

这些堤围建成后，有效地保障了农业生产和群众生命财产安全。1976年9月22日，新兴江洪水暴涨，腰古水位高达17.23米，属二十年一遇洪水，沿岸堤围有效地保护了耕地，受浸耕地减少到333.4公顷。

云浮县（现云城区）主要堤围工程表

项目名称	地点	兴建年份	堤长（千米）	堤顶高程（米）	堤高（米）	捍卫面积（公顷）	防御能力		备注
							频率（%）	相应水位（米）	
腰古堤	腰古镇腰古圩	1957	2.5	18.1	2.5	187	5	17.2	新兴江沿岸
腰古新堤	腰古镇腰古圩	1975	1.75	21	3.5	260	5	17.3	新兴江沿岸
旺村堤	腰古镇旺村	1957	2.3	18.35	2	33	5	17.3	新兴江沿岸
卫东堤	腰古镇卫东	1957	3.7	18.1	3.5	113	5	17.3	新兴江沿岸
塱塘堤	腰古镇塱塘	1957	1.96	18.3	3.5	47	5	17.3	新兴江沿岸

（续上表）

项目名称	地点	兴建年份	堤长（千米）	堤顶高程（米）	堤高（米）	捍卫面积（公顷）	防御能力		备注
							频率（%）	相应水位（米）	
茅田堤	腰古镇茅田	1957	2.5	19.5	3.8	20	5	17.3	新兴江沿岸
升平堤	腰古镇升平	1957	1.98	27.2	2.5	53	10	26.31	小河沿岸
庙咀堤	腰古镇庙咀	1957	1.46	25	2.3	27	10	24.1	小河沿岸
古郊堤	腰古镇古郊	1957	0.4	25.3	2.8	20	10	24.1	小河沿岸
欧村堤	腰古镇欧村	1957	1.17	23.23	3	33	10	22.21	小河沿岸
塱心堤	腰古镇塱心	1957	1.68	28.5	2.8	33	10	26.31	小河沿岸
永昌堤	腰古镇永昌	1957	2.6	20.8	3	87	10	19.52	小河沿岸
双兰堤	腰古镇双兰	1957	1.15	22.4	2.2	33	10	19.52	小河沿岸
冼村堤	腰古镇冼村	1959	5	19.5	2.5	120	10	18.35	小河沿岸
吉洞堤	腰古镇吉洞	1959	2.37	19.4	2.5	53	10	18.35	小河沿岸

排涝工程　云城区腰古镇地处新兴江沿岸，在20世纪50年代修筑堤围后，每逢汛期，新兴江水位上涨，堤内受堤外水位顶托，内涝水无法排出，造成内涝水浸。为解决洪涝灾害，中共云

浮县委、县政府以民办公助形式，从1970年起，在腰古镇新兴江沿岸低洼地区兴建排涝工程。主要机电排灌站有腰古镇茅田堤的茅田排灌站，建于1979年12月，装有电排机2台，排涝效益80公顷。

境内新兴江及小河沿岸建排涝站5座，装有电排机6台，功率217千瓦；机排机两台，80匹马力，扬程3.5—3.8米，易涝面积共283.4公顷，实际排满效益135.3公顷。

（三）河道整治工程

新兴江流域的腰古河段弯曲大，20世纪50年代可通行汽船，载客运货；到60年代，河床比40年代时升高2米多，已不能通汽船，只能通小木船，冬季还经常搁浅，要扒开河床泥沙才能通行。此外，沿岸农田和街道还常遭洪涝危害。

从1964年开始，中共云浮县委、县政府组织群众开展河道整治工作，将新兴江的弯曲河段进行裁弯取直，使河道水流畅顺，减少沙泥停留沉积，减少了上游沿岸农田遭遇洪涝灾害的风险。1975年12月5日，因新兴江腰古河段改河工程浩大，特成立腰古改河指挥部，由1名县委副书记任总指挥，以各公社的青年民兵为骨干组成改河兵团。改河工程于同月17日正式动工，1978年9月完成。新河段连接腰古公社（现腰古镇）水东大队（现水东村委）的复船岗与沙咀村，绕经独杉山、黄岗头山边，与高要县沙尾河口相接。新河段长2.26千米，比原河道缩短1.24千米，河床宽180米；工程总投工103.7万多个工日，完成总土方213万立方米；工程附属建筑有200米长反虹吸管1条，新建腰古大桥1座；工程实际使用资金180万元。河道裁弯取直后，扩大耕地面积100公顷，同时使腰古公社的卫东、联强、雄强、卫国等大队（现称村委）的333.4公顷农田减轻洪涝灾害；腰古、云表、水东、芙蓉等大队和高要县的沙尾大队400多公顷农田免遭洪水的威胁，腰古圩也免受新兴江洪水淹浸之患。

二、开发水电

1958年开始，结合农村水利建设，又兴办了一批小水电站。其中1968年兴建了云楼、云龙水电站。至1978年，建成投产的100千瓦以上的水力发电站有6座，装机10台，总装机容量为1 304千瓦。

本区供电的发展主要情况如下：

1952—1969年。主要由工厂附设发电车间、专业发电厂或水电站单独对区域供电。1952—1962年，由云城粮食加工厂及县农机厂直接向县城供电。1963年改由电力厂供电。

1970—1981年。云浮县电力厂和各水电站并成小电网供电。1970年云浮县电力厂大台水电站联网供电，形成云浮县最初的10千伏电网。1972年建立云浮县水电管理总站，加强对小水电的供电管理。1976年10月，成立云浮县供电公司，与肇庆地区电网联网供电。1979年肇庆地区供电公司在云浮硫铁矿建成1座110千伏变电站。

云浮县（现云城区）100千瓦以上水电站一览表

名称	投产时间	装机		并网电压（千伏）
		台数	容量（千瓦）	
云城云楼电站	1972年6月	3	360	10
思劳大蓬电站	1976年	2	325	10
河口云龙电站	1971年4月	2	250	10
朝阳冷水坑电站	1973年12月	1	160	
河口禾乐冲电站	1973年6月	1	125	10
前锋大座电站	1975年11月	1	120	10

三、大办交通

（一）国道省道

1. 国道

国道324线从东至西横贯云城区（腰古至云城迳口路段），全线长38.5千米。中华人民共和国成立后，云浮县军事管制委员会于1949年11月成立修路委员会，抢修粤桂西线云浮路段（改为腰古至镇安），发动全县人民献工献料，实行各区、乡包干抢修所在地段，1950年1月19日修复通车。此后，粤桂西线改称广海北线，并多次进行改造。1951年1月至1952年7月，路基扩宽为6.5米至7米，铺沙泥50多万立方米，新建钢筋混凝土结构桥梁6座和一批涵洞护墙，达到五等路标准。1954年4月至1955年12月，腰古至夏洞修筑新路段，全长13.7千米，比旧路段（即经安塘路段）缩短了9.78千米。新路段完成土石方67.4万立方米、涵洞70座，共投资80.36万元。新建路段使新兴江腰古河段免于洪水淹浸的威胁。1985年，在国道324线全面铺设沥青柏油。1987年3月，云城过境路段（东起金龙桥，西至上谭村）扩建，全长2.55千米，行车道为15米，路面为柏油路，达到一级公路标准。1993年，国道324线被改造为二级混凝土公路。1998年，改造后的城区路段（称市区过境公路），与国道324线云城街道罗沙相接，途经牧羊、高峰、云浮硫铁矿及大汉岗，终点于云城迳口，接驳国道324线。城区路段全长12.24千米，按重点一级公路标准设计，路基宽40米，全线建分离式立交桥（高峰立交）一座，长0.4千米，中、小桥各一座，涵洞72道。总投资1.2亿元。

2. 省道

云城区省属公路支线有小夏线、董南线、河骑线、云六线。

小夏线由小河口至夏洞，全长15千米，1988年铺设柏油。

董南线由腰古镇董迳至南盛镇南盛圩，全长20.7千米。1994年底铺设柏油。

河骑线由河口至都骑圩，全长21千米，1993年底铺设柏油。

云六线由云城至云安区六都，路段总长21千米。其中云城区路段10千米。1993年8月，国道324线金龙桥至采营的路段（9.8千米），按一级重点标准进行扩建，扩建后路基宽26米。

（二）地方道路和乡村道路

1. 地方道路

1979年后，在筑好省属公路的同时，加紧修筑地方道路，形成连通各镇（街）和村委会的公路网络。2000年，云城区有地方公路24条。

云城区地方道路（公路线）情况表

线路名称	起止地点	里程（千米）	铺沥青年份	铺设混凝土年份
云涌线	思劳镇云卜至涌坑	10.5		1998
迳六线	云城街迳口至云安区高村镇六马	（云城段）6	1998	
安红线	安塘街道夏洞至红营	9.5		
尖洞线	高峰街道尖底至洞殿	2.1		1998
腰水线	腰古圩至水围	2.5		1994
思白线	思劳镇至高要白诸	（思劳段）1.4	1995	
涌四线	思劳镇涌坑至四坑	6.5		1999
云北线	云城至城北	3		1992
涌扬线	思劳镇涌坑至高要市扬梅	（思劳段）1.6		1999

（续上表）

线路名称	起止地点	里程（千米）	铺沥青年份	铺设混凝土年份
涌大线	思劳镇涌坑至高要市大湾	（思劳段）3		2000
春高线	云城街春牛岗至高峰街	2.4		1992
云十线	云城至十八坑		1991	
田红线	河口街道思心至红阳	3.2		1999
石料线	高峰街至石料厂	1.9		1991
硫铁矿线	双坑桥至硫铁矿区、高峰街至硫铁矿区、硫铁矿区内	5.6、2.5、67.6		1990
夏洞硫铁线	夏洞圩至夏洞硫铁矿	2		1992
硫黄厂线	双坑桥至硫黄厂	1.3		1991
云龙水库线	河口街道洞心至云龙水库	2		1995
铁矿线	采营至铁矿	5.3		1992
大台水库线	岭头路口至水库	1.5		1994
牧羊矿线	石料厂至牧羊矿	2		1992
丰收矿线	云城至丰收	3		1992
微波站线	迳尾岭头至微波站	2		1991
麦涌线	都骑麦州至思劳涌坑	28		2000

2. 乡村道路

1979—1989年，大部分乡村道路只能行驶手扶拖拉机。1990—2000年，乡道路经过维修、扩建后，部分铺设柏油，大部分铺设混凝土，能行驶普通汽车。

云城区简易公路情况表

起止	里程（千米）	通村委会数（个）	铺设沥青年份	铺设混凝土年份
涌坑至夏洞	17	4		1999
红营至横江				1999
红营至罗坪				2000
长征至循常	2.4	2	1998	
上龙至土门	7	3	1995	2000
迳口至永红	（迳口段）6	1		
安塘至金星	5	2	1999	
高峰至城北	7	3		1998
布务至双上	4	1		1994
小河至古田	5	2		1997
旧竹至云表	4	1		1997

云城区各镇（街道）至城区及广州市行车里程表

镇街名称	至城区（千米）	至广州（千米）	镇街名称	至城区（千米）	至广州（千米）
云城街道	0	180	思劳镇	20.6	159.4
高峰街道	5.1	176	腰古镇	29.6	150.4
河口街道	8.6	171.4	南盛镇	15	165
安塘街道	16.6	163.4	前锋镇	21	160

（三）铁路建设

1. 窄轨铁路

1958年8月，云浮县铁矿兴建云城至六都的窄轨铁路，线路从云城北区竹园到六都码头，在云城镇三水围处有专线通到大降坪矿区，全线长19.5千米，投资130多万元。1959年初停建。1961年5月该铁路由云浮硫铁矿筹建处接管，原设计方案被修改，线路调整为从大降坪至六都码头，取消三水围至云城路段。调整后全线长15.5千米，年运输能力50万吨。1968年8月施工，1970年底全线完成铺轨。1979年后，装矿车站从大降坪转至黄婆岭，新建矿石运转站台，有车道8股，站线总长1.14千米。全线设有营地、大庆、六都3个站。大降坪至六都线铁路是云浮硫矿矿石运往码头的主要通道。1980—2000年，该铁路完成总运矿量930.94万吨。2000年3月，该铁路停运。

2. 准轨铁路

云浮县境内准轨铁路有两段，主要一段是腰古至云浮硫铁矿专用线。1975年12月，国家计委批准云浮硫铁矿建设从腰古（接三茂铁路）至矿区的专用准轨铁路，属广州铁路局管理。云浮支线全长32.52千米，设有腰古、思劳、初城、牧羊4个车站（其中工业站1个、中间站3个），总投资1.06亿元。1983年9月动工，1987年5月31日建成通车。

另一段是三茂铁路云城区路段，从腰古火车站至小河口，里程9千米。

第六章
经济社会发展和改革开放

1978年12月，党的十一届三中全会召开，标志着中国进入改革开放的伟大时代。从此，云浮县（云城区）进入了改革开放的历史新时期。

第一节 探索发展 振兴云浮

一、经济社会发展情况

（一）经济发展走上快车道

1979年，云浮县经济发展开始走上快车道，特别是农业生产，占据着全县国民经济的主导地位，云浮县属农业型经济。1984年后，在改革开放中不断调整产业结构，云浮县初步形成以石料建材工业为支柱、农工贸旅协调发展的经济体系。2000年，云城区继续深化产业结构，已形成石料、建材、服装为主导产业，第一、二、三产业协调发展的经济体系。

1985年，云浮县社会总产值7.2亿元。其中农业占40%，工业占29%，建筑业占23%，商业占4%，运输业占4%。1992年，云浮市（县级）社会总产值38.15亿元。其中农业占18.46%，工业占68.2%，建筑业占6.44%，商业占3.14%，运输邮电业占3.76%。2000年，云城区社会总产值29.55亿元。其中农业占17%，工业占56.9%，建筑业占7.2%，商业占3.5%，其他占15.4%。

2016年，云城区完成地区生产总值107.5亿元（现行价，下同），同比增长8.6%。其中：第一产业完成16.9亿元，同比增长3.8%；第二产业完成48亿元，同比增长8.6%；第三产业完成42.6亿元，同比增长10.6%；一、二、三产业结构为15.7：44.7：39.6。规模以上工业产值完成197.7亿元，同比增长

10.3%；规模以上工业增加值完成47.9亿元，同比增长9.4%；社会消费品零售总额72.5亿元，同比增长15.6%；全社会固定资产投资完成153.8亿元；社会消费品零售总额继续保持增长势头，全区经济总体保持平稳增长态势。

2017年，全区完成生产总值114.9亿元。其中规模以上工业总产值完成174亿元，规模以上工业增加值完成36.75亿元，全社会固定资产投资总额完成149.9亿元，全社会消费品零售总额完成80.7亿元。

农业生产。各级政府和部门加大对"三农"（农村、农业、农民）的资金投入，改善基础设施和环境建设，进一步提高农民的生活水平，多方面发展农村经济。2016年农作物总播种面积16 378公顷，其中：粮食播种面积10 355公顷，产量60 940吨。2016年，全区农业总产值26.69亿元，同比增长3.9%。

规模以上工业。2016年，全区成功申报新投产规模以上工业企业43家，规模以上工业企业达到287家。2016年以来，云城区规模以上工业保持较好的发展态势，全年全区规模以上工业总产值完成197.7亿元，同比增长10.3%；规模以上工业增加值完成47.9亿元，同比增长9.3%。

（二）全区人均年收入变化

1980年，云浮县职工年平均工资752元。1986年，职工年平均工资1 483元，农民人均年纯收入540元。1991年，职工年均工资3 213元，农民人均年纯收入990元。1993年，云浮市（县级）职工年平均工资4 807元，农民人均年纯收入1 591元。1995年，云城区职工年平均工资6 738元，农民人均年纯收入2 250元。1998年，职工年平均工资7 297元，农民人均年纯收入3 248元。1999年，职工年平均工资7 803元，农民人均年纯收入3 423元。2000年，职工年平均工资7 983元，农民人均年纯收入3 484元。2005

年，职工年平均工资13 285元，农民人均年纯收入4 275元。2010年，职工年平均工资23 456元，农民人均年纯收入6 717元。2015年，城镇单位就业人员年平均工资50 049元，农村居民人均可支配收入12 411元。2017年，城镇单位就业人员年平均工资57 159元，农村居民人均可支配收入14 530元。

（三）人口变化及交通发展

1. 人口数量与分布。2016年，全区总人口337 079人（89 531户）。其中城镇人口225 524人，农村人口111 555人；男174 746人，女162 333人；年龄18岁以下77 173人，18—34岁89 536人，35—59岁116 808人，60岁以上53 562人；常住人口372 500人；港澳台同胞和海外华侨58 000人。

人口变动，2016年全区出生5 831人（男3 069人，女2 762人），全年省内迁入821人、省外迁入354人，迁往省内1 891人、迁往省外384人。

2. 交通发展概况。国道324线（原称广海北线）、三茂铁路云腰支线纵横全区。全区100%的村委会实现了公路硬底化。

国道324线、三茂铁路和广梧高速公路贯穿云城区境内；连接南宁至广州的高速铁路已开通，正在规划建设中的汕湛高速公路、肇云轻轨，将进一步拉近与周边城市的距离，区内电力充裕、水力充沛、通讯网络发达，具有良好的投资和置业环境。

（四）"十二五"经济发展情况

"十二五"期末，全区地方生产总值97.05亿元，比2010年增长87.7%。其中第一产业15.5亿元，第二产业44.54亿元，第三产业37.01亿元，分别比2010年增长20.6%、94.2%、111.7%；人均地区生产总值2.79万元，比2010年增长66.3%；规模以上工业增加值45.56亿元，比2010年增长303.8%；全社会固定资产投资194.73亿元，比2010年增长188.79%；社会消费品零售总额62.7亿元，比

2010年增长139.01%；地方公共财政预算收入5.98亿元，比2010年增长138%；"十二五"期间，全面完成节能减排工作任务，单位GDP能耗下降18.55%。

（五）"十三五"发展新目标

立足云城区实际，紧扣中央、广东省委、云浮市委和云城区委"十三五"规划建议要求，把握全面建成小康社会的目标体系，着力增优势、补短板，努力实现新的目标。

1. 经济保持中高速增长，小康社会全面建成。到2020年，全区生产总值约170亿元，"十三五"时期年均增长11.5%左右；到2020年，全区居民人均可支配收入超3万元，地区生产总值和全区居民人均可支配收入比2010年翻一番。全区居民人均可支配收入达到全国同期平均水平，全部贫困人口实现脱贫。基本上实现"到2020年与全国同步建成小康社会"。

2. 发展质量不断提升，创新活力显著提高。到2020年，三项产业比例优化调整为11：47：42。加强地方税源培育，"十三五"时期，地方公共财政预算收入年均增长12%左右；社会消费品零售总额年均增长13%左右；全区社会固定资产投资年均增长13%左右。研究与发展经费支出占地区生产总值比例不低于1.45%。

3. 加快发展绿色经济，生态环境可持续发展。"十三五"期间，单位GDP能耗（吨／万元）、主要污染物排放总量、二氧化硫、化学需氧量、氨氮、氮氧化物等约束性指标全部要达到市控制标准。可预期指标方面，城镇生活污水处理率达到95%以上，城市生活垃圾无害化处理率达到100%，耕地保有量保持9 351公顷，全区森林覆盖率达到76%，城市人均绿地面积完成市下达的目标任务。

4. 扩容提质明显加快，城乡环境更加宜居、宜业。城市扩容提质取得新突破，城市配套项目如期建成，城市公共服务设施日臻完善，金融、保险、酒店和现代物流业等现代服务业加快发展，城市辐射带动力不断增强，首位度不断提高；创卫创文成果巩固提升，"大城管"体系逐步完善，"智慧城市"建设全力推进；城镇化水平明显提高，"十三五"期末，全区城镇化水平要达到76.7%。

5. 社会事业全面发展，民生福祉持续增进。推动科技、教育、文化、医药卫生、社会保障、体育等事业全面发展，实现基本公共服务均等化。"十三五"期末，基本公共服务支出占财政一般预算支出的比重要达到70%以上，城镇职工养老保险参保率达到80%以上，城乡居民基本保险参保率达100%，城乡居民基本医疗保险参保率达到100%，城镇登记失业率控制在4%以内，适龄儿童入学率保持100%，高中阶段教育毛入学率达93%以上，高等教育毛入学率达到40%。

二、拨乱反正　平反冤假错案

党的十一届三中全会，明确提出了新历史时期的任务，是把工作重心转移到经济建设上来。中共云浮县委贯彻改革开放政策，在全县进行拨乱反正。在思想上扫清"左"的影响和流毒，平反冤假错案。1978年至1979年，中共云浮县委决定在全县开展"关于实践是检验真理的唯一标准"问题的讨论，联系实际，把思想解放和坚持四项基本原则（坚持社会主义道路，坚持无产阶级专政即人民民主专政，坚持共产党的领导，坚持马列主义、毛泽东思想）结合起来，在一定程度上解决了部分干部思想僵化、半僵化的问题，纠正农村工作中长期存在的"左"倾错误。全县公社、生产大队和有关单位退回占、挪、扣、派生产队劳动力644人，资金49.5万元，减少调粮1万千克。同时，中共云浮县委在全县三级干部会议上明确宣布"割资本主义尾巴"、批判"集体经济内部的资本主义"、批判"分、包、标"（指集体经营不到的项目分到组、户包产和投标包产的责任制形式）等"左"倾错误，鼓励社员发展家庭工副业，鼓励集体大力开展多种经营，发展社、队企业。从1980年开始，云浮先在农村进行经济体制改革。至1982年春，全县落实"家庭联产承包责任制"，调动农民生产积极性，解放农村生产力。1983年全县农业总产值1.41亿元，比1978年增长55.2%。

平反冤假错案。1978年9月，中共云浮县委成立落实政策领导小组，下设办公室，平反冤假错案，逐步落实干部政策、知识分子政策、宗教政策、侨务政策、国民党起义和投诚人员政策等。1982年底，改正错划"右派"57人，被错划的"右派分子"和在"反地方主义"中被错处分的干部，全部改正，恢复名誉。1979年2月至4月，对历次政治运动中受处理的农村基层干部318人进行复查落实，纠正错误。1980年2月，复查"文化大革命"中立案审查的人员共274人，按政策补发工资和赔偿被抄财物。复查历史案件290宗，并按政策落实纠正。4月，中共云浮县委成立"地下军"复查小组，复查1951年至1952年间的6宗"地下军"案，到1981年，对纯因地下军问题被错判的236人撤销原判，宣告无罪，恢复名誉，并做好善后工作。1983年对因1951年"地下军"案受处理的140名干部、教师和96名其他人员全部予以平反。

三、推行联产承包和林业新政

（一）推行家庭联产承包责任制

1980年春，朝阳、托洞等公社的一些生产队，开始搞家庭联产承包责任制，将生产队的集体土地按人口划分到各户耕种；

公购粮任务按土地面积分到各户负担；耕牛、农具折价归各户；生产队原有的集体财产、鱼塘、加工厂、碾米厂、茶场、林场、果场等，仍保留集体经营，由农户投标承包。有的生产队还考虑到人口的变动，设立了3年或5年调整一次土地的制度。到1981年夏收前，全县已有14个公社的3 709个生产队实行了家庭联产承包责任制。1982年春节前，中共云浮县委、县政府在河口召开尚未落实家庭联产承包责任制的4个公社的工作会议，对它们进一步加强领导，加快落实家庭联产承包责任制。1982年春，腰古、安塘、思劳、河口4个公社的400个生产队也实行了家庭联产承包责任制。经过1年多的实践，初步证明了家庭联产承包责任制的优越性。1982年，全县稻谷总产量14.15万吨，1/15公顷产量301千克，比推行家庭联产承包责任制前的1979年分别增加17.68%和18%，总产、单产均超历史最高水平。

1984年，中共云浮县委、县政府继续完善家庭联产承包责任制，并规定延长土地承包期至15年不变，给农民发放土地长期使用证，使农民吃了"定心丸"，调动了农民的生产积极性，农村出现了增产增收的新形势。是年，全县稻谷总产量13.5万吨，平均1/15公顷产量294.5千克，农村人均收入368.91元，比1979年分别增长12.26%、15.5%和385%。同时，中共云浮县委、县政府大力支持在农村中涌现出的专业户、重点户发展多种经济。1986年，全县有各种专业户738户，经济联合体584个和一批专业村，农村经济得到较快的发展。1988年，因受低温阴雨、"寒露风"影响和水稻插植面积减少，稻谷总产比1984年减少10.5%，但由于农村第二、三产业的兴起，农业总产值和农村人均收入比1984年分别增长46.4%和95%。1990年，全县根据农户人口因出生、死亡、婚嫁等变动情况，对各农户承包的土地进行小调整。

1991年8月至1992年12月，在全县开展的农村社会主义思想教育活动中，干部群众增强了土地的社会主义公有制观念，进一步完善和稳定以家庭联产承包责任制为主要内容的农村双层经营体制，健全和落实土地有偿使用制度和其他各项管理制度，进一步调动了农民生产积极性，使全县农业连续4年获得增产增收。1992年，全县稻谷总产量17.84万吨，平均1/15公顷产量446千克，农村人均收入1 199元，比1984年分别增长32.2%、51.4%和225%。1996年，云城区对土地承包期延长至30年不变，农民生产积极性更高。到2016年，全区稻谷总产量6.09万吨，2017年为6.32万吨。

1982年春云浮县全面实行家庭联产承包责任制后，紧接着又调整农业内部结构，向产业化经营过渡；在保证粮食生产的前提下，大力发展多种经营，特别是发展加工业和种养业，农村出现了一批从事商品生产的专业户、重点户和专业村。1982年，腰古农民麦卫国发展家庭饲养业，成为"万元户"。1984年秋，腰古镇古田管理区实施连片种植水果规划，实行联户办果场，使家庭联产承包责任制从分散经营走向产业化、集约化经营。1985年，云城牧羊村农民发展石材业，使全村人均收入达1500元，成为肇庆市村庄人均收入之首。高峰赤黎村有7户成为酿酒专业户，打造出大窝山米酒品牌。

1988年，云浮县委作出决定，推广"古田经验"，实行集体办场、包产承包的双层经营体制，加快农业产业化发展。1991年，河口镇云龙东风村农民李金连兴办养鸡场，带动全村养鸡致富。是年，该村养鸡收入占总收入的70%以上。1992年，云浮市（县级）有村办企业、种养场401个，联户办956个，个体专业户5 571户。1994年，云城区在杨柳投资1 600万元，兴办洪塘养殖场。高峰洞殿农民以联办形式，兴办紫花芒果基地。1996年，高峰农民与高峰街道在大台兴办167公顷八角、肉桂基地。基地由高峰街道集资，农民以土地入股，利益分享，风险共担，使农民人均纯收入达3 312元。1997年，云城街道云楼建立"公司+农户"丁香榄基地，该基地占地114公顷，其中养猪场4公顷，鱼塘10公顷，丁香榄果场100公顷。果场由街道办统一规划，完善基础设施，提供果苗给农户种植，收益按三七分成。安塘街道以土地入股形式投资6 000万元兴办石材业。2000年，思劳镇城村发展贡柑为龙头的水果产业，年产水果75万千克，创产值450万元。是年，全区有村办企业139个，个体专业户5 711户，农业总产值8.7亿元，农村集约化经营取得新进展。

（二）推行林业新政

1981年6月，云浮县开展林业"三定"（稳定山林权属、划定自留山、确定林业生产责任制）工作，贯彻广东省人民政府《关于稳定山权林权和落实林业生产责任制的决定》。规定原则上要坚持"五维护"和"五不准"，即维护生产队所有的集体山林，不准分山毁林；维护"四固定"时和"四固定"后签订的山林合约、协议，不准要回"土改山""祖宗山"；维护现有的国营林场和社队林场，不准分割侵占；维护山林资源，不准乱砍滥伐；维护安定团结，不准挑起封建宗族纠纷。1982年9月15日，中共云浮县委发出《关于抓紧落实承包责任山的意见》，明确责任山的定义和落实承包责任山的六条规定。同时县委、县政府颁布《关于划给社员自留山的具体规定》共八项，要求凡有条件的地方都应从生产队集体所有的山地中划出一部分给社员作自留山。其中规定自留山长期不变，"责任山"可让农民承包30至50年。山权属集体、林权属社员所有，可永远使用。1983年3月，已发山林权证生产队4 076个，占有"三定"生产队的99.5%，发证面积12.39万公顷，占宜林山地的97%。其中国营林场发证面积8 333.4公顷，国合林场2.001万公顷，生产队9.56万公顷，其他单位6.67公顷。划定自留山的生产队2 367个，总户数4.66万户，面积1.53万公顷，占宜林山地面积12.2%。已确定林业生产责任制生产队有3 205个，面积7.47万公顷。其中护林员管护2.005万公顷，专业队或到组管理4.3万公顷，承包到户1.16万公顷。

1983年4月，撤销人民公社，实行区（镇）、乡、村体制。乡、村建立经济合作社。自此，原集体所有和经营山林的山权、林权分离，山权归经济社集体所有，林权属经营者所有。1998年，云城区已发证林地5.13万公顷，占应发证面积的97.76%。未发证林地1 280公顷，其中纠纷林地600公顷。国有山林4 820公顷，其中仙菊林场4 546.7公顷，云浮市林科所173.4公顷，市苗圃场100公顷。已发证的集体山林中，合作林场发证5 100公顷，自留山发证1.866万公顷，责任山发证1.0013万公顷，其他发证1.27万公顷。2000年，因纠纷未能发证的山林面积326.7公顷。

2010年，全区集体林权制度改革已完成总体任务的94%，完成的村民小组879个，未完成的57个。全区共核发山林权证2 173本，发放集体林地股份权益证书4.3万本，发证率为93%。到2011年，全区发放所有权证2 750本，发放使用权证6 645本，发证面积4.78万公顷，发证率98.35%；发放集体山林股份权益证书4.7万本，合计股数23.2万股，已领股权证的农户4.4万户，发证面积4.66万公顷，发证率98.3%。

林业"三定"后，林业生产由过去以集体经营为主转变为专业户承包经营和农户经营为主，调动了群众的造林积极性，造林种果与发展山区商品经济相结合开展规模经营，促进了绿化荒山和林业商品生产的发展。

四、五轮驱动　发展石材产业

云城区石料矿产资源丰富，可提供开发利用的岩石有大理石

（云石）、石灰岩、白云岩、花岗岩等10多种。大理石地表部分储量7 500多万立方米，其中可加工云石板材和工艺品的优质云石储量2 800万立方米，主要分布在云城街的岭北脚山、龙塘山、西中山、崩岗山、龙窝山、老虎冲山、城北、笔架山和牧羊石咀花石山、狮子山、桐油拗芽石山等地。云城区可用作水泥原料的石灰岩蕴藏量达5亿吨，其氧化钙含量一般在50%以上，是优质水泥的原材料，主要分布在云城、高峰一带。花岗岩储量1.2亿立方米，分布在云城、安塘、腰古、河口等镇（街）。

1954年7月，在罗斗岗建立公私合营云浮县石料厂，开展生产石米水磨石粉。1958年，厂址迁至高峰水浸塘，是年10月转为地方国营企业，机械化程度逐步提高。工厂除生产大理石片外，还生产石米、水磨石粉、干磨石粉，并开始生产石料工艺品。"文化大革命"初期，云浮县石材工业遭受破坏，1968年的石材工业产值比1965年下降50%。1973年后，云浮县石材工业又逐步恢复和发展，陆续办起云城镇石米厂、腰古建材厂、富林文锋石米厂、附城大冲石料厂。1978年全县石材工业总产值267.7万元。党的十一届三中全会后，石材工业进入新的发展时期。

1978年云浮县首家个体石料厂牧羊林汉石料厂建成投产。到1980年，云浮县石材业逐步兴起。尤其是1984年中共云浮县委、县政府提出"国家、集体、个人一齐上，经营方式、资源开发、流通渠道三放开"的战略方针，实行县、乡镇、村、联户、家庭"五个轮子"一齐转的做法，在政策上鼓励农民进入商品流通领域。在资金上给予优惠，积极扶植个体石材业开店办厂，在信息方面也是国营、集体、个体共享。1985年，石材企业增加到1 117家，石材工业产值1.2亿元。

企业增多，产量增大，花色品种增加，但云浮石材业又遇到了新问题：产品生产越多，销售越困难。中共云浮县委、县政府针对这一状况，开始用心栽培"二传手"供销人员。在政策上松绑放权，在经济上优惠，并率先在全县公开招聘122名业余供销员，积极鼓励农民组织供销队伍，扩大经商门路。

1986年，中共云浮县委、县政府拨出专项资金，提供场地，建设建材一条街，税务部门对建材街范围内的商店、企业免税一年，房地产开发公司对租赁商品房经商开店的则免收两个月租金等。1987年，中共云浮县委、县政府派出干部赴河南、湖南、广西、四川和本省的近50多个县、市调查研究，历时10个月，与外地签订了一大批购销合同并建立了一批开采基地。立足云浮放眼全国、全球，走出云浮发展云浮，做到充分利用国内外两种关系、两个市场，大力发展石料建材业，并远赴巴西、意大利、英国、南非等国采购各种石材荒料。

1988年，云浮全县石材企业达1 600多家，产值2.45亿元；1991年，全县大理石和花岗岩板材生产能力分别达到208万平方米和700万平方米；1992年，全县石材企业发展到2 260家，石材工业总产值达10亿元。经过1980年至1993年的逐步发展，在国道324线云浮路段两旁设立的石材厂、店已达4 000多家，使国道324线腰古至镇安路段形成了"百里石材工业长廊"。

1994年，云浮设地级市，原来县级云浮市管辖的地域由云城区管辖。云城区进一步加快发展石材工业，不断提高石材产品的档次，增强市场竞争力。同时，沿着国道324线石材企业较集中的河口初城一带，规划160公顷土地兴办初城工业区，并制定了《初城工业区鼓励外来投资优惠办法》和《云城区招商引资奖励办法》，实行全方位服务，使工业区成为石材工业发展的热土。到工业区落户的较大规模石材企业已有100多家。

云城区石材产品已拥有10大门类，600多个花色品种，有红、黑、绿、蓝、白、花等6大系列，尤其以花岗岩花色为多。

所加工的国产名贵石材有贵妃红、中国红、西施红、晚霞红、中国绿、大花绿等；进口石材有印度红、幻彩红、西班牙米黄、红绿钻麻等。这就使云城区从以加工生产本地石材，到收集世界优质石材进行加工生产，再销售到世界各地，形成了全国最大的高档石材集散地和全国最大规模的高档石材加工、生产基地之一。

由于人们对石材需求的变化，曾经是市场热门品种的廉江花、封开花、阳江红等普通花岗岩石材，在各种名贵高档石材的冲击下，出现了滞销。为此，云城区的石材企业主一方面对普通花岗岩石进行深加工，提高产品质量，增加产品类型，开辟更广阔的市场。另一方面，不少石材厂家把眼光瞄准高档石材和石材工艺，涌现了一批产品档次高、工艺水平精、经济效益好的企业。尤其是区内的河口街道至云城街道，沿国道迅速形成高档名贵石材生产经营区，大规模加工经营国产、进口的名贵石材和工艺品。这些被用来加工成高级家具和装饰的名贵石材，冠以响亮的"云石"品牌推向市场，成为石材行业中的"抢手货"。同时，也使云城区石材工艺由雕刻花岗岩石狮、生产花瓶、拉手、笔筒、茶具、家具、旅游工艺等，发展到生产花式多样的地板拼花图案，以及采用先进异型生产技术和设备生产弧型板、圆柱、罗马柱、壁炉、石线等高级装饰材料。石材加工技术和水平有了较大的提高。

先进技术的引入，是促使云城区石材腾飞的核心动力。市场竞争的日益激烈，使云城区的石材企业家们不断利用先进的生产设备、生产技术对石材进行精加工，改变原来的作坊式粗加工，使工作效率更高、产品质量更精、档次更高，石材产业更加充满了生机和活力。石材行业的竞争由互相压价的竞争变成科学地利用先进技术设备的竞争。同时，云城区还利用已有的石材优势，依靠科技进步，在发展先进技术石材项目上努力取得新突破。

　　2000年，全区有石材企业1 534家，年生产各种板材能力3 000万平方米。生产大理石板材405万平方米，生产花岗岩板材1 600多万平方米，各种石材异型工艺品2 340万件（套），实现石材工业总产值16.3亿元，占全区工业总产值（18.96亿元）的86%。

第二节 撤县设市

一、撤县设市　撤乡并镇

1978年，云浮县划附城公社的东方、高峰、洞殿和六都公社的大台以及云浮硫铁矿矿区的大降坪大队，成立云浮硫铁矿矿区人民公社。1981年，该公社改称高峰镇。1982年，全县设16个公社2个镇、208个生产大队、4 109个生产队、3个居民委员会。

1983年，撤销人民公社，改设区和镇，并建立乡政府。全县设附城、河元、安塘、思劳、腰古、都骑、杨柳等16个区和云城、高峰2个镇。区下设乡，全县共有197个乡。镇下设管理区，共有11个管理区。1985年6月，撤销附城区及所属16个乡的建制，其行政区域由云城镇管辖；撤销腰古区及其所辖12个乡的建制，设置腰古镇，管理原腰古区的行政区域。1986年10月，撤销区乡，实行镇（乡）辖村体制。全县设云城、高峰、安塘、河口、都骑、腰古等13个镇和杨柳、思劳等4个乡。1989年6月，村民委员会改称管理区。

1992年9月3日，云浮县撤县设市（县级），云浮市（县级）管辖原云浮县的地域。9月，思劳、杨柳等4个乡改设镇建制。是年，全市设17个镇，208个管理区，21个居民委员会。居委会是：云城镇设东区、南区、西区、北区居民委员会，高峰镇设高峰、大台居委会，其余15个镇均各设居委会1个。

二、设市建区 老区展新貌

1994年4月5日，云浮市设立地级市并设立云城区。云城区管辖原县级云浮市的地域，同时把云城、高峰、河口、安塘等镇改设街道。1996年1月，云城区分设云安县。云安县管辖原云城区的六都、高村、白石、镇安、富林、托洞、茶洞、南盛、前锋9个镇。云城区管辖云城、高峰、河口、安塘4个街道和都骑、杨柳、腰古、思劳4个镇。1996年3月18日，云浮市在腰古镇设立城东区，腰古、思劳两镇划归城东区管辖。1998年2月20日撤销城东区，改设城东经济开发区，腰古镇、思劳镇划归云城区管辖。1999年，管理区改设村民委员会。2000年，全区有8个镇（街道）、92个村委会，17个居民委员会，715条自然村。面积757.6平方千米，人口25.39万人，其中从事非农产业人口17万人，区人民政府驻地不变。

2014年9月9日，国务院向省政府下发了《国务院关于同意广东省调整云浮市部分行政区划的批复》，同意撤销云安县，设立云安区，将云城区的都杨镇划归云安区管辖，以原云安县（不含前锋镇、南盛镇）和云城区都杨镇的行政区域为云安区的行政区域，将原云安县的前锋镇、南盛镇划归云城区管辖。

云城区作为云浮市政治、经济、文化的中心，大力完善城市基础设施和公共服务设施，狠抓市容市貌整治、环境保护、食品安全、公共场所和生活饮用水卫生等工作，城乡环境卫生面貌发生了质的飞跃，努力打造"宜居、宜业、宜游新云城"。2015年，云浮市区获"国家卫生城市"称号。

云城区积极开展"城乡环境卫生整洁行动"，"城中有山，山中有水，绿树花香，山水相映"是其一大特色。2017年10月，云城区被住房和城乡建设部命名为"国家园林城市"。

第三节 开放搞活 焕发生机

一、注入新活力 民营经济蓬勃发展

党的十一届三中全会，作出把党和国家的工作重心转移到经济建设上来、实行改革开放的伟大决策，对解放和发展生产力起到了重要的作用，为社会主义经济建设注入了新的活力，有力地推动了民营经济蓬勃发展。

（一）村办企业

1979年，云浮县发展以石料、砖瓦等为重点的村办企业。到1984年，全县有村办企业184家，工业总产值562万元。1985年后，云浮县村办企业迅速发展，1988年，全县有村办企业595家，工业总产值2 222万元。1991年，村办企业结构作小调整，到年底，村办企业有274家。1992年，云浮市（县级）村办经济向产业多元化发展，新项目、新企业迅速增加，到年底有村办企业533家，全年工业总产值8 650万元。2000年，云城区有村办企业95家。

（二）联户企业

1979年后，云浮县联户办企业是农村新经济联合体。联户企业以石料、砖瓦为重点，组建有一批联户建筑业队伍。1984年，全县联户办工业企业有145家，工业总产值343.9万元。1985年，联户办工业企业遍及全县乡镇，共有企业580家，工业总产

值3 262万元。1988年，联户企业有1 193家，工业总产值7 364万元。1989年调整工业结构，联户企业向规模工业发展。1991年，全县有联户企业549家，工业总产值1.4亿元。1992年新项目增多，云浮市（县级）联户企业发展到1 171家，工业总产值4.66亿元。2000年，云城区有联户企业487家，工业总产值5.35亿元。

（三）个体企业

1978年，云浮县首家个体石料厂牧羊林汉石料厂建成。

1984年，云浮县委、县政府决定以开发石料资源为突破口，推动经济迅速发展。是年，牧羊村兴办家庭式石料工厂131间。1985年，全县有个体企业工业户1 312家。1988年，个体企业工业户4 676家，工业总产值9 080万元。1990年，有个体企业工业户5 831家，工业总产值2.42亿元。1992年，云浮市（县级）个体企业工业户1.32万家，工业总产值7.12亿元。1995年，云城区个体企业工业户1.35万家。2000年，云城区个体企业工业户2 010家，工业总产值7.35亿元。

2004年，民营企业发展到9 382家。其中，个体工商户9 280户，比2003年增长9%，私营企业102家，从业人员24 353人；个体私营企业总注册资金3.43亿元；全区民营经济实现总产值4.45亿元。

2008年，全区民营企业发展到12 058户（不含有限责任公司），其中个体工商户11 878户，私营企业180户，从业人员27 314人，个体私营企业总注册资金4.54亿元；全区民营经济实现总产值65.93亿元，上缴税收2.003亿元，占全区税收的60.89%。

2012年，全区抓好产业转型升级，扶持中小企业做大做强，加快产业结构调整，全区个体私营企业发展到15 356户，上缴工商税收3.93亿元，占全区税收的61.48%。

2015年，民营企业进入上规模、上水平阶段。全区共培育规模以上工业企业50家，其中培育规模以上石材企业46家，全区规模以上工业企业255家。其中规模以上石材企业220家。建立"云城区重点小微企业库"，涵盖企业292家。其中"扶优扶强百家石材企业"66家、"纳税双百企业"126家。全区完成生产总值97.04亿元（现价，下同），同比增长8.99%；全区规模以上工业总产值完成170.89亿元，同比增长13.7%；规模以上工业增加值完成45.56亿元，同比增长10.7%。

2017年，全区完成生产总值114.9亿元，规模以上工业总产值完成174亿元，规模以上工业增加值完成36.75亿元，全社会固定资产投资总额完成149.9亿元，全社会消费品零售总额完成80.7亿元，地方公共预算收入完成5亿元，外贸进出口总额完成38.6亿元，实际利用外资完成760万美元。加快石材产业转型发展，大力扶持企业做大做强，新培育规模以上企业29家。

二、转型升级　建成全国著名石材基地

2010年以来，云城区石材行业迎来了转型升级的发展新时代。

云浮素有"云石王国"之美誉，石材加工生产历史悠久。先后获得了"中国石材基地中心""中国石材流通示范基地""中国人造石之都""中国民间文化（石雕）艺术之乡"和"广东省民族民间（石雕）艺术之乡""广东省云浮石材产业集群升级示范区"等称号。同时，"云浮石艺"被评为"广东省非物质文化遗产传承基地"。云浮石材企业重点分布在云城区。全区石材产品多达13大系列、23大门类、1 000多个花色品种。

云浮石材是拉动云城区经济发展的支柱产业之一，为确保全区石材业健康和快速发展，该行业进行了转型升级。

（一）理念转型升级——规范诚信经营行为

1. 加强石材行业管理，规范经营行为

加强行业管理。通过整治石材企业违规行为，营造公平、公正、公开、有序的投资创业环境。云城区在充实石材行业发展管理办公室力量的基础上，协调组建石材行业联合执法队，在政府的统一指挥下开展定期或不定期的联合执法行动；大力开展石材企业门面装饰整治，改善石材产业整体形象，云城区324线国道及主街道两旁占道经营、乱搭乱建等现象大为改观；严格石材行业税收征管，提高政府在宏观上的投入和引导的力度；强化石材产品质量监督，建立完善的质量管理制度；强化石材企业安全生产监管，从源头上减少事故隐患；加强石材企业工商管理，坚决取缔无照无证经营活动；加快石材从业人员的技能培训，逐步规范持证上岗制度；保障石材从业人员合法权益，构建和谐劳资关系。

合理产业布局。石材业为云城经济发展发挥了积极的作用，但由于缺乏合理的规划和布局，零散分布在城区的大大小小的石材厂在生产过程中产生的废水、废渣、废气、噪声等对城区环境造成了一定的污染。按照"土地集约利用、产业集聚发展、污染集中治理、资源优化配置"的原则，根据云浮市研究制定的石材产业土地专项规划，云城区推进分地段规划建设石材加工园区和石材产品销售市场，逐步实施石材产销分离，做到石材加工进园区，石材产品销售进市场。有如下措施和成果：一是规划承接市区内石材企业搬迁的安塘石材基地已基本建成；二是规划承接市区内石材机械企业整体搬迁入园的佛山（云浮）产业转移工业园内的机械装备产业园已投入使用，通过对机械企业的技术改造、升级，打造"云石机械"的品牌，并全力将该园中园打造成为广东省机械设备制造产业基地；三是规划承接石材产品销售进市场的云浮国际石材博览中心，该项目总投资5亿元，总用地面积为8.5万平方米，总建筑面积15.2万平方米。其中，一区为主场馆和特展馆，二区为商业配套区。中心集展示石文化历史、石文化旅游、商务办公、产品包装、物流报关等功能于一体，是全省最大的、集展销与交易于一体的大型石材"超市"，为全区石材企业提供一个开拓国内外市场的平台。

加强环境保护。规划好石材废渣、废料综合利用和处置的场所，加快推进百宝新型环保材料等石材环保项目的开发建设，积极开展生态环境综合治理，大力实施节能减排和综合利用，做到"开发石材不浪费，加工石材不污染"，实现石材产业的可持续发展。

2. 建立石材企业征信系统，开展信用等级评定工作

广泛建立石材企业信用评价体系，引导企业诚信经营，提高云浮石材的诚信度和知名度，是云浮石材产业全球化的一个重要手段。云城区致力加快石材企业征信系统建设，树立行业良好形象。位于云浮国际石材博览中心的（云城）区征信中心已于2010年12月正式投入使用，建成了区征信中心企业和农户非银行信用信息查询系统。通过开通云城区石材征信网，收录石材产品信息、交易信息、工作动态等相关信息，实现了区征信中心与城区内各金融机构、政府部门及相关事业单位、信用村的互联互通，为规范业务管理，为服务企业信用建设提供有力支持。在石材业征信中心投入运营的基础上，通过进一步完善石材企业的信用等级评定工作，为石材企业电子商务平台的运营提供信用信息支持。

（二）规模转型升级——建全球石材产业基地

培育一批石材行业龙头，打造一流石材行业大型企业，促使企业规模转型升级，做大做强企业，是云城区实现云浮市委、市政府"千亿石材产业"战略目标的重要工作。据2010年统计，全

区工商登记石材企业3 082家，但是上规模的石材企业却很少，云浮石材产业要得到更大发展，必须要有大的龙头企业带动。在云浮市委、市政府的支持下，云城区通过大力招商，引来了北京北方投资集团投资建设"中国云浮国际石材产业城"。该项目位于云城区思劳镇，规划占地面积为200公顷，总投资50亿元，年产值达350亿元以上。云浮市计划在云城区建设打造集石材生产、产品展示、交易、物流、展会、文化开发、产品推介为一体的"产业城"，建成后的中国云浮国际石材产业城，将成为世界最大的石材产业基地，全球知名石材采购中心。

（三）营销转型升级——打造全方位交易平台

1. 发展电子商务，建成中国云浮石材电子交易中心

通过电子商务来重新组织石材生产，解决大排档式、马路经济式的营业方式，以此提高市场占有率，这是改变石材生产方式非常重要的一个手段，也是实现云浮石材全球化发展的制高点。云城区引进了阿门网络科技有限公司，以市场运作方式建成中国云浮石材电子交易中心，并于2011年6月正式上线运营。已有3 800多家石材企业加入到该电子商务交易平台，各家石材企业的销售产品详细情况一目了然，极大地方便顾客购买石材。中国云浮石材电子交易以第三方、全产业、全流程、云服务的理念规划建设，立足云浮、覆盖全国、面向世界，充分利用电子商务网络开放性、全球性、低成本、高效率的特点，着力转变生产管理和营销模式，提升云浮石材品牌，致力于打造全球最大的综合性石材网上信息和交易平台。

2. 提高展会水平，打造永不落幕的专业石材交易中心

随着云浮经济社会的发展，"前店后厂"的"马路经济"发展模式由于不利于环保的集中治理，影响城区道路交通，并且使企业办厂成本高等各种原因，严重阻碍了石材产业做大做强。根

据市委、市政府提出的"云城区要建设成为石材产业的商贸、物流、会展中心"的要求，引入亘隆投资有限公司，在河口街投资建设云浮国际石材博览中心。该中心总投资5亿多元，集会展、商贸、物流于一体，是全国最大的石材展览、交易中心之一。中心以"展览+交易"的模式经营，将全市、全国甚至全世界的石材品种集中到这里进行展示和交易，在市场打造"买石头来云浮、卖石头也来云浮"的观念。在承办每年一届的石展会及定期举办石文化节的基础上，以云浮国际石材博览中心主场馆建成投入使用为契机，推进石材文化展览馆转移建设，进一步完善石材展示平台，提高石材综合展示水平，努力把该博览中心打造成一个档次高、信誉好、品牌响的永不落幕的专业石材大展馆、石材产品的大型交易中心。

（四）科技转型升级——组建最优石材研究院

一是组建"产、学、研"战略联盟。为进一步做大做强石材品牌、提高石材企业的自主创新能力，云城区在科技创新方面给予了石材行业大力支持、帮助和投入。具体措施有：鼓励石材企业引进先进装备和技术，提升石材产品质量和档次；大力倡导石材企业提升石材工艺产品的原始创新能力；鼓励和引导企业申报"广东省专利技术实施计划"项目，以及国家、省级高新技术企业、民营科技企业，并扶持企业成立技术研究开发中心，提高企业自主创新能力。同时，下大力气培养石材行业专业人才，为石材业可持续发展提供人才保证。

二是建设石材创新孵化平台。成功筹建国家石材检测中心后，在连年投入巨额研发经费的基础上，并从2009年开始，云城区又与省、市相关部门合作组建广东云浮石材研究院。广东云浮石材研究院实行政府支持和引导、企业参与、院校支持的市场化、企业化的运作模式，下设石材机械研发中心、石材工艺研发中心、再造石研发中心、石材化工养护研发中心和品牌战略研究中心等部门。广东云浮石材研究院联合高校科研院所、整合产学研技术力量，进行石材方面的重大项目攻关；通过开展检测认证与学术交流、参加标准制定，应对技术性贸易壁垒等方式为石材行业提供支持服务；通过技术转让、设计外包、培训咨询等方式为企业提供技术服务；通过引进高新技术项目和研发机构、拓展与国内外第三方机构的合作、扶持中小高新技术创业公司，建设石材创新孵化平台，成为中国最优的石材研究院之一。

云城区按照"搭平台、进园区、扶龙头、抓规范"的工作思路，加快石材业转型升级，实现石材产业"一年有改变""三年见成效""五年大飞跃"目标，建成以中国云浮国际石材产业城为依托，园区配套设施完善、管理规范，国内一流、国际知名的石材产业园，培育出一批行业内规模较大且有一定国际影响力、竞争力的大型石材及其配套企业，使石材产业集聚水平明显提高。

三、云城区主要石材基地

（一）云浮国际石材博览中心

云浮国际石材博览中心位于河口街国道324线与河杨快速干线交汇处，于2010年10月21日上午举行竣工落成并开业。中心用地总面积8.5万平方米，总建筑面积23万平方米。该博览中心由主场馆、特展馆和商业配套组成。其中主场馆建筑面积8万平方米，特展馆建筑面积5万平方米，设置1 000个产品展示区；商业配套建筑面积10万平方米，设置1 000个商务用房和1 600个地下停车位，是亚洲规模最大、功能最齐全的石材交易博览中心。

云浮国际石材博览中心是集展示、贸易、物流、信息、金融、商务等功能于一体的一站式石材展贸平台，其建成和运行，将承载国内外大理石、花岗岩板材、工艺品及异型产品的综合展示和现场交易。云浮国际石材博览中心首层主要经营大件大理石、花岗岩石异型板材及大件工艺品；二层经营、展示小件石材产品；三层经营石材工艺品及异型产品；四层经营、展示石材特装区。博览中心配套商务办公、产品质检、物流报关和行政服务。

（二）云城区安塘石材（转移）基地

云城区安塘石材（转移）基地（一、二期）总占地面积136.3公顷，位于安塘街道格木桥南侧及大云村委曲江村区域。2009年开始建设，总投资7.8亿元，主要用于承接中心城区石材企业转移，是落实市委、市政府城区扩容提质、建设宜居城市，打造千亿石材产业集群的重要举措，是云城区发展园区经济的重要载体。

（三）云城区思劳石材加工中心

云城区思劳石材加工中心位于云城区思劳镇江尾村，地处云城区东部，紧靠珠三角经济圈的西部；东至广州市120千米、距三茂铁路腰古客货运中转站8千米，西至云浮市区20千米；园区北面紧靠广梧高速，南面紧靠国道324线；占地面积约53.3公顷，总投资1.05亿元。

思劳石材加工中心成为中心城区石材企业搬迁的重要载体，可容纳规模石材加工项目100家，就业人数6 000人，年创产值15亿元，税利1.5亿元，进一步推动石材企业的集约经营。

（四）广东省石材专业镇——云城区河口街道

河口街道是广东省科技厅批准成立的省级"专业镇"，现有石料建材企业1 900多家（其中规模以上工业企业51家，100万元以上企业1 000多家），年产石板材750多万平方米，各式石工艺品300万件（套）。河口街道从2003年至2014年累计引进项目380个，总投资额达100亿元；2013年实现特色产业产值45.18亿元，特色产业产值平均增长率为13.5%。河口专业镇已成为云城区经济发展的"增长极"和科技创新中心。

1. 信息服务平台优化创业环境

河口石材专业镇信息平台，建成了"河口石材专业镇"电子地图，把全镇700多家石材企业的地理位置、经营项目、联系方式等搬上网站，信息呈现直观、形象。随着石材产业规模发展的壮大，又引入了云浮市阿门网络科技有限公司投资建设的"石汇网"，云浮已拥有4 000多家石材企业，而且内容不断更新、功能不断完善、技术不断进步、规模不断壮大。专业镇约有80%的石材企业通过信息平台获得技术支持。

河口石材专业镇还通过以河口街道办事处为依托，以专业镇为载体，组建功能完善、支撑新兴产业发展的公共技术创新平台，广泛开展石材产品检验检测、产品中试、成果孵化和推广、产学研合作、科技风险融资和担保、知识产权保护等服务。

2. 人才资源助力企业自主创新

河口街道办事处创建了河口数码石材创新中心，创新中心有工作人员12人，拥有企业科技联络人员530人。创新中心的主要功能是通过联系高等院校和科研机构与企业进行技术对接，把中心平台建成企业的孵化基地，为河口培育和引进更多的企业，促进全镇以石材生产为龙头的产业发展。

3. 产学研结合推动石材产业优化升级

河口石材专业镇通过多方联合，建设石材一体化平台。一是由政府牵头，联合山东大学、烟台大学，依托云浮市生产力促进会，合力打造云浮石材产业产学研一体化平台。二是通过产学研协作，完善平台服务功能。与华南理工大学、中南大学等30多家高校建立了产学研合作关系，推动一体化综合服务平台建设。三是依靠产学研创新联盟，实施产业共性技术攻关。由产学研合作逐步走向多边合作，从单个产品创新逐步走向产业集群创新。

4. 创造优质的融资、投资环境

2008年以来，河口街道引入云浮市工商银行、云浮市邮政储蓄银行等多家金融机构对接中小企业，与金融担保公司合作，拓宽企业融资渠道，化解企业应对国际金融危机的冲击。

尤为重要的是通过引入现代经营管理机制，扶持有条件和有实力的企业做大做强，加大了中小企业创新能力建设。

5. 循环发展延伸石材产业链

云浮石材生产所造成的碎石废料每年超过100万吨，导致了严重的环境污染。为解决这个问题，河口街道引进高科技含量企业，以碎石废料为原料，经过科学加工，生产出拼图、人造石等产品。其中拼图每平方米可卖千元以上，大多出口国外，形成了品牌效应，提高了石材产品的附加值。

四、老区山峦　柑橘飘香

1980年后，云浮县在农村实行经济体制改革中，对水果种植经营管理体制进行改革，大力鼓励农民个人和集体种植水果，创办和承包水果场。果场经营形式主要有4种：一是原集体果场由1户或联户标包经营，承包期短则5—10年，长则20—30年不等，到期另行投标；二是并办果场，由个体或者联合体向集体承包，上交土地租金；三是统一规划，统一种植，由专业户承包经营；四是统一规划，谁的责任田（地），由谁管、谁收。1985年，云浮县政府成立造林种果领导小组，并由县农委、县山区生产办公室共同负责水果生产技术管理。1985—1988年，先后聘请柑橘技术员4人和香蕉技术员4人传授柑橘、香蕉种植技术。同时多次组织公社（乡、镇）党委书记到灵山、东莞、新会等地参观学习种果经验，促进水果生产发展。1988年，种植水果面积5 430公顷，年总产量1.63万吨。1992年，云浮市（县级）水果种植面积6 300公顷，总产量3.69万吨。1994—2000年，云城区聘请广东省农业科学院、华南农业大学专家4人讲授柑橘栽培技术。同时组织柑橘种植技术员到各镇街举办技术培训班84期，参加学习人员达1.23万人次。1994年，云浮市（县级）水果种植面积4 887公顷，年产量4.47万吨。1996年，云城区水果种植面积1 293公顷，年产量2万吨。2000年，水果种植面积1 553公顷，年产量1.66万吨。

2013年，云城区在思劳镇城村建立贡柑标准化种植示范基地。基地推行"水肥一体化"滴灌技术，主要施用有机肥，并提高用药和施肥的效率，全园树势良好，4年树龄已经高达2米多。该基地还取得了无公害食品认证，进一步提高了贡柑品牌的"含金量"。

为了稳定柑橘产业，提高柑橘种植的科技水平，引导农业产业提升，云城区在思劳镇建立了6.5公顷的柑橘优质种植示范基地和能仁居休闲农业示范点。示范基地和休闲农业示范点很快就发挥了示范作用。

又如，中国砂糖橘第一镇。"中国砂糖橘第一镇"南盛镇位于云城区南部，云雾山北麓，东经112°03'，北纬22°50'，最高海拔560米，平均海拔220米，全镇林业用地面积11 687公顷，旱地面积1 613公顷，水田面积833公顷。

2000年，南盛镇的柑橘种植被广东省人民政府确认为"一乡一品"扶持发展项目；2008年11月23日，在北京举行的全国果品产业经验交流会上，南盛镇被中国果品流通协会授予"中国砂糖橘第一镇"称号。据介绍，该镇"公司+基地+农户"的产业化经营模式，依托当地农业发展有限公司和柑橘协会，提供产前、产中、产后等全方位的服务，通过"订单农业"，实施品牌化营销战略，让农民逐渐摆脱了贫困，85%的农民靠种植柑橘走上了致富路。

南盛镇90%以上的农户都种植柑橘，总面积达987公顷，人均种植面积0.27公顷。2017年，该镇柑橘挂果面积6 000公顷，产量超10万吨，农户单项人均收入达1.2万元以上。

南盛镇是云浮市柑橘的发源地和主产区，漫山遍野都是柑橘。这里气候温和，四季分明，光照充足，雨量充沛，且土壤土层疏松并以红壤为主，呈微酸性，十分适宜种植柑橘，尤其是砂糖橘。

经过长年发展，南盛镇特色农业产业优势明显。在抓好粮食生产的基础上，以强化柑橘专业镇功能为主线，按照"规模化开发、标准化生产、产业化经营、品牌化营销、社会化服务、信息化建设"的发展思路，依靠科技进步促进产业发展，充分发挥南盛镇农业发展有限公司、南盛镇柑橘协会和南盛镇丰盛专业合作社的作用，致力优化做强柑橘主导产业，建立特色农业长效发展机制。2000年，南盛镇的柑橘种植被广东省确认为"一乡一品"项目；2003年，被云浮市科技局批准为云浮市柑橘专业镇技术创新试点单位；2004年，被广东省科技厅确定为广东省首个柑橘专业镇；2005年，获得"广东省健康农业科技示范基地"称号；2006年，南盛牌贡柑、砂糖橘被评为广东省"消费者最信赖水果行业十大质量品牌"。2007年，南盛镇被评为"广东省旅游特色镇（柑橘原生态）"，大枧村被评为"广东省旅游特色村（农家果园）"。2008年，南盛镇先后被评为"广东省新农村建设科技示范镇""广东省食品安全示范镇"，被中国果品流通协会授予"中国砂糖橘第一镇"荣誉称号；"南盛"牌贡柑、砂糖橘先后被广东省农业厅评为"广东省金质奖"；"南盛"牌砂糖橘获"云浮十大名优旅游土特产"称号；南盛柑橘注册商标"南盛"牌获"广东省著名商标"称号。2008年，全镇柑橘挂果面积6 000

公顷，产量10万吨。

　　柑橘产业的发展，带动了汽车运输、果品保鲜储存、包装加工生产线和餐饮旅游业一体化健康产业的迅速发展，使柑橘产业链延长、拓宽，第三产业发展步伐加快。充分挖掘、培育和开发"中国砂糖橘第一镇"的柑橘原生态旅游资源，提升"广东省旅游特色镇"和"云浮十大名优旅游土特产"两大名片品位，把南盛镇的农业旅游特色向全省乃至全国展示出来，打造成珠三角大都市"绿色之旅"的休闲基地。

第四节 伟大新时代 开启新征程

一、精准脱贫 老区人民一个不能少

1979年，云浮县有困难户1 952户，8 976人。县评出扶贫户666户，3 373人。对这些贫困户，云浮县从七个方面扶持：一是生产队在排工时，照顾安排工作；二是业务部门优先供应种苗、饲料；三是对病困者减免医疗费；四是减免学费并优先补助助学金；五是优先发放公益金贷款和救济款；六是优先帮助维修住房；七是优先发放统销粮。是年全县拨出救济款2.25万元，购买、派发农具662件、衣服1 637件、蚊帐243床、床板95副。发放贷款1 515元，生产队补助1.2万元，大队补助1 887元，学校减免扶贫户儿童941人、学费2 299元。1980年，全县发放扶贫粮食2.26万千克，发放各种贷款6 170元，供应饲料6.21万千克。生产队减免扶贫户医疗费及饲料加工费1.37万元；学校减免扶贫户儿童941人，学费4 705元。通过扶贫，1年内脱贫的4户16人，2年脱贫的50户268人，3年脱贫的278户431人，3年以上脱贫的334户658人。1984年，落实扶贫户898户4 740人。是年，全县筹集扶贫资金3.76万元，扶持发展养猪、养牛、种果等。有关部门拨出物资有猪苗200头，氮肥10吨，钢材30吨，水泥47吨。1985年，新增扶贫户9户，是年已脱贫174户，经济好转438户，仍处于困难的286户。1986年，全县有731户贫困户脱贫，走上富裕行列的有67

户。1988—1992年，云浮市（县级）共扶持贫困户1 362户，脱贫941户，走上富裕行列369户。1994—2000年，云城区共扶持贫困户2 644户，经过扶持全部脱贫。

1985年3月，云浮县成立扶贫服务中心，试办扶贫经济实体。是年，全县投资113.5万元（县民政局投资72万元，区、乡和私人自筹41.5万元），办起14个民政福利厂场（其中县办1个，县与专业户联办1个，区办6个，乡办4个，区乡联办2个）。1988年，全县民政福利厂场共安排贫困人员263人、退伍军人45人就业。1990年，投资73.1万元，办起乡镇扶贫经济实体22个，实现年总产值323.5万元，创税利44.71万元。1995年，云城区共办起福利实业30个，年产值980万元，创税利95万元。1997年，云城区有福利企业4个，年产值180万元，税利16万元。1998年，云城区福利企业由云浮市民政局接收管理。

1991年3月，云浮县在农村开展建立救灾扶贫互助储金会试点工作，5月5日，河口镇布务管理区建立救灾扶贫互助储金会。是年底有47个管理区建立救灾扶贫互助储金会。1992年，云浮市（县级）建立救灾扶贫互助储金会的管理区有86个，入会农户共1.7万户，入股总数3.5万股，储金总额102.6万元（其中股金70万元、县民政部门拨垫底金14.3万元，镇政府资助4.3万元，管理区资助9万元，社会各界捐资5万元）。是年，储金投放40万元。其中向19户灾民提供1万元，向600户居民提供7万元以扶持生产，向1 200户提供15万元以解决其生活临时困难，向500户提供7万元以解决其医疗费用，向10户提供10万元以支持其发展实体经济。1993—1995年，云城区有储金会213个，入会农户5.34万户，金额177万元。投放储金67万元，为350户会员解决生产、生活、治病及发展种养等实际困难。1996—2000年，有储金会36个，入会农户7 781户，储金总额100万元，共投放资金31万元，为260户贫困户解决生产、生活、治病及发展种养业。

2002年，一是根据云城区属于山区县的实际，积极向广东省有关部门争取，使云城区重新划入山区县的行列，继续享受山区优惠政策和获得扶持；二是开展对全区贫困村委和贫困人口的调查摸底工作，经核实，全区仍有年集体经济收入3万元以下的村委39个，有年纯收入在1 500元以下的贫困户4 019户，共有贫困人口15 439人；三是开展了一系列扶贫活动。为贫困村委的农户送去了一批生产资金和生产资料；争取到市扶贫办提供的23 000株白粉梅果苗，交给腰古、高峰两地的贫困农户种植；在全区开展"扶贫捐资献爱心"大型筹款活动，筹集资金扶持贫困村委发展经济，共筹得款项16.19万元；四是做好智力扶贫工作，全年向技工学校输送贫困生28人，举办扶贫农科知识讲座683人次，免费发放《农村实用技术》500多本。

2003年，做好关心贫困户送温暖工作，为群众办好事实事。全区共组织慰问农村贫困户912户2 230人，发放慰问金17万元，发放御寒衣物1 066件。全区有1 596名贫困生免收书杂费，共有61名贫困生免费就读省、市技工学校，选送了10名贫困生到减免部分学费的珠江印刷技术学校就读。

2004年，一是抓好扶贫项目的实施管理；二是抓好安居工程的试点工作，从当年开始每年改造贫困危房、一般损坏户和泥砖房200间，让贫困户人均居住面积不低于18平方米。云城区把安塘街安塘村作为安居工程的试点，经村委和群众推荐选出并确定了伍土等7户贫困户进行拆旧建新，并以"政府扶持一点、社会集资一点、群众自筹一点"的形式进行危房改造，全部贫困户已经搬入新居；三是抓好智力扶贫工作，全年在各镇（街）举办巡回扶贫农科知识讲座，共发放《农村实用技术》1300册，共有农技干部、村干部、农民2 000多人参加了培训，对全区贫困户共

200多人进行了技术培训并全部推荐就业，输送了53名贫困户学生免费到技工学校就读。

2005年，一是继续抓好农村安居工程建设。多方筹措资金240万元，使140户危房人家喜迁新居，受惠人口433人。二是解决贫困老区村民行路难问题。争取了省扶贫办支持2.5万元，自筹3.5万元，把都杨镇山口村委会的山口村至南山村路段（当时属云城区，2014年随都杨镇划归云安区）约3千米泥路铺设成沙砾路面。三是做好智力扶贫工作。在云城区再就业培训基地进行了5期实用技能培训，培训人数达600多人；输送了85名贫困生到省、市有关技工学校免费就读。四是抓好"千村扶贫"工作。对列入省2004年度"千村扶贫"工程的河口云坑、安塘塱头、思劳江尾、腰古云表等5个贫困村，落实支持每个村发展资金4万元。

从2009年6月开始，广东省委、省政府作出了扶贫开发"双到"的决策部署，即用3年时间，通过实施"规划到户、责任到人"扶贫开发工作责任制，采取"一村一策、一户一法"等综合扶贫措施，确保被帮扶的贫困户基本实现稳定脱贫，80%以上被帮扶的贫困人口达到农村人均纯收入2 500元以上，被帮扶的贫困村基本改变落后面貌。

2010年，全面落实"规划到户、责任到人"扶贫开发工作，继续深入调查研究，不断健全"规划到户、责任到人"扶贫开发工作机制。按照"省负总责、县（区）抓落实、工作到村、扶贫到户"的工作格局，以贫困村为平台，以贫困户为工作对象，实施"规划到户、责任到人"扶贫工作责任制。一是帮助了一批贫困村整村推进扶贫开发。投入8项贫困村扶贫资金共200多万元。二是帮助了一批贫困户改善住房条件。2010年共有160多户贫困户列入危房改造计划，至7月10日止已全部竣工入住，除省财政专项资金96万元外，帮扶单位资助了9万多元。三是帮助了一批贫困户提高劳动技能。组织农科技术培训60多场次，培训贫困户1万人次；贫困农民转移就业300多人。四是帮助了一批贫困户增强自我发展能力。帮扶单位帮助指导贫困农户因地制宜发展养殖业和种植业，免费发放化肥、饲料等生产资料，折合资金15万元。五是帮助了一批贫困户解决生产生活突出困难。帮助170户解决治病资金5.6万元，帮助335户1 131人购买农村合作医疗共1.2万元，向21名贫困户子女，提供助学金1万元。六是不断探索创新扶贫方式，通过在腰古旺村村委进行"村企联建"试点，本着"双方自愿、优势互补、工农互促、企民共富"的原则，采用"村企一体化"模式，实现村企双赢，并取得了良好的效果。

2011年12月底，全区共有贫困户4 995户，贫困人口13 724人，占农村人口的7.5%。全区共有2 637户有劳动能力贫困户经帮扶达到人均纯收入2 500元以上，脱贫率97.6%，达到了广东省下达的"三年任务二年基本完成"的任务目标和要求。贫困村集体经济收入平均每村从2009年的1.5万元递增到10万元，增长625%。自开展"双到"工作以来全区共投入帮扶资金4925万元，其中2011年投入4 088万元。

2012年，云城区按照市委、市政府提出的扶贫开发"双到"、"三年任务二年完成"的目标和要求，切实加强领导，立足实际，把握重点，推动扶贫开发"双到"工作有效开展。一是向中央、省、市争取扶贫项目资金共755万元，比2011年的630万元增长20%；二是在"6·30"广东扶贫济困日活动中向500多家企业募集到捐资450多万元，为全区的扶贫开发"双到"工作提供了帮扶资金保障；三是全区共有295户贫困户列入危房改造计划，共投入省级补助资金295万元，市财政补助资金29.5万元，区级财政和其他配套资金118万元，使危房户改造建设全部竣工并通过验收；四是帮助解决127户治病资金16万元，帮助800多户的

2 900多人购买农村合作医疗，帮助72名贫困户子女解决读书难问题；五是输送300多名贫困青年参加短期职业技能培训，并推荐就业。2012年，全区8个贫困村的729户贫困户经过3年帮扶，人均收入已全部达到或超过2 500元，脱贫率100%；全区非贫困村共有2 701户贫困户年人均纯收入达2 500元以上，实现稳定脱贫，脱贫率达到100%。

2013—2015年，云城区开展新一轮扶贫开发"双到"工作，有贫困户的村委共77个，有贫困户2 636户共7 085人。其中有劳动力的贫困户1 357户共5 327人。在77个有贫困户的村委中有10个是省重点帮扶村，分布在7个镇（街），共有贫困户765户，2 493人。其中有劳动能力的贫困户553户，2 219人，分别由市委办等20个市直单位挂钩进行帮扶；非重点帮扶村有67个，有贫困户1 871户，4 592人，分别由区委办等78个区直单位挂钩进行帮扶。

3年来，云城区共投入新一轮扶贫开发"双到"工作帮扶项目资金共7 841万元（其中投入到全区10个重点帮扶村4 979万元），帮扶项目685个。其中：各级财政补助资金3 250万元；镇（街）及社会筹集帮扶资金750万元；帮扶单位自筹投入资金371万元；农业、交通、水利、文化等行业资金3 470万元。全区贫困村集体经济收入大幅增加，贫困户增收明显。至2015年底，全区10个重点帮扶村集体经济平均达8万元以上，贫困户人均纯收入8 000元以上，各项工作指标全面达到或超过省新一轮扶贫"双到"工作验收指标。

2015年，按《印发云浮市2013—2015年扶贫开发"规划到户责任到人"工作考核办法的通知》的精神，由市对全区新一轮扶贫开发"双到"工作中进行考核，对照广东省考核指标完成情况如下：

（一）落实领导班子责任制，帮扶单位、区党政领导一把手按考核指标每年到村入户进行检查指导工作4次以上。

（二）全区10个重点帮扶村3年来每村累计投入帮扶资金达400万元以上。

（三）10个重点帮扶村3年的危房改造任务全部按时完成。

（四）贫困户子女入学率、医疗参保、城乡居民社会养老参保等100%完成；低保、五保100%参保。

（五）10个重点帮扶村的安全饮水、村道建设、垃圾存放设施建设、公共文体设施建设、村卫生室建设等全部完成任务；每村均建设完成1 000米以上的三面光水渠农田排灌，10个村全部达到或超过考核加分项指标。

（六）10个重点帮扶村经过3年帮扶，村级集体经济收入达到或超过7万元，全部超过广东省考核办法5万元的指标；贫困户年人均纯收入达到或超过8 000元（省估算贫困户脱贫线为6 500元），村、户收入均达到和超过脱贫指标。

（七）全区10个重点帮扶村均成立农业合作社，发展了主导产业。如南药、发财树、蔬菜、佛手、马铃薯、笋竹、芒果等，80%以上贫困户和20%以上其他村民参与合作社的产业合作种植，均达到广东省的考核指标要求。

（八）全区10个重点帮扶村平均每年进行一次以上的农科培训，使有劳动能力的贫困户掌握一门以上的种植技能，达到"培训一人，输出一人，脱贫一户"的帮扶效果，达到广东省考核指标的要求。

（九）经过3年帮扶，全区10个重点帮扶村基层组织建设明显改善，村委会干部素质明显提高，带动贫困户致富的动力明显增强，10个村均制定了帮扶资金管理制度，投入资金项目管理完善，效益明显，项目后续管理制度健全，村民和贫困户满意度高。

2013—2015年，云城区新一轮扶贫开发"双到"工作各项帮扶指标均达到或超过广东省的考核指标，圆满完成了规划帮扶工作任务。

2016年，开展新时期精准扶贫、精准脱贫工作。云城区有相对贫困户的村委98个；相对贫困村10个。分别是：高峰街赤黎村、河口街红阳村、安塘街安塘村、腰古镇腰古村、思劳镇云贡村、前锋镇前锋村、矮岭村、南盛镇料洞村、枧岭村、横岗村。2016年完成3 400人的脱贫任务。

2017年，广东省、云浮市下达云城区脱贫人口3 160人的指标，年底实际减贫3 262人，超额完成2017年的脱贫任务。全区脱贫的有劳动力贫困户人均可支配收入为10 764.46元，高于省定标准的6 883元；2016—2017学年应资助建档立卡学生1 294人，已资助学生1 278人，资助率98.7%。

保障扶贫全部完善：全区各镇（街）和帮扶单位认真按照省、市相关要求，8 736个贫困人口全额参加城乡居民基本医疗保险，参保率100%。符合条件的贫困户100%参加居民养老保险；对贫困户患重特大疾病的给予救助，人数为1 967人，对患重特大疾病贫困户的合规医疗总费用为2 223.08万元。

顺利完成危房改造工作：2016年全区农村危房改造任务为340户，2017全区的农村危房改造任务为132户，两年共投入资金1 626.6万元，已经全部竣工并完成验收工作。

大力发展扶贫主导产业：各镇（街）的农业主导产业各有侧重，主要包括南药、发财树、百香果、笋竹、蔬菜、禽畜养殖共6大类，而10个贫困村的特色产业主要也是上述6类，主要采取公司+合作社+贫困户模式，全区贫困户参与种植面积147公顷，养殖4 000多头（只）；有792个在家有劳动力贫困人口参与长效稳定的产业项目，1373个贫困人口参与资产性收益项目。

转移就业扶贫项目全面开展：通过开展就业技能培训，使贫困家庭至少有1名劳动力掌握1门实用技能。全区有劳动能力的相对贫困户有1 197户，共4 644人，贫困户劳动力转移就业1 490人，新增安排贫困户长期在外务工106人，就近就业人数772人；全区贫困家庭劳动力有就业技能培训意愿的1 994人，已成功培训618人；有转移就业意愿的1 974人，累计已推荐就业174人，成功就业235人。

实施扶贫小额信贷项目：全区已开展扶贫小额贷款的信用村（户）评定，由区扶贫办和区农村信用合作联社签订协议，在云城区农村信用合作联社营业部设立账户，分别存入担保基金300万元，贴息资金200万元；有贫困户60户申请贷款，共借贷款62.82万元。

帮扶资金情况：扶贫资金按时100%划拨，2016—2017年各级下达云城区财政扶贫资金7 020.28万元（含南海帮扶的10个贫困村每年每村扶持100万元，共2 000万元），其中已划拨到镇村的6 970.255万元，已使用到项目的资金6 525.28万元，资金使用率92.94%。

全区以科学发展观为指导，突出重点，狠抓落实，按时完成了上级下达的各项工作任务，确保全区相对贫困户全部脱贫。做到精准脱贫，老区人民一个都不能少。

二、交通建设走上快车道

（一）升级改造国道、省道

1. 升级改造国道。

国道324线从东至西横贯云城区（腰古至云城迳口路段），全线长38.5千米。1985年，全线铺设沥青路。1987年3月，扩建县城过境路段（东从金龙桥起，西至上谭村止），全长2.55千米，行车道为15米，路面为沥青路，行人道为4—4.5米，达到一级公路标准。1993年，改造为二级混凝土公路。1998年，改造城区路段（称市区过境公路），与国道324线云城街道罗沙相接，途经牧羊、高峰、云浮硫铁矿及大汉岗，终点于云城迳口，接回国道324线；路段全长12.24千米，按重点一级公路（6车道砼路面）标准设计，路基宽40米；全线建分高式立交桥（高峰立交）一座，长400米，中、小桥各一座，涵洞72道。总投资1.2亿元。

2. 升级改造省道

云城区省属公路支线有小夏线、董南线、河骑线、云六线。

小夏线　由小河口至夏洞，全长15千米，1988年该线铺设沥青路。

董南线　由腰古镇董迳至南盛镇南盛圩，全长20.7千米，1994年底，该线铺设沥青路。

河骑线　由云城区河口至云安区都骑圩，全长21千米，1993年底该线铺设沥青路。

云六线　由云浮市区至云安区六都，路段总长21千米，其中云城区路段10千米，从云城起经罗斗岗、高峰营地、尖底、采营。1986年，把培风亭至高峰双坑桥3千米路段改建成行车道宽15米、人行道宽6米的混凝土结构路段。1993年8月，把国道324线金龙桥至采营9.8千米路段，按一般一级重点标准进行扩建，扩建后路基宽26米。

（二）升级改造地方和乡村道路

1979年后，在筑好省属公路的同时，加紧修筑地方道路，形成连通各镇（街）和村委会的公路网络。2000年，云城区有地方公路24条，分别铺设沥青路和混凝土路，到村委会所在地全部实现公路硬底化，能行驶普通汽车。

（三）交通基础设施和市政基础设施建设

抓住粤东西北地区振兴发展、全省高速大会战和城市扩容提质的有利时机，掀起大交通建设的新高潮。

2009年，云城区紧紧抓住云浮市推进"五三二一"工程〔广梧、云岑、江罗、阳罗、汕湛五条高速公路；云浮新港六都四围塘码头、都杨通用码头（煤码头）、温氏都杨码头三个码头；南广高铁、罗岑铁路二条铁路；一段西航道整治〕建设的机遇，落实措施，全力加快基础设施的建设。具体措施为：一是投入880多万元，完成农村公路建设改造34千米、新建4个乡村码头，加快了危桥改造、农村公路安保工程及配套设施建设；二是积极配合抓好广梧高速公路、河杨公路扩建工程、沿江公路和南广铁路等交通基础设施建设，按计划或提前完成了有关用地的征地任务，主动协调解决现场施工困难，确保了工程建设顺利推进。

2010年，交通基础设施不断完善。"十一五"期间，广梧高速公路、河杨公路扩建一期工程、河骑公路改造工程、国道324线云城段路面大修等工程先后建成并投入使用。南广高速铁路云城段、沿江公路和河杨公路扩建二期工程相继动工建设。完成农村公路改造项目101个共157.4千米，全区提前2年完成了省下达的镇通村公路硬底化建设任务，初步形成了较为完善的公路交通网络。2013年，老区建设走上快车道。

1. 高速公路云城区段建设

广梧高速公路云城区段117千米，3个立交项目中有2个途经云城区域。

广云高速公路思劳立交东移项目。项目计划总投资1.1亿元，2013年11月动工，于2014年建成。该项目的建成，将对加快云浮国际石材产业城项目建设和石材产业聚集升级发展都有着十分重大的意义。

增设云浮新区互通立交。该项目位于市城区东北部，河口（云浮东）出口西侧，是西江新城连接广梧高速以及其他城市组团的重要出入口。项目的建成将有利于完善云浮新区交通设施配套，有利于充分发挥新城快线与广梧高速的交通作用，能有效缓解市区的交通压力，同时大大缓解国道324线云城区路段的交通瓶颈压力。项目总投资1.6亿元，由地方政府负责出资，建成后交高速公路业主管理，2013年年底前动工，2014年建成。

2. 铁路云城区段建设

南广铁路。南广铁路设计速度250千米／小时，广东境内省界至肇庆东段线路长度149.417千米，设计批复概算总额138.45亿元，2014年全线建成通车。

三茂铁路云浮高峰至云浮新港铁路专线。该项目是云浮新区实施水运、铁路联运和无缝对接的货运专线，起点与三茂铁路云浮支线青州水泥厂专用线对接，途经云城区高峰街洞殿、终点位于云浮新港物流园，全长约11.5千米。按工业企业I级铁路等级实施建设，采用单线、内燃牵引，牵引质量远期为4000吨，项目投资7亿元，2016年建成。

3. 市区扩容提质和新区交通基础设施建设

国道324线云城区腰古至云安区茶洞段改线。为避免国道324线云城段（全长40.1千米）沿线形成厂区、居民区和平交路口密集的状况，2015年，以云城区腰古镇为起点，接云安区石城镇茶洞，总投资25.7亿元的公路工程动工建设。

云浮新区正在建设"六横五纵"主干路网，增强新区与周边片区的联系，承载城市发展功能。具体为，六横（由上至下）：沿江路、广盛路、文华路、康盛路、永盛路和强盛路，五纵（从左到右）：云浮大道、云祥大道（河杨公路）、云泰大道、云都大道和云信大道。

云浮新区坚持交通先行，把城市路网规划摆在了突出位置。在区域交通设施的基础上，强化与周边高快速路、轨道交通的衔接，融入轨道（高铁、轻轨）、高速、航运"三位一体"的区域网络交通，形成云浮市未来中心城区15分钟交通圈。结合西江新城的自然山水格局与用地功能需求，形成结构清晰、体系完善的"快速干道—主干路—次干路—支路"的四级城市道路交通系统。

2015年，市政交通设施建设日臻完善。金丰路南段和牧羊路二期完成升级改造，金山大道北段、永丰路南段、河南东路（市二小段）顺利贯通，市政路网日趋完善。南广高铁正式开通，城区全面融入珠三角一小时经济圈。新城快线建成通车，杨古快线思劳段、汕湛高速云城段、江罗高速前锋南盛段、广梧高速思劳立交东移项目相继建成。东部快线等重点交通设施建设加快推进，交通区位优势逐步提升。

2017年，中心城区主干道升级，新城快线南延段、育才路、乐谊路东段、屏峰路（金山路至环市路段）等道路贯通。抓好东部快线、汕湛高速、广梧高速思劳立交东移等交通基础设施建设。行政村通公路实现全覆盖，完成171千米农村公路安防工程。

三、多元经济　推进老区建设

党的十一届三中全会后，革命老区与其他地方一样，实行对外开放，对内搞活经济的政策，在坚持社会主义公有制经济占主体、走共同富裕的前提下，有计划地利用外资，发展一部分个体经济，并鼓励一部分地区、一部分人先富起来。1984年，云浮县实行国营、集体、个体一起上，县、乡镇、村、联户、家庭"五个轮子"一齐转的做法后，经济性质不再是单一的公有制，而是多种所有制并存。多元经济带来最强推动力，使劳动者的潜力得到发挥并创造了市场奇迹。在中国的市场化转型过程中，改革给中国经济带来了充满活力的私营经济与坚韧的市场力量，有力促进了经济的发展，老区人民生活幸福指数不断提高。

（一）发展速度

党的十一届三中全会后，云城区各个时期的经济发展速度。

第一个时期（1981—1985年，即第六个五年计划时期）。1982年，云浮县在农村实行家庭联产承包责任制。1984年，在城镇工矿企业进行经济体制改革，大力发展石料建材加工业，促进全县经济的发展。1985年，全县社会总产值5.8亿元（按当年价计算），比1978年增长2.6倍；国民收入2.97亿元，比1978年增长2.6倍；生产总值3.13亿元，比1978年增长2.5倍；工农业总产值3.08亿元（按1980年不变价计算），比1978年增长1.2倍。这一时期，工农业生产出现大发展的态势，工农业总产值年均增长16.82%，其中农业产值年均增长11.3%，工业产值年均增长24.9%。

第二个时期（1986—1990年，即第七个五年计划时期）。云浮县通过外引内联，发展横向经济联合，引进大量的资金、技术和人才，建立起以石料建材、化工、矿冶、机电、纺织5大支柱行业为重点的地方工业体系，促进全县经济持续稳定协调发展。1990年，工业产值占工农业总产值的65.19%，工业经济居主导地位。这5年的工农业总产值年均递增22.7%，其中工业产值年均增长43.9%，农业产值年均增长1%。1988年下半年到1990年，新上131个工业项目，从而保持全县工业生产稳定发展。同时，大力加强农业，1989年和1990年，连续两年获得粮食总产和单产超历史纪录的大丰收。1990年，云浮县被国务院授予"粮食生产先进单位"称号。

第三个时期（1991—1995年，即第八个五年计划时期）。1992年，云浮市（县级）工农业总产值（1990年不变价）33.06亿元，比1990年增长1倍。其中工业总产值26.02亿元，比1990年增长1倍多。在17个乡镇中，有10个镇的工农业年总产值超亿元。农村人均年收入达到1 199元，比1990年增加297元。1995年，云城区工农业总产值44.87亿元，其中工业产值41.7亿元，农业产值3.17亿元。农村人均纯收入2 250元。

第四个时期（1996—2000年，即第九个五年计划时期）。"九五"期间，云城区全面贯彻党的十四大会议精神，以经济建设为中心，依靠科技兴区，推动城市经济，优化第一产业，突出发展第二产业，加快发展第三产业。2000年，全区工农业总产值27.67亿元，其中工业总产值18.97亿元，农业产值8.7亿元。农村人均纯收入3 484元。

第五个时期（2001—2005年，即第十个五年计划时期）。云城区根据自身的实际，抓好工业经济和农业经济的发展，使区级经济的总量不断上升。2005年工农业总产值54.42亿元。其中工业总产值41.35亿，农业总产值12.07亿元，财政收入941万元，农民人均纯收入4 275元。

第六个时期（2006—2010年，即第十一个五年计划时期）。云城区突出抓好征地拆迁、石材特色经济、招商引资和重大（工程）项目建设等工作，全区经济保持平稳较快发展。2010年，全区完成地区生产总值50.59亿元，规模以上工业增加值11.28亿元，农林牧渔业总产值13.41亿元，社会消费品零售总额26.23亿元，地方财政一般预算收入2.51亿元，城镇居民人均可支配收入13 874，农村居民人均纯收入6 821元。

第七个时期（2011—2015年，即第十二个五年计划时期）。云城区紧紧围绕建设现代生态云城的目标，按照区委"一动三提升"的发展战略，全面落实"六个抓"的工作部署，做大产业、做美城区、做好改革、做实民生、做优社会管理、做强自身建设，全区经济持续保持平稳健康发展态势，社会大局和谐稳定，"十二五"规划主要目标顺利完成。2015年，全区完成地区生产总值97.04亿元，规模以上工业增加值45.56亿元。其中，第一产业增加值15.59亿元，第二产业增加值47.19亿元，全社会固定资产投资194.73亿元，社会消费品零售总额62.7亿元，地方公共财政预算收入5.98亿元。城镇单位就业人员年平均工资50 049元，农村居民人均可支配收入12 411元。

五年来，全区经济持续快速增长，实现了平稳较快发展。到2015年，全区地区生产总值是2010年的2.04倍，年均增长17.1%，经济总量达到97.04亿元；规模以上工业增加值是2010年的4.04倍，年均增长32.2%；全社会固定资产投资是2010年的2.89倍，年均增长23.6%；社会消费品零售总额是2010年的2.39倍，年均增长19%；地方公共财政预算收入是2010年的1.84倍，年均增长19.39%。

2017年，全区经济发展稳中提质，完成地区生产总值114.9亿元，规模以上工业总产值完成174亿元，规模以上工业增加值完成36.75亿元，全社会固定资产投资总额完成149.9亿元，全社会消费品零售总额完成80.7亿元，地方财政公共收入完成5亿元，外贸进出口总额完成38.6亿元，实际利用外资完成760万美元。新培育规模以上企业29家。扎实推进57项重点项目建设，累计完成投资70.8亿元，超额完成年度投资计划。城镇单位就业人员年平均工资57 159元，农村居民人均可支配收入14 530元。

（二）经济效益

1979年，云浮县人均生产总值398元（当年价），人均收入203元。1988年人均生产总值3 060元，人均收入1 408元（当年价）。1992年，云浮市（县级）人均生产总值8 679元，人均收入3 648元。1994年，云城区生产总值10.78亿元（现行价，下

同），其中第一产业3.94亿元、第二产业3.81亿元、第三产业3.03
亿元、人均生产总值4 443元。1996年，云城区生产总值12.02亿
元，其中第一产业4.23亿元、第二产业4.41亿元、第三产业3.38亿
元，人均生产总值4 808元。1998年，云城区生产总值13.7亿元，
其中第一产业5.38亿元、第二产业4.72亿元、第三产业3.60亿元，
人均生产总值5 333元。2000年，云城区生产总值15.08亿元（按
现行价格计算），其中第一产业6.02亿元、第二产业5.03亿元、
第三产业4.03亿元，人均生产总值5 754元。1995—2000年，生产
总值和人均生产总值平均递增分别是6.1%、4.5%。2005年，云城
区生产总值23.69亿元，其中第一产业5.3亿元、第二产业12.69亿
元、第三产业5.7亿元，人均生产总值8 569元。2000—2005年生
产总值和人均生产总值平均递增分别是10.5%、9.5%。2010年云
城区生产总值50.58亿元，其中第一产业8.47亿元、第二产业24.37
亿元、第三产业17.74亿元，人均生产总值16 393元。2005—2010
年，生产总值和人均生产总值平均递增分别是14.6%、12.2%。
2015年云城区生产总值97.09亿元，其中第一产业15.55亿元、第二
产业44.54亿元、第三产业37亿元，人均生产总值27 933元。2010—
2015年，生产总值和人均生产总值平均递增分别是13.4%、11.1%。
2017年云城区生产总值116.3亿元，其中第一产业17.4亿元、第二
产业51.93亿元、第三产业46.96亿元，人均生产总值31 069元。
2017年，生产总值和人均生产总值同比增长分别是4.2%、3.3%。

（三）老区教育

1980年开始，通过乡镇自筹，上级支持，调整学校布局，老
区村庄的办学条件有较大改善。1983年，云浮县给予腰古城头村
解决3 000元维修校舍。1986年，进一步加大对老区学校建设的
投入，实现所有老区学校"一无两有"（学校无危房、教学有课
室、学生有书桌）。1994年地级云浮市成立后，进一步巩固老区

普及九年义务教育。1996年，云城区投入1 328万元，修建老区校舍3.3万平方米。1998年，继续投入资金用于老区教育设施建设，改造薄弱学校。1999年，全区共投入600万元资金，扶持老区修建校舍13间，港澳同胞捐资40万元支持革命老区，扩建老区小学校舍两幢。2000年，全区共投入300万元，扶持老区修建校舍8间。

在云城区思劳镇中心小学的建设中，为解决学校用地问题，江尾村委及村民无偿提供土地2.87公顷。路心自然村拆除了一间年产值超过20万元的陶瓷厂和一座神庙。在安塘街大云小学的改造中，广云高速公路公司捐资13万多元，加上广东省补助的30万元，使该校建起了一幢900多平方米的综合楼。

香港建滔化工集团为前锋镇中心小学改造捐资100万元，成为全市单所小学捐资之冠，使该校拆除了残旧瓦房，新建了3 250平方米的综合楼，成为全市单所小学新建校舍最多的学校，一举摘掉全市校舍最差中心小学的帽子。

云城区24所老区学校旧貌换新颜，改善老区小学的办学条件，缩小老区教育与发达地区的差距，老区小学的适龄儿童入学率达100%，巩固率在99.5%以上，其中有2所晋升为县一级学校，有1所晋升为市一级学校。

（四）生态文明镇、村建设

云城区是云浮市创建生态文明村的先行试点，自2003年开始，在全区范围内开展和推进生态文明村创建工作。至2007年底已创建232条生态文明村，占全区668条自然村的34.7%。其中安塘街道被评为"广东省生态文明村建设示范镇"，云城区河口街双上村被评为国家级的生态文明村。

1. 广东省生态文明村建设示范镇——安塘街道

2014年，安塘街道集聚各方优势，促进各类资源有效整合。共投入资金1 238万元，建成生态文明村48条。

该街道在推进生态文明村建设中注重科学规划、分期有序实施。如凤尾村按"千载古荔群、百年花果园、凤尾生态村"的建设规划和三步走实施计划，第一期工程完成了上山石板路和花果园的建设；第二期工程重点建设了雨污分流、人畜分离、观赏鱼塘改造、健身区等项目；第三期工程完成休闲广场等项目建设。

通过生态文明村建设，各村基本达到了"六有"（即有庭院绿化、有路灯照明、有公共活动场所、有公共厕所、有污水处理设施、有垃圾收集设施），做到污水入池、厕所入屋、垃圾入桶、禽畜入栏。美化了居住环境，呈现出现代新农村的文明新气象、新面貌。

2. 革命老区双上村被评为国家级生态文明村

双上村位于河口街东北面河杨公路旁，是革命老区村并且是"堡垒村"。全村面积2.8平方千米，常住人口390多人。2017年村集体收入15万元，人均收入1.3万元。

双上村生态文明村建设总投资397万元，共建有环村绿道、禽畜圈养点改造、一河两岸改造、粤中纵队第四支队司令部旧址重建、森林公园、文体广场和檀香茶基地、文化综合楼、自来水改造和农家乐等10个重点建设项目。双上村在生态文明建设中坚持高标准、严要求，使所建成的生态文明村达到了较高的档次。村中经济发展、村民生活富足、村容村貌整洁、生态环境优美、民风民意纯朴、各项制度健全、社会秩序良好，成为了名副其实的社会主义新农村。双上村还达到了国家级标准，成为国家级的生态文明村。

（五）云浮市云城区老区建设促进会主要工作和成效

1. 积极解决老区"五难"问题

云浮市云城区老区建设促进会（简称"云城区老促会"）的成员虽然大多数是离、退休老同志，年纪相对较大。但是，他们怀着对革命老区的一片深情，充分发挥余热，积极投身革命老区建设，促进工作。云城区老促会成立伊始，就积极投入到解决老区行路难、读书难、看病难、饮水难、通邮通电难的"五难"问题，为解决这"五难"问题积极争取政策、筹措资金、出谋策划等，使各项工作顺利进行，并按时按质完成各项工作任务。其中现有资料可查的2002年至2017年，云城区老促会协助革命老区村建设村道硬底化48条，筹集并投入1 765.65万元，帮助老区村解决行路难问题；协助革命老区村修建学校24间，筹集并投入资金720万元；解决老区村读书难问题；协助革命老区镇建设卫生院2间，筹集并投入资金730万元，解决老区群众看病难问题。此外，还分别筹集并投入56.5万元修建革命遗址，筹集并投入了544.17万元为老区村兴修水利，筹集并投入了40万元为老区村兴建文化楼和文化广场。

2. 积极做好革命烈士后裔助学工作

革命烈士为了革命事业，抛头颅、洒热血、献出了宝贵生命，有些甚至牺牲了多位亲人。今天，我们为革命烈士后裔做一些工作，包括为烈士后裔助学，都是应该的。基于这个认识，云城区老促会自成立以来，每年都对符合政策的革命烈士后裔进行助学。其中现有资料可查的2002年至2017年，累计对革命烈士后裔助学共43人、金额合计4.75万元。

3. 积极参与老区生态文明村建设

2013年以来，云城区各地农村都先后开展了生态文明村建设。为了促进老区村的生态文明建设，云城区老促会在河口街道双上村创办了生态文明村建设试点，先后投入资金9万元，帮助双上村改善人居环境和生态环境，助力双上村一举成为国家级的生态文明村。在抓好试点工作的同时，对其他老区村的生态文明建设，也给予力所能及的帮助，为老区发展建设做出了积极贡献。

四、贯彻十九大精神　绘制云城新蓝图

中国共产党第十九次全国代表大会于2017年10月24日在北京胜利闭幕。云城区认真组织干部群众学习十九大精神和习近平总书记所作的《决胜全面建成小康社会，夺取新时代中国特色社会主义伟大胜利》报告，深刻领会大会的主题，不忘初心，牢记使命，高举中国特色社会主义伟大旗帜，为实现中华民族伟大复兴的中国梦不懈奋斗。

党的十九大，是在全面建成小康社会决胜阶段、中国特色社会主义发展关键时期召开的一次十分重要的大会。承担着谋划决胜全面建成小康社会、深入推进社会主义现代化建设的重大任务，事关党和国家事业继往开来，事关中国特色社会主义前途命运，事关最广大人民群众的根本利益。

党的十九大围绕新时期实现中华民族伟大复兴的历史使命，提出新的奋斗目标——到2020年全面建成小康社会，实现第一个百年奋斗目标；2035年基本实现社会主义现代化；到本世纪中叶全面建成富强、民主、文明、和谐美丽的社会主义现代化强国。

贯彻党的十九大精神，云城区委、区政府将按照"四个全面"的战略布局，坚持创新、协调、绿色、开放、共享的发展理念，围绕中共广东省委"三个定位、两个率先"和云浮市委"生态立市、产业兴市、特色美市、改革活市、依法治市，建设现代生态城市"的目标，主动适应经济发展新常态，继续实施"一动三提升"的发展战略，协同推进经济建设、政治建设、文化建设、社会建设、生态文明建设和党的建设，确保如期全面建成小康社会，全面建设现代生态文明云城。

7

附 录

附录一 **大事记**

1926年

1月，腰古、小河两个分区的农民协会相继成立。腰古分区农民协会主任为程鸿才，小河分区农民协会主任为张誉。之后腰古、小河又分别成立了农民自卫军。腰古分区农民自卫军共40多人，小河分区农民自卫军共20多人。

1927年

5月16日，腰古农民举行了武装暴动。暴动被国民党军队残酷镇压，以失败告终。暴动失败后，国民党云浮县反动当局在腰古、安塘、云城、思劳一带取缔农会组织，追捕农会骨干。

7月5日，国民党云浮县县长刘学修将云城农会骨干吴迪元骗到云城"宾兴馆"附近，以"砍农头"为名将其就地杀害。

1928年

5月初，中共云浮县委在腰古的城头村召开会议，选举产生了中共云浮县委委员，吴镇南任县委书记。当月中旬改选陈剑夫为县委书记。

8月31日，中共云浮县委书记陈剑夫在腰古被国民党云浮县政府当局杀害。牺牲时年仅37岁。

1938年

8月，广东省青年抗日先锋队17分队，在党员周明的带领下从广州来到云浮县宣传抗日救亡，并建立了中共云浮县支部，使云浮县党的组织得以恢复。

10月，中共广东省青年抗日政治工作队从广州到云浮县进行抗日救亡宣传。

10月27日，日军出动3架战机空袭云城，投下炸弹36枚，炸毁民房、商店21间，炸死24人，伤13人。

1939年

6月初，中共云浮县特别支部在云浮县城成立，余渭泉任特别支部书记。

1940年

6月，三罗中心县委成立，唐章任书记。

1944年

9月17日，首批日军入侵云浮，以后又有多批日军过境云浮，过境时间持续了10多天。

1945年

2月，云北四乡成立联防委员会，并设立办事处，建立武装常备队。

9月2日，日本政府签字投降。9月4日，云城举行庆祝抗日战争胜利大会。晚上，数千名群众提灯游行，全街设6座音乐楼台，一连3个昼夜庆祝抗战胜利。

10月24日，中共中区特委办事处和司令部分指挥部在都骑建立，负责指挥附近各县党的工作。

10月，分指挥部转移到都骑后，在泽源乡大元市设立联络站，对外以生产云浮特产豉油膏做掩护，取名宏兴豉油膏铺。

1947年

10月中旬，吴桐率领粤中挺进部队秘密经过春湾、石望等敌人据点，顺利进入云浮县的富林，在云雾山区开展武装斗争。

1948年

1月7日，粤中挺进部队攻打富林关帝庙，并全俘驻在富林关帝庙的国民党云浮县保警中队和富林警察所的官兵，打响了三罗武装斗争第一枪。

6月，云北区武工队攻打九堡联防队，全俘九堡联防队的驻敌，打响了云北区武装斗争的第一枪。

1949年

1月，中共粤中分委和军分委决定，在富林宣告成立粤中区主力团——独立一团。同时，把三罗支队改编为中国人民解放军粤中纵队第四支队，李镇靖任司令员，把第一、第二大队合编为中国人民解放军粤中纵队第四支队第三团，麦长龙任团长兼政委。

4月20日，云浮县人民政府在富林莲塘村宣布成立，麦长龙任县长。

5月，粤中纵队第四支队第三团等中共部队从河口扶卓出发经黄湾等到达六都，夜袭六都警察所和"云城公司"，全歼六都警察所和"云城公司"的驻敌。

6月中旬的一天，粤中纵队第四支队第三团黑龙江连突袭夏洞乡公所，全俘乡公所驻敌。

10月24日，云浮县军事管制委员会在河口成立，麦长龙任主任。

10月27日，粤中纵队第四支队第三团进驻云城，对云城实行军事管制。云浮县城解放。

11月，中共云浮县委成立，麦长龙任县委书记。

附录二 **红色歌谣**

抗日宣传歌（一）

梁幄垣作

民国戊寅①八月初，将其情景作首歌。
中日战争事未妥，有　年　多；
无停枪炮火，德捷又起乱风波②。
搅乱风波日本人，想把全球世界吞。
凡我同胞要发奋，老　农　民，
种植兼开垦，增多粮草做后盾。
增多粮食勤耕种，储存谷米唔虚空。
不俾汉奸来搅弄，民　志　同，
工商与士农，合力开发做军用。
军用粮食能接济，另外开厂设工艺，
工友仍需结团体，订　条　例，
抵抗日本仔，保家保国并肩齐。
齐众合力同计办，寸土不让椤到番，
耕田农夫勤莫懒，在　乡　间，
粮食至紧关，抗日唔忧无米饭。

---

① 民国二十七年（1938年）岁次戊寅。
② 指纳粹德国侵占捷克斯洛伐克苏台德地区的事件。

米饭粮食须唔忧，现时又把壮丁抽，
临别起行敬杯酒，好　　朋　　友，
得 胜 早 回 头，热心报国雪冤仇。
为国为民争志气，中华唔俾奴倭欺，
叮嘱女人要紧记，养　　育　　儿，
夫 荣 妻 贵 气，翁姑年老要服侍。
服侍翁姑行孝道，女人应要理家务，
田地功夫勤力做，上　　下　　造，
收 割 个 时 徒①，首先唔好怨劬②劳。
劬劳几年快出身，莫话好仔唔参军。
得胜返来步步进，行　　好　　运，
个 调 断 穷 根，两闲③恭喜做夫人。
做到夫人称太太，荣华富贵乐开怀。
丈夫出入精神带，挂　　金　　牌，
穿 着 极 角 鞋④，孝感动天天托赖。
天地托赖众弟兄，莫话好仔唔当兵。
小儿碧光系何姓，在　阜　宁　甲⑤，
贴 出 大 话 亭⑥，等人妻孝听翁命。

① 时徒，犹言时候。
② 劬，音渠，过分的劳累。
③ 两闲，等着。
④ 极角鞋，即皮鞋。"极角"为象声词，表示穿皮鞋走路的声音。
⑤ 阜宁甲，现云城镇循常管理区的旧名。
⑥ 大话亭，吹牛皮讲大话的地方，即茶亭一类的公共场所。

抗日宣传歌（二）

梁幄垣作

特作篇歌解心烦，唔讲别宗讲国难。

日本兽兵来作反，不遵约法恃刁蛮。

恃讵刁蛮来侵占，收服日本在今年。

奸险狼毒亲眼见，杀人放火不堪言。

言之不尽讲咁多，乘胜①托他人讲和。

诸葛重生计谂过，退守南京奈乜何？

奈何军师计谂定，缩翻重庆扎大营。

佢有飞机难取胜，长期抗战佢极命。

致佢极命日本鬼，残酷惨杀在山西。

捉到女人来炮制，形如禽兽敢行为。

为我同胞雪冤仇，事到其间出计谋。

快马加鞭去灭寇，若无枪炮有拳头。

两个拳头一张刀，消灭日本免残暴。

山东济南成焦土，杭州惨杀有画图②。

睇到画图确心伤，去归磨利刀一张。

有力出力去打仗，有钱出钱③做军粮。

有钱出钱解④前方，胜利中国有希望。

万众一心如铜钢，速速联军保国防。

速速联成国防军，出入尚武有精神，

---

① 乘胜，指1937年9月的平型关大捷和1938年4月的台儿庄大捷。

② 画图，指抗战初期出版的一份刊物《战区日报》上刊出的图画、照片等。

③ 有钱出钱，第二个"钱"字读变调，读如"浅"。

④ 解，音介，押送财物。

三讲三操勤练训，光复中国赖诸君。

全赖青年军奋勇，即系猛虎与蛟龙。

中国四万万民众，号令一下就冲锋。

冲锋仍须听号令，长驱直进到东京，

三岛①平民来反正，铲草除根一扫平。

铲草一定要除根，生捉日皇把气伸，

即刻开堂来审讯，再除几个汉奸臣。

几个汉奸应要除，恕开九族不用诛，

要佢遵翻国民主，屈膝求和敢正输。

屈膝求佢②中国和，凯旋正唱此篇歌，

外国咸钦佩服我，派定代表来恭贺。

恭贺旗开仗得胜，回转北平返南京，

各界欢迎真高兴，个调③饮马庆同庭。

御侮救亡歌

梁幄垣作

御侮救亡作此歌，日人侵占动干戈。

飞机炸弹来放火，毁坏锦绣个山河。

锦绣山河炮火烧，国仇要报在今朝。

杀我同胞人唔少，又来轰炸卢沟桥。

将我卢沟桥来炸，难民无处好归家。

当初义军同他打，为争志气佐中华。

为我民族争志气，堂堂中国被他欺。

---

① 三岛，代指日本。

② 佢，读"能"阴平声。方言，我。

③ 个调，到那时候。

钜有战舰不怕死，我有大刀磨到利。

磨利大刀去出队，将佢日奴打到衰。

上海北平贼未退，欺我后方未到来。

后方未来生力军，繁荣市镇变灰尘。

报纸传闻心不忍，青年奋勇去出阵。

奋勇青年人后生，收伏日本免横行。

但有飞机唔够迳，高射坎炮有调横。

又俾高射炮打中，敌人机底就穿窿。

特向国民请缨勇，杀敌等我去冲锋。

等我冲锋打头阵，生捉日皇抽佢筋。

少者上前步步进，中年老者做后盾。

　老者后方去运粮，派定边个做边样。

同伯决铺生死仗，敢正知依①中国强。

中国眼前俾佢虾，联合起来抵抗他。

飞机又同飞机打，胜败未分心不暇。

空军未分败共胜，无论男女应征兵。

讲下宋朝的世景，十二寡妇听命令。

听候命令正出发，纪律遵守要清白。

女界若然够资格，救护队编未满额。

编入救护队救国，莫嫌薪水太微薄。

打胜返来大有作，太平坐享食安乐。

人民安乐你得功，阵阵出仗打冲锋。

男有男人心奋勇，女人亦有女英雄。

男女英雄同出征，定能攻打入东京。

三岛平民齐响应，凯歌旋唱转羊城。

---

① 依，读"能"阴平声，方言，我。

转回羊城返家乡，退伍归农工学商。

若然得升大官长，耀祖荣宗烧炮仗。

光宗耀祖做官员，热心救国去定乱。

男儿出身趁今转，有　　着　　算，

军、师、旅、营、团^①，无论边个老共嫩。

　　以上山歌均为抗日战争全面爆发后云城西街均和商店的梁二（即梁幄垣）所作，当时传播甚广，妇孺皆诵唱，至今尚有人会唱。

---

① 按军队建制序列为"军师旅团营"，此处为了押韵而调换顺序。

附录三 文献资料

　　说明：以下六份报告的原件收藏在广东省档案馆。根据档案管理条例规定，不能以影印件呈现。为尊重历史，现依据报告内容整理呈现，但其中文字存在一些缺失或不清，敬请谅解。

云浮县委委员陈剑夫及巡视员黄钊给省委报告
——政治情形并负责同志会决定的今后工作计划
（1928年5月9日）

省兄：

　　知知我们于十二（日）早抵了小河城头村，我们马上开了两次会，兹将开会议结果，及当地的政治情形报告，如下：

　　政治情形：这个政治报告没有整个和具体的报告因以前云浮县，简直没有党的组织，且现在的同志见新加入的，不懂得什么政治情形，目前的负责同志是最近才回，故不甚清楚。但现将我们到了数天的所知报告如下：（一）云浮县（县）长刘学修，县兵一连，地主有把握起用的民团三百余，其余有二、三千民团亦是受他们指挥，但如果我们有相当工作时便有把握夺取回来，但政治非常黑暗除压迫群众外，还有籍乡为名劫财物以拿共名誉抽剥乡村如吴镇南，李庭同志花红共六百元，先由被拿人的乡村筹备放在县署，以备不时之须（需），还有陈又山、李初等，籍筑公路为名来剥削大乡要三四百小一二百元，作公路股本，如交不出则严办父老，并如□乡有用的东西便拿，如反对者则将官里去，农民非常奋激，但都是敢怒不敢言者，多筑公路工人工金（资）二毛半一天最近还没有不出粮（不发工资）。（二）对党方面，云浮的党以前是完全没有组织，当时省委虽派过人回来工作，但都是十人的或不出门的，如系能活动就算以前有一二个同志工作。亦是形色（式）罢了，所以这次回来云浮工作完全是从（重）新建设。（三）对于群众方面，以前云浮的工作只有农会的一二个领袖，完全没有基础的建立，所以压迫一来，他们便各走东西。改组后，经省委派了谭咏华、李庭、吴镇南、伍桂等回来工作，但他们的工作只有在自己的一二乡村造（做）了一点形色（式）上的工作，并无实际的组织起来，故一般农民方面亦无多大影响。且一般农友自经过响应叶军事失败及地主豪绅的焚烧房屋拿（捉）人等，虽然有双（相）当的阶级仇恨，但是非常之胆小，并且只有天天希望广州的政治来，如果我们要打破他们倾向，只有从实际行动来打破。

工作报告：云浮以前不独（但）没组织，且连同志都找不着，我们这次会议，除了省委派之李庭、镇南、李新、黄金、黄钊外，便着（找）了当地几个忠实同志的农民，陈日林、陈士心、黎耀堂、姚荣耀、徐土、李志德，及以前工运之陈剑夫等，马上介绍他们参加党来□□负责同志会议并成立县委，定出今后工作计划如下：1.开会时由黄钊同志做一政治报告，同志们亦有问题讨论。2.县委以九人组织之，当场（选）举出吴镇南、陈日林、陈士心、黎耀堂、姚荣耀、李庭（农）、陈剑夫、苏木新、黄金（工）为县委委员，及以五人为常委，镇南（兼书记）、李庭（秘书）、剑夫（兼宣传科）、黎耀堂（兼交通科）、士心等，为常委，并以黄金为（组织科）。3. 分配他们的工作：黄金回三区翠石乡工作，限他十天内建立起支部及秘密农会，发展赤卫队及CY工作，与劳动童子团组织。4. 李新回二区古宠乡工作，限他十天内建立起支部及秘密农会，发展赤卫队及CY工作，与劳动童子团组织。5. 黎耀堂回二区上岭乡工作，限十天内建立起支部及秘密农会，发展赤卫队，至少一小队并注意CY工作及童子团组织。剑夫、士心在城头工作，限十天内把支部建立起来，及健全农会组织，最低限度发展一小队赤卫，并决（定）于最短时期内开一（个）半公开会议训练农民，但数村农友算过村最好一点，他们亦曾受剑夫的宣传而起来反抗筑公路之占据民房、什物、取石、取竹等斗争□胜利。并由常委决定以镇南、李庭、谭浩三人，往土匪处接头以便进行骚扰工作。6. 党的组织：县委全体会议每十天开一次，常委每两天开一次，党员从（重）新登记，限一月内发展党的组织最低限度增加一次，办一短期训练班来训练工作同志，如有一同志的乡村便成立一特支发展，如无同志的乡村处同亲戚，种种来去各圩或都区建立党的组织和工会农会，对于工农会的组织先由有同志的乡村着守（手），马上做政治宣传大纲，由黄钊负责，告农友由李庭负责。7. 其他事项：（1）（选）举出陈日林出席中会议。（2）派出黄一日同志，来省委训练以便回云（浮）工作。（3）黄钊现往各乡工作，现在云浮工作开始大概要一头半月方可到罗定。（4）通讯处（略）。（5）接头处（略）。（6）对于云浮工作大有希望，但工作人员太少，请你们派一支学技术工作同志来，因文学方（面）找不出人，对于工运及兵运目前找不着人负责，因共计只有十二位同志在一星期工作中至有成绩的就城头乡。在这星期内发展至三十人，现在对于各工作，未有把握因找人不着，故目前发展只有在二区。马上派谭咏华同志回来工作。

委　　员　　陈剑夫

巡视委员　　黄　钊

云浮县委书记陈剑夫给省委报告

——召开全县扩大会情形及工运、兵运、团工作、经济状况、政治报告

（1928年5月10日）

省委：

我简单的工作报告：县委常委，根据第一次扩大会议，组织县委巡视员，由常委负责，当时派出荣耀同志二区上游、耀堂同志二区下游，促其各支部工作实现，据巡视员报告，二区，现成立支部十一个，照乡村为单位。对于发展同志，由第一次县执委规定一个月内发展同志一百名已相扶（符）了，对于各支部的负责同志未有全力的工作，其原因不做工无饭食，对于经济非常痛苦，县委派出的巡视员，都要自带钱去才有饭食，一餐亦不能招待，同时县委几位同志，吃饭问题都不能解决，亦要去做工方有饭吃，派出远处的工作及远来的同志，县委会议的时候，一餐半餐都不能应付，对于此点工作上未常唔牵制的。现今工作，根据第二次县委会议，决定工作要扩张全县都有我们组织之，每乡村都要有支部、农会CY妇女、赤卫队，加紧工作，促其成立，短期训练班，使他往各乡村工作。对于省委派回欧应雄、潘绍炳二位回云浮工作现今完全未召到来县委发生关系，同时苏木新同志，同来云浮工作，擅离职守他云（浮）县执委之一，已有报告到，请省委注意特此告知。

1. 对于工运：云浮县工人不是多大问题，是父子生理店多仍由职工运动委员积极着手组织之。

2. 对于兵运：由兵委会组织之其着手计划，对于云浮二区前者的民团，因我们指导群众打销（消）之，现今县长下令要每乡组织常备军，三各，如有要事县长直辖之，每乡有我（们）的

支部组织的常备军都是我们同志，此点初着手我们积极进行之。

3. 对于CY：现今组织城头村支部成立一个，其余各支部陆续着手。

4. 对于赤卫队：各支部已有组织之，另各支部挑选赤卫队、干部队县委直辖之，如有敌人察觉时之马上要应付他。

5. 对于农村妇女：由城头乡支部女同志，亦赤同志负责着手之。

6. 对于经济问题：省委各同志要注意的，因农村比市镇有分别的，因农民生活太苦，现对工作的同志都是系农民的，现时工作加紧要做□□□，去做之时县委指定往某处或□一村工作的同志，食饭问题都不能解决。到□一处或支部没有可能解决食饭问题，同时县委宣传交通等，各经常都没有因前者，省委派来巡视员黄钊同志，带来三十元另县委担负借了，一十四元现今用尽了，前日来的报告谅已知道因经济向除报告。特派李挺同志来，详细报告一切，对于以上的事情请省委解决。

云浮县最近的政治报告：

云浮县（县）长，互相勾结，土豪，劣绅，压迫民众现今做公路把农民的田来开公路，不特开公路之用。除公路之外，又在因两旁取泥掘至六七尺之深或在不相当的地点取泥另的农民受非常之痛苦激起群众反感，现今我们指导农民群众反抗他做成骚动的工作，现今每坑的田补回一年之入息。已做公路的因公司有钱之时照原价补或拨做股仔并取销纳税现今做公路司，要取泥之时由当地的农民许可指定方可取之以上的事得了胜利。以上的事，由二区段内城头村支部先发生之后，发出告农民书，大意说出非系无产阶级的政党乃是共产党，最能解除我们的痛苦，同时有一口号指明打到（倒）县长及土豪、劣绅及其走狗，在农民书之列现做公路负责的走狗发生恐慌已经跑了几个。现有一二人都用警察武装保护随行可以立足在此地督工，现今又发出告兵士警察民团书走狗又发生恐慌此报。

云浮县委书记　剑夫

云浮县委书记陈剑夫给省委报告

——过去工作之错误及今后职工运动、农会恢复、兵运、妇女问题、团的工作、支部工作之计划

（1928年5月17日）

云浮县委报告

省兄：现将十日内工作报告如下：Ⅰ（一）1.对于党（组织）方面最近开了一次扩大会议，翻查过去的工作，在大会认为过去的常委只注意，党（组织）的发展，对于群众工作没有多大注意，这是非常错误的。2.常委会不健全，因（书记）镇南，不能时刻在县委，（秘书）李挺亦是，所以这十天内，没有集体的指导，故要从（重）新改选常委。3.骚动工作，只单的靠通土匪，并没规到把自己的组织起来，所以通通不能进行。4.关于发展方面，十日内虽有相当成绩的发展了四十余个同志，成立了九个支部，但仍不能普遍，各区故今后仍加注意。5.有了以上的错误便定下了今后工作计划。

Ⅱ（二）职工运动：县委认为中国革命以（已到）了一个无产阶级领导工农革命的时期，所以云浮的工运，虽然没有多大人数，但亦应注意。决定组织工委会来讨论一切，当该选出黄金、伍桂、陈剑夫三人负责，以黄金为主任。

Ⅲ（三）农会恢复：过去的工作只注意党（组织）的工作发展（，）对于农会恢复及赤卫队组织未加注意，今后应切实

281

工作，决定有支部组织的乡村，马上找三个或二个非（党组织）同志加上我们的同志，以五人组织一乡的执行委员会，来讨论一切，赤卫队现有赤卫队外，另组织一干部队，实行骚动工作，一十五人后组织工作发展再扩大。

Ⅳ（四）兵士运功：目前兵士运动工作非常重要，因现在土地已由农民暴动直到士兵暴动的时期，如我们对于士兵有一宣传工作，他们马上表示同情我们，故决定五人组织一委员会，定出详细办法提出常委会通过执行，当场选出荣耀、士心、耀堂、伍桂、木生五人为执委，并以姚荣国（耀）为主任。

Ⅴ（五）妇女问题：现在云浮的农妇并不是革命，如有组织和领导，他们便马上可以起来，在事实上如此，在理由应领导和做到革命战线上，故决定组（织）一妇女互助会来号召，如有进步的便介绍他（她）入党，暂由李亦赤同志负责，如有头绪时便要求省委派女同志到来指导一切。

Ⅵ（六）CY工作：对于青年工作非常重要，现在虽然没有CY县委组织，但我们党（组织）要把一部分精（力）注意CY工作，故决定城头乡支部由荣（耀）负责把支部建立起来，各乡村的支部亦须指定比较青年的同志负责工作，公开以劳动童子团号召。

Ⅶ（七）支部工作：古松（宠）乡支部指出他们发展的错误，要利用该乡农民反对筑公路，问题来组织农会，和发动斗争工作。□□支部要改组因（书记）太妥协，故下次会议县委派人去改选组织，其余，和未有支部成立的乡村如万西区茅岭、上岭、洗村、都络、水东、山码墩、吉洞等乡村马上要派人去接头，成立支部。

Ⅷ（八）改选县常委：以荣耀、剑夫、耀堂、谭洁、黄志五人为常委委员，以剑夫（书记）、荣耀（秘书）、耀堂（交通）、士心（组织）、谭洁（宣传）等，工作巡视员暂由常委负责，常委会逢一三六开一次常（委）会讨论工作问题。

IX（九）对于职工运动委员会，曾开会一次决如下：1. 现将县城两个工人同志，着他秘密□组织工会；2. 调查工人中一般状况，由黄金负责；3. 马上建立党的支部在县城，及把两个工人同志组织起来。

X（十）对于兵运委员会曾开会一次，决定工作如下：1. 指定伍桂工作；2. 黄金做小的运动；3. 发一告兵士书已发出了。

XI（十一）其他事项：1. 联席会对工作进行；2. 发一通告各支部执行工作；3. 根据兵运会议决定发告兵士书，已发出；4. 对于经济问题报告（略）。

省委：为我注意□党务及技术的同志来负责一切，请你把最近的扩大会议取决案交来以便工作进行，因我们都是新参加的同志，但技术人材（才）欠缺。

县委书记　　剑　　夫

云浮县委书记陈剑夫报告

——关于县委会决定的对各区支部经过骚动的工作、工人、士兵、民团、警察等生活状况

（1928年6月22日）

云字第五号——云浮县委书记陈□□报告

县委决定的工作：

六月五日第四次执委会会议，决定的工作，交常委执行之，先成立审委，统理赤卫队，指挥骚动工作，先把各区的农村组织支部及农会马上要巡视员督促骚动的工作，须（需）要集中我们的武装，最短时间要把豪绅的大本营烧（消）灭之，及杀他一切，散发宣言，贴布告，宣布豪绅的罪恶，反抗盐捐群众大会，先由常委通知各支部，农会要尽量宣传之，用农会名义召集群众公开大会，散发传单，由党（组织）负责指导，杀盐捐的负责走狗，他的盐分派与贫民，同时督促各支部准备全广东大暴动的工作，同时决议禾熟之时，我们把地主豪绅的禾割之。

对于各区支部经过骚动工作报告：

城头乡支部因公路补田价不妥，我们指导群众把做公路的办事处□□，他派警察到来群众蜂拥警察闻风跑了。冼村支部同反动乡村因鸭子斗争在豪绅的均安局解决我们预备武装得了胜利，都涝支部因地主收□□田，他们村中有一走狗勾结地主，我们把走狗的屋烧了把东西拿了。□斗支部，因同地主禾地斗争，该支部没有办法报告县委，决定即晚用我们的赤卫队，把地主杀死烧他屋，抢他什物，但系罗斗支部书记李□□妥协，另得支部不允，结果把罗斗支部书记李□□留党察看六个月。现□支部十五个同志一百三十一名未有十分多大发展，因各村反动太厉害，□

时投机分子居多，动摇分子亦有。

对于农会及我们的武装及反动的武装若干待下期报告。

把发出宣传报告：同志的宣传大纲。告农民书。告士兵警察民团书。云浮县贪官豪绅揭破黑幕宣言，已发出通告，布告，成立县委之后发出各支部通告。通告各支部尽量宣传，反抗盐捐通告。预备布告杀贪官豪绅布告。杀每一个之时都要有个罪状。对于宣传品未有多大发出原因经济欠缺。云浮县农民生活的报告。

全县统计百分之二自耕农百分之11半自耕农百分之一雇农百分之五佃农，对于自耕农大多数不足仓的。对于佃农所种的禾，田主值六成佃人占四成，无论时年丰歉都要秤足与地主，稍有拖欠没有田耕，近今次（农）民的田收成不丰，原因夏秋天雨水西水浸之没有收割变成有田耕没有谷，有谷之时变成无谷仓，对于农民很痛苦的。

对于一区的农民除了耕田的出息以外往大山折柴，或竹木做箩篓，木壳副业生活补助，除了以上的事或去做贼，或去当兵，或外出雇工。

对于二区农民同农民非常腾贵，每百斤谷价银七元二口，次谷每百斤六元八，生油每斤四毛五，食盐每斤二毛，再次烂的鹹鱼，每斤二毛五。

对于工人生活状况：

对于二区无田耕的农民去做雇农，每日饭二餐二钱八仙工作时间早六点半至下午六点止。

对于一区雇农有分别的每日粥饭各半，每年工金一二元。对于没有田耕，在圩市做工的工钱分三种：

（甲）种的工人所算实银水笔墨通晓的，每月五元至八元。

（乙）种的工人系有一种技能或买卖货每月工银二元至六元。

（丙）种的工人即店什役等，每月工金一元至二元，所食两餐，所做的工作时间没有规定，所有店中的工人任意东主开除之。

对于士兵生活分三种：

（1）在县兵的生活前者月饷七元现今九元除了伙食六元，只得三元倚□□牛王到村乡压迫农民现云浮县兵有一半是县长带来的，一半乃系土人□的乃系失业农民县兵的工作分发各市镇苛收什捐就地筹饷，勾结土豪劣绅的爪□民团，往各乡村敲诈取财。

（2）对于民团的生活：

当民团乃系佃农雇农民团乃系豪绅的武装，豪绅乃系县长的走狗，民团的生活没规定，豪绅县长有事之时，每名每日给伙食银三四毛子用之，或系依月用之，每月只可得四元或六元，枪枝乃系自带或得乡公枪的。

（3）警察的生活：

警察亦系失业的农民系县长劣绅直辖之每月公（工）金连伙食在内七元，□圩市之时做的工作就系豪绅指他到圩市强的苛收什捐税，同时的收妥之时劣绅每人每打奖三元。

对于云浮农民中年妇女：

每个都要做工方有饭食，没做工没饭食除了田工、往山采樵往圩市卖之，教育全无六岁至十四岁的少年妇女通通没有书读，同时一样去的除耕田工，零碎工作都要做。

对于云浮六岁至十四岁的小童生活：

农村的小童百分之七十没有书读，百分之三十有书读，小童做田工斩柴，看牛，或零碎的工作衣食住不足，又没有教育，小童的病非常。

对于群众多等观望共产党成功，但佢等不明白农民又唔相信自己的力量，同时有一种投机分子有一种发生恐慌，最好找的经济到来急切的发多的宣传品，另得农民明白相信他自己的力量，现今每一个贪官豪绅走狗都发生大恐慌，对于全县客观情形甚好。

云浮县委书记　　陈□□

云浮县委书记陈剑夫报告
——关于最近云浮县委特别骚动工作
（1928年6月）

最近云浮县委特别骚动工作报告

本月七日将"揭破豪绅地主宣言"标贴，经已俾敌人察觉立即到县委报告，由常委会议通过交军委执行，十八晚八时，派出干部十三名，驳壳两枝（支），步枪十一枝（支）先把豪绅的大本营，即系二区段内小河堡均安约文到边警察署，我们向他进攻了半点钟之久，子弹打了二百多，向我们的干部队用驳壳枪冲击，不料警署将大门关锁，不能冲入，警察不敢外出，结果我们打死一个地主，此人时常勾结土豪劣绅，无所不为。做完之后，县委书记开一个各支部书记联席会议，决定每支部赤卫队，要时常集中，如有县兵、警察、或民团到来负责同志的地点，由军委预备迎头攻击，前者由执委决定吊□政策将地主豪绅票参夺取的钱，祈时因豪绅太过利害，迫得将他打死，现时云浮县（县）长大发恐慌，对于二区段内的群众很明白，最好做多的宣传品，普及全县佢等明白，因县委经济困难，请省委方急设法解决。

云浮县委书记　　陈□□

云浮县委报告

——活动分子大会经过、县委第一次会议决议、要求省委事项

（1928年8月14日）

云浮县委报告第一号

（内容大要）

一、活动分子大会经过：A. 全县党的情形，B. 过去工作迅要，C. 全县政治状况，D. 产生新的县委。

二、县委第一次会议决议：A. 党的问题，B. 职工运动，C. 农民运动，D. 兵士运动，E. 各区工作，F. 宣传工作，G. 经费问题，H. CY问题。

三、要求省委的事项：A. 津贴经费，B. 请求省委派得力同志来。

旧历六月十八日在城头乡召开全县活动分子大会，除县城方面未能赶到外，到者十余人，情形如下：

A. 全县党的情形，据前县委报告，全县乡村支部十二处，兵士及土匪支部三处，职工一处，同志共一百三十余人，支部组织75%在乡村，25%在城，同志工作都能尽力，如张贴宣传品，武装骚动，宣传农民痛苦等。但因多新近加入，缺乏方法，活动范围较小，且受反动派最近恐吓的影响，成绩不如前日之进步，支部多能按期开会，不过负责同志能力差些。

B. 过去工作迅要：农会名义在此处不大适宜，在有我们组织乡村，其武装多握在我们手上，群众也能受影响，筑路斗争，自城头乡始，沿路各乡都依样起来，且得胜利，夏收减租谷——佃田除每垙割夫四周两根生禾外，现再抽田主每百斤干

谷扣出十斤为全村公用——亦已相继实行。去年"四一五"后，各乡俱蒙豪绅的敲诈，仇恨极深，"打倒李旭初"的口号普遍深入各个农民心坎中，（李是小河堡唯一的豪霸）自腰古至县城，农民天天嚷着"分田的共产党来了"豪绅警察人人自危，而至东区豪绅统治机关的均安局长与警察队长均先后辞退，月前小河之袭击，已丧其胆，前日在距小河二十里之安塘圩，又发生虏地主案（是与我们有关的），全区为之震动。县城方面，□□的力量较弱，工作成绩，自然不大，而宣传工作，仍是有效的。

C. 全县政治状况：县长刘学修，勾结东区之陈仲卿，西区叶伟□，北区阮伯南一班豪绅，统治全邑，虽然民团力量不大，而且没有哦一个防军，□是县城一些县兵（约50名）（另商团20名），东区□前农会最发达，撤销民团，握全区政权，现在政治势力虽已消沉，而受豪绅地主所压迫，但豪绅地主自身力量也非常大，在全邑看来，只是真正敌对形势，西区南区与郁南罗定接触，地方多匪，豪绅地主，□力应付尚虞不及，但农民生活以此最苦。北区临西江，云都车路已□，由（云）城至六都约一小时许，六都每日都有轮船经过，与肇庆交通甚□。重要圩场如南乡位在云浮圩场第二，（第一是腰古）豪绅武装甚□，常备队约三十人，随时可召集者二千以上，反动领袖阮伯南是□□匪首，独霸一方。县城商业甚小，且多父子生意，或半业农的，□□□多石山，对城作环抱状，防守甚易，农民要求多重在不称谷（交□），不还数，取消人民警卫队，开谷仓（限米价）……

D. 产生新县委：（1）关于过去县委工作的批评—（A）偏重武装性的□动，不积极发动群众的斗争，（B）只以党（组织）的名义活动，没有了解农会工会组织的作用，而忽略群众的组织，（C）没有全县的观察与计划，至□形发展，（D）倚赖少数工作同志，不得集体化的指导，而没有新的干□人材（才）的养成，（E）宣传工作做的少，（F）县委没有切实执行职权——一同志不明白集权制的指导机关的威信。（2）即席选出县委十一人，常委□人，（名单略）。

旧历六月二十三在××乡召集执委会议，到者六人，余因安塘劫案发生后，民团戒严，未能前来，互选常委五人，又□定□设副书记一人，由常委中推选任之，以备书记离开或出缺时之□行职务，特省委批准。

决议案摘要：

A. 党的问题——各地普遍发展组织，特别注力县城与北区，整□东区各支部继续经常工作，一个月内实行，"至少每人"的□□发展同志。

B. 职工运动——注意腰古，六都，县城工运，尤其是运输工□，扩大县城工人组织。

C. 农民运动——乡村支部即须占有该乡武装，设法打入民团，大县兵商团的组织，现下与我们接近的土匪（详后），加紧宣传，使□□化，可能时设立帮□，收容他们，参加农民，编为常备的赤卫队。（此帮土匪多是被压迫农民，不愿为匪，知道并非土地革命成功，他们便没有出路，且绕我们多次遣用，并无别样要求，只有饭食便了，曾□的请求多回收容他们不过经费问题与未能有好的组织在其内部而已）。

D. 经费问题——即自行设法筹措但在未得手时，仍请省委暂时津贴。

E. CY问题——组织特支，各支部同时发展CY组织，请CY省委派人前来负责。

F. 各区工作——注了发动小斗争，召集县城活动分子大会决定该地工作，召集东区支部书记联系会议成立区委，继续骚动工作，联合各乡预备反对清乡。

G. 宣传工作——制定本县适合的切实的口号，继续广大的宣传，定期印发多量小报，传单。

（下略）

云浮县委

附录四 革命遗址①

一、革命遗址概况

经普查核实，全区有较大影响的革命遗址共28处。其中重要历史事件和重要机构旧址7处，重要历史事件及人物活动纪念地10处，革命领导人故居3处，革命烈士墓2处，纪念设施6处；现存21处，全毁7处。

详见下表：

序号	名称	地址	备注
1	中共云浮县委（1928年）旧址	云浮市云城区腰古镇雄强村委城头村	
2	云浮县特别支部	云浮市云城区云城街道城北村委石门头村旁的山冈	已全毁
3	云浮中学党支部	云浮市云城区兴云东路云浮中学春岗山	已全毁
4	广东人民抗日解放军交通联络站——宏兴豉油膏铺	云浮市云城区河口街道河口圩大元市	
5	云浮县党组织交通联络站——李荣昌商店	云浮市云城区解放西路37号	

---

① 除特别说明，附录四、五、六的图片全部由云浮市云城区史志办提供。

（续上表）

序号	名称	地址	备注
6	云浮县党组织目塱村交通站	云浮市云城区云城街道城北村委目塱村	
7	腰古农民运动起义旧址——蓉秀小学	云浮市云城区腰古镇腰古圩	
8	云浮县腰古分区农会活动旧址	云浮市云城区腰古镇水东村委长流村	
9	三罗小分队隐蔽旧址	云浮市云城区河口街道双上村委双上村	
10	"堡垒户民主娘"——蓝英住宅旧址	云浮市云城区河口街道布务村委布务村	
11	云浮县党组织活动旧址——赵氏宗祠	云浮市云城区思劳镇古律村委古律村	
12	云浮县游击队根据地——黄氏宗祠	云浮市云城区思劳镇云贡村委汉坑村	
13	攻打九堡甲炮楼战斗旧址	云浮市云城区河口街道河口圩	已全毁
14	夏洞战斗旧址	云浮市云城区安塘街道夏洞圩	已全毁
15	初城战斗旧址	云浮市云城区河口街道初城村委冲边村	
16	云浮县和平解放谈判旧址——养政书院	云浮市云城区河口街道布务村委布务村	已全毁
17	庆祝云浮县解放大会会场旧址	云浮市云城区云城解放中路32号云城区人民政府广场	
18	邓发故居	云浮市云城区云城街道城西村委簕石塘村	
19	陈剑夫故居	云浮市云城区腰古镇雄强村委城头村	
20	梁桂华故居	云浮市云城区思劳镇鸡村村委三坑村	
21	陈剑夫烈士墓	云浮市云城区腰古镇雄强村委城头村元冈仔山	

（续上表）

序号	名称	地址	备注
22	云浮烈士陵园	云浮市云城区云城街道石麟路	
23	思劳公社革命烈士陵园	云浮市云城区思劳镇思劳村委思劳村万象山	已全毁
24	邓发铜像	云浮市云城区河滨西路南山河畔邓发纪念中学内	
25	邓发半身铜像	云浮市云城区城基路邓发小学内	
26	抗日阵亡将士纪念碑	云浮市云城区星岩一路九星岩西侧	已全毁
27	前锋镇革命烈士纪念碑	云浮市云城区前锋镇矮岭村竹坡仔	
28	南盛镇烈士墓	云浮市云城区南盛镇中心小学后背庙脊顶山	

二、革命遗址的保护、利用情况

截至2019年底，除属于省级保护的几个革命遗址的保护较好外，其余大部分都无人管护。

（一）从革命遗址的保存状况来看，现存21处，消失7处。21处中，现状好的有3处，较好的4处，一般的11处，较差的3处。

（二）从遗址的损毁原因来看，自然因素损毁占大多数，也有部分人为因素，如城市建设、学校改建及其他建设的拆迁、改造等。

（三）从革命遗址的环境状况来看，除烈士陵园（含革命烈士纪念馆、革命烈士纪念碑）、邓发故居等属省级重点保护单位或省、市级爱国主义教育基地，邓发铜像、邓发半身铜像属有关学校所有和管理外，其他各处基本上都无人管护。革命遗址内场地或其他设施损毁严重，杂草丛生。许多地方，人畜随意进入，环境状况令人担忧。

三、革命遗址的历史概览

（一）中共云浮县委（1928年）旧址，位于广东省云浮市云城区腰古镇雄强村委城头村山边。该屋为泥砖瓦木结构，长6米，宽5米，占地面积30平方米，1958年"大跃进"时，被该村拆建为集体牛栏。

中共云浮县委（1928年）旧址

1928年2月，中共广东省委派李庭、吴镇南、李新、黄金和省委巡视员黄钊到云浮县，协助开展党的工作，建立党组织。5月初，在城头村召开党员会议，选举中共云浮县委委员9人，其中县委常委5人，吴镇南任县委书记。5月中旬，改选县委，陈剑夫任县委书记。到8月7日发展党员146人，建立城头村等16个党支部。8月3日，选出县委委员11人；8月8日，召开委员会议，到会6人，选举常委5人。

（二）初城战斗旧址，位于广东省云浮市云城区河口街道初城村委冲边村黎镜台，始建于清朝，为青砖瓦木结构，长9.9米，宽10.2米，占地面积100.98平方米，保护范围130.68平方米。

初城战斗旧址

（三）攻打九堡甲炮楼战斗旧址，位于广东省云浮市云城区河口街道河口圩，为三层青砖瓦木结构。1951年，拆建为河口粮所。2008年，河口粮所被拆建为河杨公路及云浮国际石材博览中心。

广东人民抗日解放军交通联络站——宏兴豉油膏铺

（四）广东人民抗日解放军交通联络站——宏兴豉油膏铺，位于广东省云浮市云城区河口街道河口圩大元市，始建于清朝，为青砖瓦木结构，长15米，宽4.5米，建筑面积67.5平方米。

1945年10月，广东人民抗日解放军指挥部转移到云浮都骑乡麦州村。为了便于地下活动，开设生产云浮特产豉油膏的工场，取名宏兴豉油膏铺，作为广东人民抗日解放军的交通联络站，专营豉油膏等杂货。

1946年6月，广东人民抗日解放军司令部分指挥部的人员先后撤离了都骑乡，宏兴成为云浮县党组织的秘密交通站。1947年10月，云浮县的东区、南区相继建立了交通站。在宏兴工作的同志先后参加了部队，1947年11月，宏兴豉油膏铺停止营业。

（五）三罗小分队隐蔽旧址，位于广东省云浮市云城区河口街道双上村委双上村堡垒户余亚伍家，始建于1892年，长7.5米，宽3.5米，建筑面积26.25平方米，为青

三罗小分队隐蔽旧址

砖瓦木结构。

（六）夏洞战斗旧址，位于广东省云浮市云城区安塘街道夏洞圩龙文社，始建于清朝，建筑面积60平方米，为青砖瓦木结构。1951年拆建为安塘粮所，后拆建为卫生所。

（七）腰古农民运动起义旧址——蓉秀小学，位于广东省云浮市云城区腰古镇腰古圩，始建于清朝（1886年），为青砖瓦木结构，共3间，建筑面积250平方米。

腰古农民运动暴动旧址——蓉秀小学

腰古农民暴动集结地旧址——腰古圩大坡

（八）云浮县和平解放谈判旧址——养政书院（陈德錾住宅），位于广东省云浮市云城区河口街道布务村委布务村，始建于清朝，长10米，宽13.7米，建筑面积137平方米，为泥砖瓦木结构。20世纪70年代，该屋2米以上泥砖瓦木已倒塌。

云浮县和平解放谈判旧址——养政书院（陈德鋆住宅）

云浮县解放前夕的1949年10月23日下午，云浮县党组织代表与国民党云浮县政府代表在养政书院谈判。25日中午，双方代表和在场的知名人士共9人，经最终谈判，双方达成共识，并签订了《云浮县和平协定》，9人分别在协定书上签了名字；27日，云浮县在县城召开庆祝大会，宣布云城和平解放。

（九）云浮县党组织活动旧址——赵氏宗祠，位于广东省云浮市云城区思劳镇古律村委古律村，始建于清朝，为青砖瓦木结构，占地面积100平方米。1946年上半年，党员麦裕滔在云浮县思办（云

云浮县党组织活动旧址——赵氏宗祠

浮解放后称思劳）乡古律村小学任教（学校设在赵氏宗祠），以教师身份作掩护秘密开展革命活动，发动群众开展反内战、反"三征"活动。

（十）云浮县党组织交通联络站——李荣昌商店，位于广东省云浮市云城区解放西路37号（西街），建于1933年，建筑长23米，宽4.15米，共95.45平方米，为红砖瓦木结构。1948—1949年为云浮县党组织的秘密情报交通站和物资供应站。

云浮县党组织交通联络站——李荣昌商店

（十一）云浮县党组织目塱村交通站，位于广东省云浮市云城区云城街道城北村委目塱村区氏大屋，始建于清朝（1868年），长42.68米，宽27.96米，总面积1193.33平方米。大屋内有6个阁楼、12个天井、12个大厅、16个厨房、32个房间。

云浮县党组织目塱村交通站旧址

1948年秋，云浮县党组织在目塱村建立交通站，负责搜集情报和传送信件工作。

1949年初，根据云浮县党组织的指示，目塱村从秘密交通站发展成为开展武装斗争的据点，先后组建了农会、民兵和妇女小组。同年9月，中国人民解放军粤中纵队第四支队第三团政治部副主任罗杰指示活动在云城的党组织和武工队以目塱村为活动据点，做好迎接云城解放的各项准备工作。

（十二）云浮县腰古分区农会活动旧址，位于广东省云浮市云城区腰古镇水东村委长流村水东程氏大宗祠，始建于清朝（1752年），坐东北向西南，房屋9座，为青砖瓦木结构，长25.7米，宽36.2米，建筑面积930.34平方米。

云浮县腰古分区农会活动旧址外貌　　　　云浮县腰古分区农会活动旧址内厅

程氏大宗祠在云浮解放前为明道学校。1925年，成立腰古分区农会。1947年，云浮县地下党员谭伯云到该校任教，并以教师身份作掩护秘密开展革命活动。1948年夏，云浮县党组织派共产党员何坚（女）接替谭伯云的工作，并与秘密隐蔽在腰古蓉华中学任教的党员严千年取得联系，在腰古地区秘密开展革命活动。

（十三）云浮县游击队根据地——黄氏宗祠，位于广东省云浮市云城区思劳镇云贡村委汉坑村，始建于清代，为泥砖瓦木结构，分前后两进，建筑面积120平方米。

云浮县游击队根据地——黄氏宗祠

1948年3月，戴卫民（戴苏）带领粤中基干队十余人挺进都骑，先在大水坑、斩田、蛇斗、桃坪、云初营九个山坑小村秘密隐蔽一段时间，后到汉坑村，以村民黄石培家和黄氏宗祠为落脚点开展活动。

1948年秋末，在新高鹤地区搞武装斗争的张力、阮伟、严庆、伙土4人，因暴露身份后转移到云浮县思办乡汉坑村，在村民黄石培家和黄氏宗祠秘密隐蔽。黄石培、黄耀葵以及该村群众热情接待了游击队，献粮、献柴火、献蔬菜，为游击队提供生活补给，并协助送信、搜集情报、站岗放哨等。

1949年春，在汉坑村首先成立该乡第一个村农会。村农会成立时，中国人民解放军粤中纵队第四支队第三团黑龙江连在该村黄氏宗祠召开军民大会，公开处理了一名破坏革命的坏分子。

（十四）陈剑夫故居，位于广东省云浮市云城区腰古镇城头村。故居始建于1920年，为青砖瓦木建筑，坐北向南。前为一层，第一层为杉板结构；后为两层，顶层为瓦木结构，有若干房间，一层有一厅、一厨房。故居屋长11米，宽5.2米，占地面积57.2平方米；门前有平地20平方米。故居前为洋式设计，后为硬山顶，人字形封火山墙，前面屋顶上面有一排花窗，故居门窗为粗铁板门窗。

陈剑夫故居

（十五）邓发故居，位于广东省云浮市云城区云城街道城西村委替石塘村。始建于清光绪年间，为二进院落四式布局，坐北向南，为泥砖瓦木结构，有两座两厅10间，建筑面积268.38平方米。屋前是晒场，长21.3米，宽6米。邓发参加革命前在此居住了14年。1974年、1986年，云浮县政府先后对它进行过两次维修。1987年广东省文化厅拨款扩大保护范围，征地并建立牌坊。1996年，广东省文化厅、云浮市政府又对故居的周边环境整治及其主体建筑进行了维修。故居经多次修缮，原貌不变。1979年12月26日，广东省革命委员会批准邓发故居为省级文物保护单位；2000年4月，广东省精神文明建设委员会、中共广东省委宣传部将邓发故居列为广东省爱国主义教育基地；2008年5月，广东省公安消防部队将邓发故居列为思想政治教育基地。

邓发故居大门

邓发故居全景

（十六）梁桂华故居，位于广东省云浮市云城区思劳镇鸡村村委三坑村。故居长7.98米，宽4.63米，占地面积36.95平方米，为砖瓦木结构，故居内设一房一厅一天井。

梁桂华故居

（十七）"堡垒户民主娘"——蓝英住宅旧址，位于广东省云浮市云城区河口街道布务村委布务村。该住宅为二间，建于清朝，一间长3.5米、宽6米，另一间长3.7米、宽10.5米，建筑面积59.85平方米，为泥砖瓦木结构。1948年，该住宅作为云浮县党组织地下工作者、游击队员隐蔽点。

"堡垒户民主娘"——蓝英住宅遗址

附录五 文物图片

抗日战争时期宣传抗日的《三罗日报》　　　　　　　《云浮民报》

时任云浮县县长、县军事管制委员会主任的麦长龙（右二）在云浮县解放庆祝大会上讲话

解放战争时期，受"民主娘"蓝英保护的革命志士赠送给蓝英的锦旗

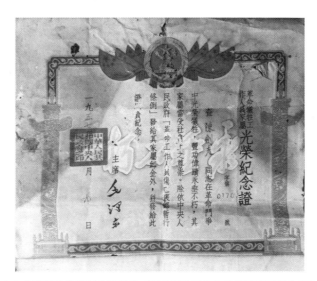

中央政府颁发给陈剑夫家属的《革命牺牲工作人员家属光荣纪念证》

附录六 纪念场馆

1. 云浮烈士陵园　云浮烈士陵园位于广东省云浮市云城区云城街道石麟路的麒麟石山（又名石狗山、锦鲤峰）。1953年1月，云浮县人民政府在此地建邓发公园，1958年初改为烈士公园。1962年，在山脚东面挖建人工湖。1963年8月，由广东省民政厅及省总工会拨款，将原国民党云浮县参议会会址改建装修为革命烈士纪念馆，并新建革命烈士纪念碑、亭。1964年，更名为烈士公园。1987年5月22日改名为烈士陵园。烈士陵园占地面积

云浮"烈士公园"牌坊（摄影：陈锦栋）

10万平方米，其中建筑面积783平方米，绿化面积4.7公顷，人工湖4公顷，湖内有湖心亭、鱼形岛、花坛、拱桥。烈士陵园正门为青砖砌造四柱石米批荡牌坊，云石雕刻烈士陵园。1996年，云浮市环境保护局拨款对人工湖进行整治工程。2001年6月，省、市拨款30万元全面翻新装修。2003年5月24日烈士陵园正门牌坊倒塌，2004年3月重建。

2007年，革命烈士纪念馆内全面翻新，占地面积450平方米，为砖瓦木结构，外墙用瓷砖装饰。馆内正面为仿汉白玉雕刻的邓发烈士半身塑像，两旁陈列邓发烈士遗物30多件，及梁桂华、陈剑夫、李晚等180位烈士遗像、遗物和事迹简介。1988年4月18日，广东省人民政府批准其为广东省重点烈士纪念建筑文物保护单位。云浮市教育局批准其为云浮中小学德育教育基地。2005年9月，云浮市委宣传部、国防教育小组办公室，批准其为云浮市国防教育基地。2009年7月，中共广东省委宣传部、广东省军区政治部批准其为广东省国防教育基地。

坐落于云城区人工湖旁的革命烈士纪念馆

云浮革命烈士纪念碑，位于烈士陵园内。1957年底，云浮县为纪念邓发烈士，在麒麟山顶建一座邓发烈士纪念碑。1963年8月，改为革命烈士纪念碑，碑高13.5米，碑顶为五角星的虹霓灯，碑文为白色大理石雕刻。碑体为方形砖石结砌，镶嵌云石，底座石米批荡，长宽各4米，在碑上东西两侧镶嵌碑文。

坐落于云城区麒麟山顶的革命烈士纪念碑

2. 陈剑夫烈士墓　陈剑夫烈士墓坐落在广东省云浮市腰古镇城头村雄强村委右侧山坡。建于1973年，为水泥混凝土构造，占地面积约35平方米。1983年8月迁建于腰古镇雄强村委城头村元冈仔山。1990年2月重修。整座墓的建筑平面呈圆形，圆的边上用青砖砌造，占地面积约20平方米，保护范围120平方米。墓碑为大理石，碑座有两层，最底层碑座长1.58米、宽0.54米、高0.54米，上层碑座长1.05米、宽0.3米、高0.58米。上层碑座记载了陈剑夫的生平、墓碑迁建时间。最上层碑高1.57米、宽0.62米，碑顶部呈弧形。碑上刻着：革命烈士陈剑夫之墓，顶部刻有一个红色五角星。

陈剑夫烈士墓

邓发半身铜像

3. 邓发半身铜像　邓发半身铜像于2005年铸造，安放于广东省云浮市云城区城基路邓发小学内。2005年11月9日，该校举行了隆重的邓发烈士铜像揭幕仪式。

4. 邓发全身铜像　邓发全身铜像安放于广东省云浮市云城区河滨西路南山河畔邓发纪念中学内。中共云浮市委、市政府为纪念邓发烈士，于1996年3月7日创办邓发纪念中学。校园占地面积8.7公顷，投资7 000万元，建筑面积36万平方米，有集办公、教学、实验、艺术为一体的三环四区综合楼群。2003年该校被评为广东省一级学校。

邓发全身铜像

5. 抗日阵亡将士纪念碑　抗日阵亡将士纪念碑位于广东省云浮市云城区星岩一路九星岩西侧，占地面积2 000平方米。

建于民国29年（1940年），该碑已拆毁。

6. 思劳公社革
命烈士陵园　思劳
公社革命烈士陵园
位于广东省云浮市
云城区思劳镇思劳
村委思劳村万象山
脚，建于1983年。
面积为180平方米，
碑座长4.9米、宽4.9
米、高4.9米，用

思劳公社革命烈士陵园

红砖砌造，中间有白色石板，刻有"思劳公社烈士陵园"及严
千年、梁明、丘碧坚烈士英名。2016年墓碑迁至云浮烈士陵园
安放。

庆祝云浮县解放大会会场旧址

7. 庆祝云浮县解放大会会场旧址　该旧地位于广东省云浮市云城区解放中路32号云城区政府前广场（马坪广场），占地面积4 000平方米。1949年10月27日，云浮县军事管制委员会全体工作人员、中国人民解放军粤中纵队第四支队第三团、各地武装民兵共800多人，早上6时从河口布务进城，到达罗沙后分三路进城——麦长龙、李东江、罗杰、黄浩波带领队伍从云浮中学方向入县城；郑毅带领部分人员从牧羊、高峰方向入县城；叶永禄带领部分人员从丰收横岗、包屋方向入县城。上午9时，三路人员同时到达县城马坪广场。10时，云浮县党政军全体人员、县城中小学代表、县城各界人士代表1 000多人参加庆祝大会。中共云浮县委书记麦长龙在庆祝大会上讲话。

8. 云浮县特别支部遗址　云浮县特别支部遗址位于广东省云浮市云城区云城街道城北村委石门头村旁的山冈上（原云浮县兴业锡矿公司）；建于1936年，长15米，宽6米，为泥砖瓦木结构。1958年，"大跃进"时，该屋被拆毁。

9. 云浮中学党支部遗址　云浮中学党支部遗址位于广东省云浮市云城区兴云东路春岗山边，占地面积70平方米，为泥砖瓦木结构。1914年创办云浮县初级中学，1916年9月改为云浮中学，1990年该遗址已拆建为学生宿舍。

1939年抗日战争时期，云浮中学青年学生麦长龙带领抗日先锋队员和学生广泛开展宣传抗日活动。同年9月，建立了云浮中学党支部，麦长龙任支部书记。党支部建立后，在学校墙报先后出版了《纪念孙中山诞辰》《教育的呼声》《统治者与被统治者》《纪念黄花岗七十二烈士》等10多篇重要文章。同时，在校内组织读书会，学习时事，开展演讲、座谈会等，向广大同学灌输革命道理，团结一切志同道合的同学。1947年底至1948年初，云浮中学党支部领导建立了李荣昌商店、目塱村、石门头矿区交通站。

前锋镇革命烈士纪念碑

10. 前锋镇革命烈士纪念碑　该碑位于广东省云浮市云城区前锋镇矮岭村竹坡仔，建筑占地面积30平方米，保护范围面积600平方米。

1950正月初十和十一日，云浮南区发生大规模的土匪武装暴动，直接参加暴动的有3 000多人。暴动土匪占领了料洞、砒石、罗坪、福龙、增村、横岗等地，杀害乡干部、征粮工作队和公安战士23人，劫走粮食2.6万千克和财物一批，夺走机关枪5挺，步枪、手枪50余支。当地群众将在暴动中牺牲的烈士安葬在旧圩的桥头附近。1980年9月12日，前锋镇政府为了纪念这些革命烈士，在该镇矮岭村的竹坡仔兴建了革命烈士纪念碑。

南盛镇烈士墓

　　11. 南盛镇烈士墓　南盛镇烈士墓位于广东省云浮市云城区南盛镇中心小学后背庙脊顶山，建筑面积55.44平方米，保护范围面积598平方米。

　　1950年春天，国民党在南区的南盛、砒石、富林等地发动了大规模的反革命暴乱，制造了骇人听闻的南区事变。南区区长兼公安中队队长李军等同志率领南区政府和县大队的部分同志，同敌人展开了殊死的搏斗，终因弹尽粮绝，最后全部壮烈牺牲。为纪念李军等烈士，于1975年建造此墓。

附录七 重要革命人物和重大革命事件

一、重要革命人物

1. 邓发（1906—1940）

邓发，1906年出生于广东省云浮市云城区替石塘村一个贫苦农民家庭，14岁到广州、香港工作，1925年加入中国共产党。20世纪20年代，他先后参加了香港海员大罢工、省港大罢工和广州起义。1928年后历任中共香港市委书记、中华全国总工会南方代表、中共广州市委书记、中共广东省委常委兼组织部长、中央特科驻港

邓发

负责人。1930年当选为中共中央委员，并任中共闽粤赣边区特委书记。1931年任中共苏区中央局成员、中华苏维埃共和国中央执行委员兼国家政治保卫局局长。1934年1月起任中共中央政治局候补委员。1936年任中共驻共产国际代表。1937年9月，任中共中央驻新疆代表兼八路军驻新疆办事处主任。1937年12月起任中共中央政治局委员。1939年夏，任中共中央党校校长。1940年初任中共中央职工运动委员会书记等职。1945年9月，以中国解放区职工联合会筹委会主任身份，参加了在法国巴黎召开的世界职工代表大会。1946年4月8日，同王若飞、秦邦宪、叶挺、黄齐生等同志由重庆返延安时因飞机失事在山西省兴县黑茶山遇难，时年40岁。

2. 梁桂华（1893—1927）

梁桂华

梁桂华，原名贵华，1893年出生于现广东省云浮市云城区思劳镇三坑村的一个贫苦农民家庭，儿时曾为地主放牛。他是中国共产党早期的优秀党员、广东工人运动领袖之一。曾任中共广东区委监委副书记、中华全国总工会执行委员等职。1927年12月11日，他参加广州起义，任工人赤卫队总队副总指挥。13日身负重伤被敌人抓捕后，壮烈牺牲，年仅34岁。

梁桂华的父亲梁积是一名建筑工人，在香港的一次施工事故中不幸身亡。梁桂华14岁便跟随舅父到广州学理发，1912年学艺出师后到佛山当理发工人。他受到革命志士谭平山、陈公博、王寒烬、梁复燃等的影响，聆听他们演讲和学习革命真理，学习《共产党宣言》等，不断接受革命思想。1922年春他加入中国共产党，成为广东地区早期共产党员之一。广州起义缺少经费和枪支弹药，他主动承担筹款、建立武器运输站。为了筹款和传播革命火种，他回到了阔别多年的家乡——云浮。回到云浮后，他白天和农民兄弟边劳动边宣传革命思想，晚上则与农民兄弟聚集在祖屋，宣讲革命思想，以此唤醒民众参加到反压迫、反剥削的革命斗争中。他积极为广州起义筹款，他在祖传的两间房屋中，选择了其中一间较好的房屋变卖。当时市值约200银圆，但他的堂兄梁甲为了支持他的革命活动，以翻倍的价格即400元买下了该房屋。最后，他怀着对革命的坚定信念，把养育女儿的责任托付给妻子严五，带着典屋所得的白银，告别妻女、乡亲回到广州

并参加了广州起义，最后为革命牺牲，成为一名光荣的共产主义
战士。

3. 陈剑夫（1891—1928）

陈剑夫

陈剑夫，1891年出生于广东省云浮市
云城区腰古镇城头村的一个贫苦家庭，仅
读过4年私塾。民国初期，他跟随长兄到香
港谋生，先后替一个英国商人和一艘外国
轮船做苦工，饱受外国资本家的剥削和歧
视。在外国轮船干活时，得到中国工人运
动先驱者苏兆征和林伟民等的启发教育，
开始投身中国工人运动。

1921年3月6号，陈剑夫在香港参加中华海员工会成立大会，
会后回到轮船上发动海员参加工会，同船上的老板、工头作斗
争。翌年1月12日，香港海员大罢工爆发，他带领同船的中国海
员参加罢工并回到广州。罢工得到广州、香港各界人士和各行业
工人的同情和支持，迫使港英当局和资本家不得不接受罢工海
员的复工条件。1925年省港大罢工时，他任工人纠察队第三大队
第九支队队长，带领支队成员驻守深圳，承担封锁香港通道的
任务。

1926年1月，陈剑夫出席在广州召开的中国海员第一次全国
代表大会，被选为执行委员，并任交际部主任。同年4月，他以
海员工会代表的身份出席在广州召开的香港各届工会代表大会。
同年10月，加入中国共产党。

1927年4月15日，国民党右派在广州进行大屠杀，陈剑夫及
时转入地下，在海员中组织革命武装。同年11月，他任海员工人
赤卫队第二大队队长。12月11日，他参加广州起义，带领海员工
人赤卫队攻入靖海区署，接着又在长堤、靖海路一带守卫；后在

巷战和肉搏中受了伤，在工人家属的掩护下脱险。广州起义失败后，他到香港找到党组织，继续做革命工作。

1928年初，陈剑夫受党组织派遣回到家乡腰古小河乡城头村，秘密开展革命活动。同年5月初，成立中共云浮县委员会，陈剑夫被选为县委委员、常委。会后，他秘密发展党员，健全农会组织，发动群众，与国民党当局以修筑公路为名侵占民房、农田和敲诈勒索进行斗争。5月中旬，县委改选，陈剑夫被选为中共云浮县委书记。同年夏收，他发动农民实行减租减息，组织农民自卫军，打击土豪劣绅，把没收来的财产和粮食分给贫苦农民。8月29日，国民党云浮县县长刘学修派出反动军警和民团包围城头村，陈剑夫被捕。31日，陈剑夫在小河圩尾鱼苗塘边被杀害，时年37岁，葬于腰古城头村。

4.　吴桐（1920—2003）

吴桐于1920年2月1日出生于广东省东莞市望牛墩镇扶冲村。1939年10月在香港太古船坞加入中国共产党。1941年2月加入广州市区游击第二支队独立第一中队，此后历任班长、小队长、副中队长、中队长。1944年起任广东人民抗日解放军某团副团长、第四团团长、滨海大队队长。1948年4月，任广东人民解放军粤桂边三罗总队副总队长。1948年6月，任广东人民解放军三罗支队副司令员。1949年1月，任中国人民解放军粤中纵队第四支队副司令员。1949年8月，任中国人民解放军粤中纵队第六支队司令员。抗日战争和解放战争时期，吴桐在珠江三角洲、原粤中地区以及广西岑溪等18个县的地方辗转奋战。1949年10月，任肇庆市军事管制委员会主任、西江军分区副参谋长。20世纪50年代后，历任南京军事学院海军系教员、海军学院教员、海军学院研究处处长、海军学院研究部副部长、海军学院训练部副部长。1975年任海军南海舰队榆林基地司令部参谋长。1979年参加对越自卫反击战后离休。离休时为副军级干部，担任广东省老区建设促进会理事等职务。

云浮市是吴桐在解放战争时期连续工作时间最长的地区。1947年6月至解放战争胜利，吴桐先后任中共三罗（云浮、罗定、郁南）地工委委员、广东人民解放军三罗支队副司令员、中国人民解放军粤中纵队第四支队副司令员和第六支队司令员，参与组织和领导了三罗武装斗争"第一枪"——富林战斗、郁南"四一八"起义、连州战斗等大小战斗数十次，为三罗地区的革命做出了积极贡献。在长期的革命斗争中，吴桐与云浮人民结下了深厚的情谊。中华人民共和国成立后，吴桐和他当年领导下的粤中纵队第四支队的老战友、老同志，仍心系云浮的建设事业，积极参与云浮的三个文明建设，尤其在地方经济建设、老区扶贫、老干部工作、教育下一代、希望工程、党史研究等方面做了大量工作，受到了社会各界的赞誉。

5. 麦长龙（1922—1972）

麦长龙，原名昌隆，1922年出生于广东省云浮市云安区都杨镇的一个农民家庭。他在云浮中学读书时，正值抗日战争全面爆发。1939年初，他加入广东省青年抗日先锋队云浮独立支队，任独立支队副队长。是年，他发动100多名同学加入抗日先锋队，创办《云浮青年》墙报，在校内外进行抗日救亡宣传活动。1939年6月，由徐文华、余渭泉介绍加入中国共产党，后任云浮中学党支部书记、中共云浮县特别支部委员等职。

1941年3月，麦长龙受中共西江特委委派，任中共三水县委委员。他自筹资金在沦陷区的三水县小杭圩开设福昌茶楼作掩护，开展秘密工作。1942年10月，任中共云浮县特派员。1943年初，云浮党组织暂停活动，党员隐蔽下来。他与麦冬生等共产党员筹集资金给共产党员区德民营商，以资助中共组织和武装部队，还将母亲的300银圆"私蓄"全部献出，又经常瞒着伯父从其安记商店取钱和大米，以解决隐蔽后的经济困难。1945年初，根据中共上级组织的指示，恢复云浮党组织的活动，麦长龙仍任中共云浮县特派员，并出任都骑乡抗日自卫队中队长。他还对地方实力派四乡联防办事处主任徐鸣登做统战工作，自荐四乡联防办事处副主任，使四乡联防队实际成为共产党领导当地群众的抗日武装力量。

抗日战争胜利后，麦长龙先后担任中共"三罗"临时工作委员会委员。1945年10月，当粤中纵队代司令员谢立全等主要领导及司令部办事处40余人从恩平朗底转移到云浮县都骑乡麦州村隐蔽时，他和余渭泉、麦冬生等组织力量做好保卫工作和交通情报工作。同时，麦长龙与陈云在河口开设宏兴豉油膏铺，一面作为粤中区特委的秘密联络站，一面筹款支持特委和办事处。1946年底以后，他按照上级关于恢复武装斗争的决定，在云浮县北区组建武装工作组，建立云城、大绀山等地交通情报站，建立都骑粮仓，征收粮食2.5万千克，有力地支援了武装斗争。1947年秋，他秘密前往鹤山县，协同由吴桐率领的游击小分队挺进云浮县富林，开展武装斗争。1948年4月，他任云浮县工委书记，密切配合粤中挺进部队派来云浮县的两个游击小分队的武装斗争活动，同时发动农民组织农会、民兵，建立游击根据地，发展人民武装力量。到1949年初，云浮县人民武装发展到400余人，还组建了600多人的不脱产武装民兵。1949年1月，云浮县人民武装组织改编为中国人民解放军粤中纵队第四支队第三团，麦长龙任团长兼政委。随后，麦长龙立即率领三团投入由粤中纵队第四支队直接组织和指挥的反击国民党广东省保警的连州战斗。1949年4月20日，云浮县人民政府在富林双富乡成立，麦长龙任县长。10月24日，云浮县军事管制委员会成立，麦长龙任主任。10月27日，他率三团战士解放云浮县城，11月任中共云浮县委书记。

1950年3月，麦长龙调离云浮县，先后任中共西江地委研究室研究员，西江土地改革委员会秘书长，中共郁南县委第二书记等职务。1958年反"地方主义"运动时他被错定为"地方主义分子"，受到错误处分；文化大革命中又受到冲击。1972年12月，麦长龙因积劳成疾病逝，时年51岁。1979年6月16日，中共肇庆地委纪律检查委员会为麦长龙做出撤销处分、恢复名誉的平反决定。

二、重大革命事件

（一）关于云浮党组织的问题

（根据解放战争时期曾任三罗总工委书记的唐章同志在1981年7月7日参加云浮县党史座谈会的发言稿整理而成）

今天我们能够同很多老战友和新领导见面，感谢云浮县委使我们有这个机会。现在在座的很多人都是云浮解放以前参加过各时期革命斗争的老战士，有的在大革命时期，例如陈大姐、何叔。

何潮同志刚才讲了话，不过他最精彩的未讲到，我在这里补充下。何潮同志是大革命时期的人物，他同邓发同志一样，都是海员

唐章

工人出身，曾参加省港大罢工。1927年底广州起义，何潮同志是参加广东省委制定起义计划的人。广东省委开会，张太雷同志布置这次起义，何潮同志参加了。他参加广州起义，领导省港罢工工人，就在广州长堤一带同敌人作战。因此可以说，领导武装斗争的何叔应该是我们的老前辈。1927年就同国民党打过仗，他是

党的"七大"代表。

到了1947年8月，他响应党的号召到三罗地区来，并且带着女儿一起来，在三罗进行革命斗争时他又一次被捕，但是一出狱他又投身到革命洪流中。他的一生是革命的一生，是战斗的一生，很值得我们学习。

还有大革命失败以后，重建云浮党组织的余渭泉同志和党组织重建后的第一批党员麦裕滔、李青、君怡等都在这里。当然，在这里我们不能不提在抗日战争时期、解放战争时期为三罗人民、为云浮人民流血流汗的大批同志。今天在这里的有沈鸿光同志，是四支独一团的团长。还有在座的朱开同志，他是"西山大学"毕业的。这里有很多人是从"西山大学"毕业的，如国强、杨彪等同志，远战云北的戴苏同志，后起之秀的陈凤堃、徐国栋等同志，还有现在在西江负责某方面工作的同志们，我就不一一列举了。在这几个年代的同志中，当过三罗中心县委书记的这里就有几个，如潘祖岳、谭丕桓、李东江等同志。

现在我要讲的是关于云浮党史的几方面问题：

首先，今天这个云浮党史座谈会，我觉得开得很好。我认为我们这次回来，不仅仅是为编写云浮党史提供我们所知道的资料，而且更重要的是我们这次座谈会应该是一个颂扬伟大的党的座谈会。云浮党组织有很长的历史，大革命时期邓发同志回过云浮，带了一批人在这里工作过，早期云浮闹革命的时候，很多革命先烈在这里牺牲了。广东省是当时的革命策源地。大革命失败后，云浮的党组织中断了10年。1938年后，在毛泽东思想指导下，在党中央的领导下，从几个人组成的党组织发展成为群众性的党组织，最后配合南下的人民解放军取得云浮的全面解放。这是党中央领导的胜利，是毛泽东思想的胜利。现在我们处在一个新的历史时期，对于我们党怎样去认识，对于马列主义、毛泽东思想怎样去认识，有一些人，特别是一些青年人，不是那么清楚。有的青年对党的信仰动摇，有的青年觉得现在我们最紧要的就是要向"钱"看。这个"钱"不是前进的"前"，是银钱的"钱"。因此，今天我们就要把革命的传统恢复过来，发扬起来。而我们开这个座谈会，就应该颂扬马列主义、毛泽东思想，颂扬党的领导，这样才能使座谈会更有思想性，更有丰富的内容，我们写党史才有意义。失去了这个灵魂，党史是写不出来的。我们这个座谈会应该是一个拨乱反正、正本清源的座谈会。

对云浮党组织、云浮人民武装、三罗党组织的性质，有些人有不同看法。有的人讲三罗党组织是"地主党"，三罗武装是"土匪武装"。由于有了这样的认识，云浮解放以后的多次运动中，参加过部队和党组织的很多人受到了不正常的对待。现在应该是拨乱反正、正本清源的时候了。怎样拨乱反正、正本清源呢？这就要求在座的各位同志能将自己所见所闻所经历的，尤其是在党的领导下闹革命的历史事实如实地反映出来，恢复云浮党组织原来的面貌，恢复云浮人民武装原来的面貌，这就是我们这次座谈会的要求。还有，我们这次座谈会，有老一辈的，有年青一辈的，不论是哪一辈，都是云浮人民培养出来的。人民是创造历史的动力。没有人民，我们党就不能在这个地方生根、开花、结果。我们在这里谈到这个历史的时候，我们必须把功劳归于云浮人民。因此，我们回忆历史的时候，我们应该歌颂云浮的人民，歌颂云浮人民的子弟，歌颂云浮人民优秀的儿女。只有这样，我们的党史才能写得有血有肉、更生动，更能反映历史的真实。

现在我想谈的是云浮党组织所经过的历程。由于知识有限，讲得不对之处，希望同志们能够补充、修正。在这个时期里，我只不过是承上转下，上有中共广东省委、中共西江特委、中共粤中区党委。今日梁嘉同志来了，他是我们的老上级，他会同我们讲中共西江特委是怎样领导革命、怎样领导云浮革命的。在这里我只能为大家做一个简述，更具体、更实际、更生动的要靠大家去补充。大革命时期的材料我讲不出多少，我主要讲抗战时期、解放战争时期云浮党组织的革命历程。大革命失败以后，有10年左右，云浮处在国民党一党专政统治下。到抗日战争全面爆发，云浮的党组织开始恢复，从它恢复的第一天起，就同敌人进行斗争。因此，云浮党组织的重建，就是云浮的党组织同敌人、同国民党反复进行斗争、较量的过程。这个较量时间相当长，从1937年至1949年云浮解放，结果是代表新生力量的我们取得了胜利，代表腐朽力量的国民党彻底失败了。

我们云浮党组织是在什么环境下产生、成长、取得胜利的呢？现在我想从这几个时期谈起。

1937年抗日战争全面爆发，党中央号召全民起来进行抗战，这时候云浮已经有青年开始活动。特别是在七七事变前后，云浮的青年发扬云浮的革命传统，响应党中央的号召，进行抗日救亡活动。这个时期的活动局限在云浮北部，就是余渭泉同志开始同一批青年进行活动，这个时期是云浮党组织恢复建立的准备阶段。到1938年4、5月间，中共广东省委派出几个工作组到一些县份开展抗日救亡活动，来云浮的是周明和林玩同志。林玩是后来粤中部队在蕉山战斗中牺牲的一位女同志。还有几个人，他们大多数都是党员。他们到了云浮并根据中共广东省委的指示，在云浮开展工作，把马列主义带到云浮，带给云浮的先进青年，带给云浮人民。从这个时期开始，云浮就有了党的领导。由于有了党的领导，云浮的抗日救亡走上了新的阶段，从此云浮人民的斗争，就不是过去那种自发的斗争，而是在中国共产党领导下的斗争，这方面党史应该大书特书。中断了10年的共产党组织重新在云浮恢复。

在周明同志的帮助下，第一批党员就在云浮发展。第一批入党的都是青年男女，他们代表了云浮人民的希望，代表了云浮人民的意愿，新兴的力量得到了成长。因此我们写党史的时候，我们应该明确地写出党的建立和恢复时期，以及有这一批党员。云浮支部成立了，后来又成立了云浮中心支部。这就是云浮县委的前身。

那时余渭泉同志做了大量工作，云浮第一个支部书记就是他。云浮中心支部书记也是他。在云浮党组织重建的时候，他是创业者。在云浮党组织的领导下，云浮抗日救亡活动进一步发展，那时云浮抗先队发展到800人左右，在全县范围开展宣传活动，这对人民抗战情绪的提高和认识的提高有很大的帮助。这时，国民党政权并没有放弃对这个新生力量的破坏。1938年10月以后的一段时间里，国民党省党部派出工作组跟在抗先队之后，到云浮一些地区进行活动，散播国民党那一套。后来，国民党县党部书记长黄世全还亲自出马推行反动政策，国共两党的摩擦在云浮已经有表现了。但是年轻的云浮共产党组织、共产党员在这种情况下，坚决反对国民党的妥协投降政策。1939年，在云浮中学开展过一场斗争，黄世全到云浮中学宣传他的反动主张，宣传国民党消极抗战那一套。这个时候正是抗战高潮期，但是这个高潮没多久，就很快转到低潮去了。1939年3月，蒋介石提出限制异党活动的方案。1939年6月，广东省政府主席李汉魂从重庆返来，积极部署反动阴谋，派出大量爪牙，到各地推行反动政策。这股逆流先到了西江地区，后又来到云浮。1940年上半年，由于国民党推行反动政策，西江党组织号召全西江地区的人民在党的领导下反击这股逆流。当时云浮党组织坚决执行西江党组织的指示，开展广泛的宣传，揭露国民党的阴谋。1940年5月，斗争进一步尖锐化，国民党县党部强令解散云浮抗先队，云浮党组织当时发动了100名抗先队队员进行抗议，有力地反击了国民党当局。

1940年7月间，云浮党组织举办党支部骨干训练班，总结过去的经验教训，提出今后斗争的方式，现在在座的还有不少是这个训练班的学员。训练班要求把今后的斗争方式来一个比较大的转变，这个转变有几个方面：第一个就是从原来轰轰烈烈地开展抗日斗争的政治活动，转到以经济和文化的活动为主，以此团结青年、团结群众，教育青年、教育群众；第二个是从前一个时期以青年学生为主要对象，现在重点转到农村去，转到工农中去；第三个是从过去大规模的、公开的、蓬蓬勃勃的运动形式，转到分散的、隐蔽的形式；第四个是从面对面地同国民党斗争，转到推动中间人物和民主力量同国民党周旋，更好地运用统一战线同国民党开展斗争；最后一个转变是，党从公开和半公开的活动转到秘密的活动，秘密工作同公开的工作严格地分开。当时就是采取这样五个转变。这五个转变使我们的党组织更精干了，更能够长期埋伏下来了。

在转变斗争方式的同时，还采取新的方针，这个方针就是毛主席提到的"隐蔽精干、长期埋伏、积蓄力量、以待时机"。这个方针从1940年下半年贯彻到1942年上半年，云浮党组织做了以下几件工作：第一件是调整领导机构，暴露的干部尽可能多地撤走，使我们的党组织更严密、更隐蔽、更有力量去对付敌人。安全撤走的有当时的工委书记陈孔嘉。撤走的党员干部差不多有一半，三四十个人不过留下十几二十个人。第二件是更进一步地严密组织结构，就是在都骑、杨柳建立了统一的支部，当时支部书记是麦冬生。在困难环境下，云浮北部的工作由这个支部负责。第三件是在继续做好学生工作的同时，加强对工人、农民的工作。在这个时候，邓沛霖同志的组织关系重新接收过来。通过邓沛霖将曾七的组织关系也接收过来。我们派同志进入泽源乡自卫队，在自卫队里发展党员，黄金同志就在后一个时期加入党组织的。当时，我们曾试图通过邓沛霖同志的活动，从滔记和九如茶楼开始，把云城的工人组织起来。邓沛霖同志原来就是广州茶室酒楼工会的负责人，后来由于条件进一步恶化，这一目的没有实现，不过工作还是向这方面发展。

还有一项工作，原来党员大多集中在中学和云北地区，现在要把党员分散和隐蔽到农村。因此，从都骑到泽源，然后到六都一线的小学，我们都设法进去，进行控制。值此转变的时候，我们采取了一些新的策略。过去我们是反对参加国民党、反对参加三青团的。在这个时候，我们根据毛主席的指示，可以参加三青团、国民党，同时可以进入保甲组织和国民党基层政权。根据中央这个政策，我们以后逐步安排党员进乡公所。所以在后来一段时间，出现了一些"白皮红心"政权，如都骑乡、泽源乡、杨柳乡。中华人民共和国成立以后的历次运动，参加过国民党或当过国民党乡长的党员都受到批判，甚至坐牢，这是对当时党中央政策的不了解。由于落实这个政策，我们的党组织不但隐蔽了下来，还在隐蔽下开展活动。

取得国民党乡政权，对于我们有哪些作用呢？应该讲好处不少。首先就是我们能够掌握敌人的动向。比如国民党县政府有什么行动，乡公所知道了，我们的党组织也知道了，我们就可以及时采取措施保护我们的地下党同志。我们还可以利用它所储备的粮食、经费作为我们党组织的活动需要。又如国民党要推行它的"反共"政策，我们可以缓和这种政策的推行，甚至推迟和抵制这些政策的推行。特别是通过掌握了乡政权和敌人的基层武装，可以利用它来进行活动。在泽源乡就是这样。从1940年下半年开始到1942年上半年，我们都是这样做的。

同时，我们还抓好统一战线工作。我记得1940年下半年麦长龙还未调走的时候，当时大家研究过怎样在云浮县开展统一战线工作。1938年、1939年的时候，云浮党组织的一个重要统一战线对象就是潘维尧，他是黄埔军校出身，曾在我们党的领导下工作过，曾在北伐军里当过指挥官。抗战初期他表现进步，我们在他的掩护下开展活动。到1940年，我们不仅在县城搞统一战线，各个地方也同样搞统一战线，对地方上有权威的人物，我们也做"交朋友"的工作。在云浮北部比较有力量、有威信的人物是徐鸣登。当时决定把徐鸣登作为我们的统一战线对象。在北部有什么活动，就把徐鸣登推出来，推到第一线，这样更有利于地下党的活动。这就是我们在政策上的转变。这时发生了一件重大事件，即粤北省委遭到破坏，南方分局、交通总站被破坏了，广西党组织从省委一直到支部都遭到了破坏，受破坏的有好几个省，粤北省委书记被捕，组织部长也被捕。这是对华南党组织一个很大的打击，我们蒙受了很大的损失。

为保护党员、保护各个地方隶属于粤北省委的党组织，党中央及时采取果断措施，要求粤北省委所属的地方党组织停止活动。当时粤北省委向我们传达的有这几条：第一条暂时停止组织活动；第二条每个党员坚守岗位，努力学习，广交朋友，保持共产党员的气节；第三条对重点的党员骨干保持一定的联系，等待将来再举。

云浮党组织按照上级指示停止了几年活动。但在停止活动期间，麦长龙同志依然坚守在云北岗位上。他那时从三水回到云浮，依然保持同大多数党员组织上的联系。留在云浮的党员，坚守岗位并做了几件工作。第一件是在各自岗位上坚持、做到职业化。就是你干什么就应该干什么，是做教员的就在这个岗位上做好教员工作。第二件是从政治上、生活上保证从粤北撤退下来的同志的安全。当时来到三罗的有十几二十个人，除了这些同志以外，还有其他各地转移到三罗来的同志。对这些同志，云浮党组织尽了责任。在这样困难的情况下，依然从经济上支持这些同志的生活。第三件是我们有的党员已经在组织的安排下，进入乡公所。有的在乡公所做文书，甚至当上乡长，都骑是这样，以后杨柳也是这样，这为以后的工作创造了更有利的条件。到了1944年6月左右，中共西江特委特派员冯燊来到三罗传达了中共广东省临委的指示。当时麦长龙在云北，他同样听到这个指示，参加讨论，决定根据这个指示开展活动。这个指示有二条：一是准备恢复组织活动；二是准备沦陷区的工作。中共广东省临委分析，日本帝国主义发动的太平洋战争，已经处在日益困难境地，它要坚持打这个战争，保证在太平洋各岛的日本军队的供应和援助，它一定要打通湘桂路，即从湖南通过广西到越南这条线。为了打通湘桂路，敌人一定会占领西江沿线，因此中共广东省临委号召，各个地方的党员应该全力以赴地开展武装抗日斗争，这就是中共广东省临委对于西江地区党组织和三罗党组织的指示。形势的发展终于使每一个县的党组织要做出决定，日本人已经向西江进军了，已经占领西江沿线的据点了，到那时我们的党组织怎么办？云浮党组织迅速做出决定，采取措施。原来中共广东省临委有这样的意见，我们可以搞武装斗争，武装斗争可以采取三种形式。第一是自己搞起来的，由自己控制，由自己领导，这种形式是完完全全红色的；第二种是别人用合法的名义搞起来，但实际是由我们党员掌握的，是我们党领导的；第三种是别人组织起来并已经控制部队，我们派党员进去，逐步控制这个部队，掌握这个部队。云浮党组织采取了后两种形式。首先是搞了一个四乡联防队，由杨柳、都骑等几个乡，利用合法名义，利用各乡已有的自卫队加以扩大，以这样的形式，实际上掌握这个武装的是我们的党员。当时以四乡联防办事处的名义来掌握这批武装，这就是省委所提出来的第二种形式。别人以合法的名义组织起来，但实际上是由共产党员、共产党的组织所掌握起来的武装，这是一种形式。还有，云浮党组织不限于四乡联防，同时进一步通过徐鸣登组织一个突击队，这个突击队比四乡联防范围更大了，人数更多了，但它的成分复杂一些，这是一个统一战线的形式。我们派干部去，并通过对徐鸣登做工作，逐步把这支队伍控制起来。云浮党组织在武装斗争中就是采取这第二、第三种组织形式。队伍组织起来即开展对敌斗争，利用处在西江边的有利条件，威胁日本人的交通线和沿西江的运输线。当时西江是日本侵略者的运输大动脉。我们将武装推进到西江边，经常威胁这条交通线，取得一定效果，同时促使日本人在猫山的据点更紧缩了。我们四面八方把武装部队布置起来，使它不能进一步向外扩展，从而保持这个地区稳定的局面。因此，当时所组织起来的武装，对抗战是做出了贡献的。通过武装斗争，我们又接近群众、联系群众，而且教育了群众，同时又锻炼了我们的干部，我们有些军事干部就逐步成长起来，表现比较好的就是陈凤堃同志，该同志此后打仗很勇敢，而且很有办法。

不久，日本人就投降了。日本侵略者投降后，用美式武器装备的国民党新一军从广西下来，控制着那城、德庆。同时，邓龙光的部队又从广西和广东南路回到西江地区，这样就造成了一个大军压境的态势。他们要收缴共产党的武器，要逮捕共产党员，在郁南曾经发生过抓人事件。在这样的情况下，四乡联防队的队伍就分散开来，依然保持在各个乡里。同时，为保存力量，坚持武装斗争，我们的粤中挺进部队分散活动。

到1946年，一部分部队开始北撤，同东江纵队一起北撤到山东烟台。不过，1945年到1946年，依然留有部分部队在粤中各地开展活动，这个活动是分散的，代理司令员谢立全转移到云浮北部。电台跟着带到云北。在云浮北部设立司令部办事处。这对云浮党组织是一个重要的任务，怎样保证司令部的安全，怎样使司令部的命令通过来来往往的参谋人员传达到各个分散的部队里去，怎样保证司令部所领导下各个部队的给养等？那时向云浮党组织提出两个任务：一是怎样在政治上、军事上、组织上保证军事首脑的安全。我们的部队都撤到各个地方去了，有的虽然撤到周边的新兴一带，但是仍然远离司令部。那么司令部靠哪些人来保护呢？当时只有一个保卫参谋，就是今天来开会的戴苏同志，他一个人一支驳壳枪。怎样能够保护司令部呢？这就要靠我们云浮党组织。云浮党组织利用我们所控制的都骑乡公所和泽源乡公所及其自卫队，掌握国民党县府的动向，保卫交通线，使参谋人员畅行无阻。从1945年底到1946年3月，司令部才撤走，这个任务云浮党组织顺利地完成了。在这方面麦冬生同志出了很大的力。我们就是住在麦冬生同志家里，司令部办事处就设在他的家里。第二个任务是怎样筹措经费来维持司令部及电台的活动。怎样维持附近各个部队的活动？我们采取两个办法，一个办法就是在泽源乡搞了一个豉油膏厂，黄金同志也参加了。厂子专制豉油膏、卖豉油膏，这样来赚一些钱。不过钱没有赚到，倒是亏本不少。粤中挺进部队曾打下春湾，打开银行搞到了一笔钱，这笔钱相当一部分用在办豉油膏厂，另一部分就是投资到"前进渡"，办一条渡船来往于都城、江门等地方，想通过这条渡船，使我们的参谋人员能够有掩护地进行活动；另一个方面，想通过渡船去赚些钱来支持我们部队的斗争。在这半年时间里，云浮党组织担负的任务都胜利地完成了。

1946年3月以后，形势又有了新的变化，广东部队撤到山东烟台去，我们的干部又同部队撤走或疏散了，这个时候有的老干部从这个地区撤走，新的干部派到云浮来，开展云浮党组织的活动。这时，李东江同志来了，谭丕桓同志来了，还有梁奕辉同志、黄浩波同志等纷纷到了云浮地区。有了这些同志，云浮党组织的活动进一步展开了。从调整转到"小搞"，从小规模的武装斗争进入大搞武装斗争。现在想谈的是云浮党组织怎样领导云浮的人民，怎样联合各个统一战线对象，开展解放战争。

1947年夏季以后，中央发出号召，毛主席作了一个报告，题为《关于目前形势和我们的任务》，报告明确指出，中国人民的革命斗争已经到了一个伟大的转折点，即将走向胜利，而敌人则走向失败，走向彻底的崩溃，号召全国人民起来推翻蒋家王朝。云浮党组织、云浮人民响应党中央的号召，进行胜利的斗争。我曾经讲过，云浮党组织从重建那天起就同国民党开展斗争，两股力量在云浮土地上较量了10年时间。这10年当中，云浮党组织是在困难的条件下不断地曲折前进的。但是过去依然是政治斗争，除了武装抗日斗争那个短暂的时间，战争是政治的继续，是特殊的政治。当政治不能解决问题的时候，只有采用武力。亦即是从建立党组织的那天起，一直进行着长期的政治斗争，到今日就要进行决战了，表现形式是战争。云浮党组织面对这样的形势英勇地拿起枪杆子，同人民一道，与国民党进行斗争。当时全国整个形势是非常有利的。正如毛主席所指出的已经到了伟大的转折点，人民解放军已经从防御转入反攻，正在全国范围内展开。这个形势正好使云浮党组织采取决战的形式来进行斗争。因此，在1947年下半年，云浮党组织已经开展一些小型的武装斗争。到1947年底，粤中纵队派了吴桐、朱开等同志率领部队挺进到云浮南部，在富林到西山一带展开活动。不久，粤中纵队又派另一小分队由戴苏同志率领到云浮北部。这样在云浮北部、南部都有我们的武装力量。

这些武装力量，特别是吴桐、朱开同志率领的队伍，人数虽少，却是一支身经百战的队伍，从珠江打到粤中。他们的到来，有力地把云浮的武装斗争推到一个新的阶段。1948年1月，他们和云浮的陈云、陈凤堃、黄池等同志一起，突袭富林关帝庙并取得全面胜利。这声枪响，震动了西江，更震动了云浮，宣告解放战争已在云浮开始了。富林战斗以后，陆陆续续有几次战斗，云浮北部有河口战斗、扶卓战斗。然后到1948年8月，当时三罗总队在金鸡同敌人展开很激烈的斗争，打下了金鸡，当然我们也付出了代价，两个老战士梁伦、伍炎在这次战斗中牺牲。因此，我们在富林、白石、金鸡、苹塘一线打出了一个新的局面。这个地区以后成为边沿地区，韦敬文、黄平同志在这个地区开展各种活动，发动群众反"三征"，组织民兵，组织区队，建立政权，组织农会等。这个地区以后成为三罗武装部队和云浮武装部队的基础。当然我们的活动不限于云浮。

金鸡战斗以后，粤中纵队在冯燊、吴有恒的率领下，从粤中挺进到云浮、罗定，这就是有名的三罗大进军。这些部队在云雾山区的富林会师，这里有云浮部队，有粤中主力部队，有三罗部队，以后又和罗定的部队合在一起，挺进到罗镜，把蔡廷锴家里所存的2挺重机枪和若干挺轻机枪全部接收过来，从而进一步加强了粤中部队的力量。这次大进军，我们的部队声威大震，人心激奋，三罗斗争局面从此打开了，力量对比发生了很大的变化。云浮同样是这样，云浮的部队同三罗的部队一起挺进到罗定，打了一场比较大的战斗，就是连州战斗。在连州，两方都各有2 000人左右，共三四千人在这里展开战斗，这样的战斗在西江地区、在粤中都是比较少有的。在这场战斗中，我们取得胜利。云浮的人民武装在这次战斗中做出了它的贡献，因此在我们的党史中应该有这个记载。

大进军以后，云浮的局面就进一步打开了。当时我们对云浮人民武装的要求是向北靠拢，打通沿江一线，以迎接南下人民解放军的到来，进而解放全西江地区。云浮党组织同云浮武装执行了这个任务。因此，以后这段时间，云浮不只在南部开展武装斗争，同时还在北部开展更猛烈的斗争，如六都战斗等一系列战斗，结果使从六都到杨柳形成一片。我们在那里取得胜利，有力地配合了西江部队支持解放军的南下。

在三罗大进军的同时，云浮党组织又加紧开展统一战线活动，把统一战线工作同武装斗争结合起来。这时候，徐颂辉从杨柳带着部队归附于云浮团。雷之楠亦早从阳春北部投奔到革命阵营里来了。对于此后云浮的武装斗争和云浮人民的解放事业，徐颂辉和雷之楠都做出了他们应有的贡献，云浮人民是不会忘记的。由于他们参加了队伍，归附了共产党，接受共产党的领导，因此我们的队伍发展得更壮大，当然云浮解放后（人们）对于历史有所误解，我们希望这个误解能及时得到解决。

云浮党组织、云浮的人民武装就是这样在上级党组织的领导下，在上级指挥部指挥下不断取得胜利，直至最后接收了云浮县城，宣告云浮解放。同时配合人民解放军清除残匪，解放整个云浮县。在剿匪过程中，我们三罗人民的优秀儿女，亦做出了牺牲，这里有李军同志、李波同志。李军同志原来是香港达德学校学生，是广西人。当我们接受他的要求，派他到云浮，派他参加三罗武装斗争的时候，他有必胜的信心，也有牺牲的准备。他曾经对我们讲过，你们不用问我家乡是哪里的，如果牺牲了也不用通知我家里人。他就是到最后的时刻为云浮的人民做出了牺牲。当然在1947—1949年的三年时间里，云浮人民的优秀儿女在云浮的队伍或三罗的队伍里，都做出了重大贡献，同时亦有所牺牲，这些都是值得我们后人纪念的。

这些就是云浮党组织及云浮人民武装革命的历程。从这里我们可以看到，云浮党组织从它重建那天起，就以马列主义思想同国内外的敌人展开坚决的斗争。在最后的决战中，在伟大的人民解放军凌厉攻势的支持下，在三罗部队的支持下，云浮人民取得决定性的胜利。在13年的艰苦斗争中，云浮党组织吸收了许多经验教训，但只要我们坚决执行党中央的指示，我们就一定能够克服困难，取得胜利。

（二）腰古农民暴动

1927年5月15日晚上，腰古、小河农民协会指挥部的领导程鸿才、张誉等，带领10多名农军到小河吉洞开会，研究决定组织农军于16日上午集中于腰古圩举行武装暴动。

会后，程鸿才、张誉等农民协会领导，分别到各村发动农会会员和农军，筹集粮食、枪支弹药等。16日早上，张誉带领几十名农军来到小河，逮捕了小河警察署长赖祝三和土匪恶霸"乌仔成""烂铜煲"，并押往腰古圩。当时张誉等人已联合腰古、小河、思劳等地的农军400多人、农会会员1 600多人，共2 000多人集中于腰古圩准备召开大会，公审并处决赖祝三和土匪恶霸"乌仔成""烂铜煲"等反动头目，然后打算立即向肇庆进发参加起义。不料，这时从肇庆开来的国民党第三十七团（云瀛桥部）机枪连，连同云浮县民团，从南北两路夹攻，以密集的火力对准会场猛烈射击。会场上农会会员和农军随即被打散，伤亡惨重。

程鸿才等见状立即指挥几百名农军紧急集合，率领农军边战边退，并迅速登上和占领腰古的石龙山和虾山，与敌人展开激烈的战斗。激战近2个小时后，农军死伤10多人，并终因敌强我弱，被迫撤出阵地，分散隐蔽。腰古暴动失败。

事后，国民党军队和地方反动武装，还对腰古、小河、云表、水东、芙蓉、思劳、路心等乡村的农会领导和部分农会会员的家进行了报复性搜查。遭受搜查的农会领导和部分农会会员的家被洗劫一空，有些甚至连房屋也被烧毁。

对分散隐蔽的农会领导，国民党军队和地方反动当局，又悬赏进行追捕，并向他们的家属勒索钱财。有一天，他们闯入了农会领导人吴镇南的家，捉住了吴镇南的二叔吴景和七叔吴东相，并对二人进行严刑拷打，逼他们说出吴镇南的去向。两位老人不堪折磨，相继被拷打而死。国民党军队和地方反动武装还不肯放过吴镇南一家，他们要捉走吴镇南的母亲。吴镇南的母亲对外宣称要"跳河自尽"，当晚便趁黑夜偷偷从小河圩逃到肇庆，在肇庆码头做苦力。接着，狠毒的国民党军队和地方反动武装又将吴镇南及其他一些农会骨干的房子烧毁。

农会暴动失败后，农会主任程鸿才撤到腰古云表坑山上隐蔽，后被其家工人吴八告密，不幸被捕。分会副主任李灶随后也被捕。之后两人均在腰古大江边被杀害。吴镇南和农会副指挥张誉率领部分农军突出重围后，让逃出来的农军分散隐蔽。

腰古农民暴动虽然失败了，但它却充分显示了农民群众对国民党当局的抗争精神，有力地打击了国民党当局的嚣张气焰，极大地鼓舞广大人民群众的革命斗志，更为后来的革命运动和武装斗争奠定了基础和积累了斗争经验。

（三）打响云北区武装斗争第一枪

1948年4月，国民党云浮县反动当局指使河口乡副乡长李学年，组建了有10多人枪的自卫队，并由李学年兼任自卫队队长。该自卫队日夜驻守在河口九堡甲炮楼，24小时巡逻放哨，监控云浮党组织和武工队的活动，给我方开展革命工作带来极大的障碍。

为了扫清革命工作的障碍，1948年6月上旬的一天晚上，云浮党组织和武工队麦长龙、李东江、麦容、陈明华等在都骑乡洞坑村李东江的住处开会，专门研究攻打河口自卫队的问题。

会议决定，为了减少不必要的牺牲，决定采用里应外合的办法，攻打河口九堡甲炮楼。麦长龙指定由梁峰派三人打进自卫队做内应。会后，梁峰返回河口与陈华年、祝瑞金、高远钧等人研究决定，派出黄云、冯星、陈锐三人打进自卫队做内应，并由陈华年通过他的哥哥陈新年（河口乡公所职员）找副乡长李学年疏通关系。经过一番周旋，黄云、冯星、陈锐三同志于1948年6月中旬顺利进入河口自卫队。

同年7月5日早上，云浮党组织和武工队决定在当晚半夜攻打河口自卫队。李东江随即派通讯员董超扬，先后到都骑乡古洲村通知党支部书记张基（女）、到泽源乡通知党支部书记陈明华和云北区武工队队长李行等，入夜后带领武装民兵在大塘肚村边集中待命，最后前往河口福群学校告知梁峰通知内应人员。当天梁峰就将接应讯号秘密转知内应人员陈锐，以参战人员亮手电筒连续打圈作为进攻敌人的冲锋讯号，内应人员接到进攻讯号后立即打开九堡甲炮楼大门，接应武工队人员。

当天入夜，李东江由麦容护送前往大塘肚村带领云北区武工队和武装民兵共30多人，11时左右到达河口自卫队驻地对面的山边埋伏，做好向敌人进攻的准备。凌晨1时左右，武工队队长李东江扭亮手电筒向敌方驻地连续打圈，内应人员陈锐接到进攻敌人的讯号后立即打开九堡甲炮楼大门，李东江随即指挥参战队伍冲进敌人的营房，齐声喝令："缴枪不杀！"敌人来不及反抗，龟缩一团，乖乖地举手投降。战斗胜利结束，共俘敌10多人，缴获手提机枪1挺，长短枪10多支，各种弹药1 000多发，并当场逮捕国民党云浮县政府的催征员黄崇佳，自卫队队员则经教育后全部释放。

初城、夏洞、河口各地群众得知黄崇佳被捕后，纷纷揭发举报黄崇佳在"三征"时经常勒索群众财物。云浮党组织和武工队根据群众举报的证据，处决了黄崇佳。消息传开，大快人心，群众拍手称快。

攻打河口九堡甲炮楼，打响了云北区武装斗争第一枪，对推动云浮县的武装斗争、抗击国民党反动当局的"三征"政策等显示了积极的作用。

（四）夏洞、燕子迳伏击战

1949年9月底的一天傍晚，夏洞武工队派出队员董荣、董北长等到夏洞圩了解敌情，收到从腰古赶集回来群众透露的信息，大约有一个班的国民党散兵从腰古向夏洞方向窜来。董荣在马王塘、钱罗围村组织民兵10多人，董北长在乌泥、双柏村组织民兵10多人，两队民兵连夜赶到夏洞圩周边的禾棚底监视敌人。快要天亮时，果然发现10多名国民党散兵，垂头丧气地从夏洞圩东面窜来。当敌人行至伏击点时，武工队和民兵齐声喝令："缴枪不杀！"敌人还未弄清怎么回事，就跪地弃械举手投降。

几天后的一天傍晚，夏洞武工队又获悉，约有一个排的国民党南逃散兵，准备从腰古圩经夏洞圩向西逃窜。夏洞武工队队长李方等率领全队10多名队员和乌泥、马王塘、赤村、钱罗围、双柏等各村民兵近100人，在燕子迳路段两边山头设置包围圈对敌人进行伏击。天亮后，一群国民党南逃散兵进入夏洞武工队和民兵的伏击圈。李方立即吹哨指挥，全体参战人员挥动红旗，齐声高喊："缴枪不杀！"敌人顿时乱作一团，纷纷放下武器，举手投降。

夏洞、燕子迳战斗不费一枪一弹，共俘敌50多人，缴获轻机枪2挺、步枪40多支、手榴弹100多枚及各种子弹数千发。武工队随即将战利品上交中国人民解放军粤中纵队第四支队第三团。夏洞、燕子迳战斗的胜利，得到了中共云浮县工委、粤中纵队第四支队第三团的通令嘉奖和奖励。

（五）云城和平解放

1949年10月23日，麦长龙率领部队从腰古进驻初城，即接到西区交通员送来李镇靖司令员的指示信，指示云浮县工委可以与李少白谈判，信中还夹有李少白、陈亚夫要求谈判的信。麦长龙、郑毅、韦敬文等经过研究，决定一方面由郑毅、韦敬文带领部队开到河口，摆开进攻云城之势；另一方面，由麦长龙与陈德鋆进行会谈，了解李少白、陈亚夫要求谈判的目的是什么。

23日，李少白派县田粮处主任申元东和苏文川2人，我方派罗杰、韦敬文2人，在河口布务村陈德鋆家中进行谈判。谈判的警卫、通讯、人员接送等，均由我方第三大队副教导员陈明华负责。谈判按中共中央《国内和平协定》（最后修正案）第八条第二十四款规定，参照云浮县的具体情况逐一落实。谈判持续到深夜才初步达成协议。25日，敌方增加保安第一营营长周国祯、我方增加三团政治处主任叶永禄为谈判代表。列席谈判会议的还有双方认可的知名人士，包括国民党云浮县参议员陈德鋆、云浮中学校长朱廷材、云浮商会会长童鼎。敌方代表周国祯表示，李少白其他条款都同意，但立即缴枪收编有困难。其借口是驻防南区的刘汉清营需要时间做说服工作，要求先让县城军政人员撤离云城集中到南区等候收编。

我方分析后认为，一是敌人可能想拖延时间，以便与民革方面取得联系，把他们作为整个系统的力量保存下来；二是没有南下解放军的帮助，我们一时也难以把他们打败，让他们先撤离县城，我军先进县城，可以在政治上确立影响；三是敌人撤离县城后集结到一个地方，他们如果反悔，只要解放军路经云城，我部队便可在解放军的协助下把他们打败。

考虑到这些，我方同意了李少白撤离县城、集中南区、等候收编的条款。另外，还可留下少数人在县城维持社会治安。其他条款，主要按照中央八项条件。其中包括保证他们的生命财产安全。对收编人员，人民政府将根据每个人的情况，量才录用等，并对原协议做了修改。25日中午，谈判双方在协议上签了字，协议一式三份，签字时双方代表加上知名人士共9人在场。26日中午，李少白带着协议回到县城，下午率领军政人员撤离云城，前往南盛料洞等候收编。

在与敌人进行谈判的同时，我方也做好了武力解放县城的充分准备。一是部署好进攻县城的队伍，向县城制造大军压境之势；二是筹粮筹款，赶制部队制服、标志、红旗等及其他物资准备；三是成立云浮县军事管制委员会，麦长龙任主任，郑毅、叶永禄、罗杰、韦敬文、麦冬生等任委员。

军事管制委员会10月24日在河口成立，主要任务是消灭敌人残部，巩固新生的人民政权。在中国人民解放军南下的声势震慑下，敌人纷纷溃逃，广东省保警原在云浮县境内最大股的残敌刘汉清部逃往西山，企图伺机反扑。

10月25日，中国人民解放军粤中纵队第四支队第三团集中于河口整编为3个营9个连，麦长龙任团长兼政委，郑毅任副团长，李东江任副政委。1949年10月27日上午，三团部队和民兵800多人从河口开进云城，城内秩序良好。云城的中小学生以及工商界群众列队欢迎。接着，在马坪召开欢迎大会，云浮中学校长朱廷材致欢迎辞。麦长龙在大会上讲话，宣布云浮县城和平解放。

（六）配合南下解放军剿灭撤往南城料洞的敌匪

1949年11月3日，已经撤往南城镇料洞的国民党云浮县县长李少白，派李颂春等14人返回县城向我军报到，在我方安排下开展工作，交接工作似乎顺利进行。但另一方面，李少白撤往料洞后，两个保安营和一个自卫队的整编问题，却以公文往来的手段一拖再拖。本来双方再次决定于11月1日整编部队，但李少白却行文称："今晨欲迅速实行有枪弹人员先后移交，但有数点可考虑。一是诚恐枪支机件难保完整；二是如此移交，诚恐汉清营发生疑虑。拟于明天12时将人员名册枪弹呈送，请予指定整编地点。"但一直拖至11月6日，李少白仍不愿意接受整编，反而与逃往西山的反动头子叶肇密切联系，以至云城谣言四起，人心浮动。

11月7日，向西江进军的中国人民解放军十三军三十九师路经云城，该师刘副师长听取了麦长龙的情况汇报后，同意派一个加强连配合三团行动，解决李少白拒不执行《和平协定》的问题，清除动乱的根子。

于是中共云浮县委和三团做出部署：郑毅率三连协同南下解放军前往料洞执行任务；李东江、叶永禄、罗杰等分别负责逮捕李少白等首要分子；麦长龙和韦敬文负责主持召开县城知名人士以及各单位负责人会议，向他们揭露李少白拒不执行《和平协定》的事实，申明我党和政府的立场，要求全县人民行动起来，推翻反动政府，建立人民政权。

上述工作规定在当晚行动。入夜，刘副师长和郑毅率领部队进入料洞，首先包围敌人驻地。至拂晓，由南下解放军进行政治喊话，李少白听知已被南下解放军包围即投降，所部400余人纷纷缴械。

战斗结束后，刘副师长率领他的部队向罗定方向行进。而郑毅则率领三连把所俘的敌人押回云城听候处理。此次军事行动，逮捕了国民党云浮县县长李少白和一批首要分子。至此，国民党云浮县政府彻底垮台。

新民主主义革命时期在云浮从事革命而牺牲的云城区籍革命烈士英名录

（按牺牲时间先后排列）

序号	姓名	性别	籍贯	牺牲时间、地点及原因
1	李灶	男	思劳江尾	1927年4月在腰古被敌人杀害
2	程鸿才	男	腰古水东	1927年农历四月初八在腰古被敌人杀害
3	李家祥	男	腰古冼村	1927年8月在新兴车岗被敌人杀害
4	张誉	男	腰古下岑	1927年9月在新兴县迳口村被敌人杀害
5	廖月进	男	腰古芙蓉	1927年9月在广州反革命大屠杀时被敌人杀害
6	谢连星	男	腰古芙蓉	1927年参加广州起义时牺牲
7	梁桂华	男	思劳鸡村	1927年12月参加广州起义负伤后牺牲
8	陈剑夫	男	腰古城头	1928年8月在腰古小河圩被敌人杀害
9	邓发	男	云城城西	1946年4月8日在山西兴县黑茶山飞机失事遇难
10	陈日养	男	河口茅坪	1948年在罗定太平战斗中牺牲

（续上表）

序号	姓名	性别	籍贯	牺牲时间、地点及原因
11	李 华	男	思劳镇思劳村	1948年10月在思劳双羌被敌人杀害
12	严千年	男	思劳镇思劳村	1948年11月在高要活道被敌人杀害
13	邓启枝	男	南盛老许坑	1948年在高明攻打三洲圩敌炮楼战斗中牺牲
14	陈 来	男	河口罗铁	1949年5月在六都搜捕特务时牺牲
15	吴文强	男	前锋木路口	1949年8月带信到新兴河头被敌人抓捕并杀害
16	赵 林	男	南盛下贡	1949年送信到富林被敌人抓捕后于7月被杀害
17	邓 锐	男	云城大朗	1950年2月在高村征粮时被土匪杀害
18	石 茵	女	河口初城	1950年2月在南盛与土匪战斗中牺牲
19	冯石容	男	河口上云龙	1950年2月在南盛与土匪战斗中牺牲
20	陈 昌	男	河口布务	1950年2月在硙石与土匪战斗中牺牲
21	李 满	男	河口初城	1950年2月在南盛 与土匪战斗中牺牲
22	程文修	男	腰古水东	1950年2月在硙石征粮时被土匪杀害
23	梁忠文	男	前锋前锋	1950年2月在硙石与土匪战斗中牺牲

（续上表）

序号	姓名	性别	籍贯	牺牲时间、地点及原因
24	陈　生	男	前锋石脚	1950年2月在碰石与 土匪战斗中牺牲
25	吴　鉴	男	前锋庙前	1950年2月在南区暴动与土匪作战时牺牲
26	张全兴	男	前锋杨梅	1950年2月在南区暴动与土匪作战时牺牲
27	黎　荣	男	前锋天子岗	1950年2月在碰石与土匪战斗中牺牲
28	黎　民	男	前锋天子岗	1950年2月在碰石与土匪战斗中牺牲
29	陈　六	男	前锋水塘村	1950年2月为保卫粮仓被南区暴动土匪杀害
30	张呀仔	男	前锋杨梅	1950年2月在南盛料洞被南区暴动土匪杀害
31	邓金元	男	南盛南村	1950年2月在碰石守卫粮仓时被土匪杀害
32	曹松金	男	南盛石马	1950年2月在南盛竹圩被暴动土匪杀害
33	高水德	男	南盛元岗墩	1950年2月南区暴动，在南盛料洞被土匪杀害
34	徐欢然	男	南盛料洞	1950年2月在南盛料洞被南区暴动土匪杀害
35	温　行	男	南盛大围	1950年3月在新兴勒竹被暴动土匪杀害
36	欧广义	男	云城城南	1951年4月在思劳剿匪时牺牲

（续上表）

序号	姓名	性别	籍贯	牺牲时间、地点及原因
37	黎杰成	男	安塘布贯	1951年8月在思劳剿匪时牺牲
38	刘成祥	男	云城镇西街佛仔村	1948年9月26日在东窑站战斗牺牲
39	曹德标	男	石三角湖	1949年4月21日在南下渡江战斗牺牲
40	黄绍雄	男	南盛横岗	1949年5月在解放上海中牺牲
41	李树高	男	河口初城大围	1949年10月在上海因水淹牺牲

云浮市云城区老区建设促进会简介

一、组织机构

云城区老促会成立于1996年，历届领导机构如下：

第一届理事长：冯仕沛

副理事长：麦冬生、邓南、蔡铨、邓谦、曾元

第二届理事长：张伟庸

副理事长：黎兴中、蔡铨

秘书长：温剑敏

第三届理事会会长：温亚娣

常务副会长：严伟周

副会长：祝石坤、董玉英、陈降、欧维清

秘书长：张庆华

第四届理事会名誉会长：詹民锐、徐贤荣

顾问：温亚娣、董超杨

会长：邱金培

常务副会长：严伟周、阙荣南

秘书长：阙荣南（兼）

副会长：祝石坤、梁永德、梁永雄、欧维清、叶自东

理事：邵彬强、赵志文、廖文华、陈伟文、杜沃荣、陈少兰、董志标、李福礼、何斌源、谭锐鹄、张健、邓禹欣

二、云浮市云城区老区建设促进会章程

第一章　总则

第一条　云城区革命老区在革命战争时期，为革命做出了重大贡献和付出了巨大的牺牲。建国以后，特别是党的十一届三中全会以来，在上级党委政府和云城区委、政府的重视和领导下，经过老区人民的努力，老区的经济、文化、教育等各方面建设都有了很大的发展，人民生活得到很大的提高。但老区大多数处在山区，经济基础比较薄弱，生产条件差，各项建设事业的发展和人民生活水平与发达地区存在较大差距。为协助党和政府加快老区三个文明建设，把老区村建设成社会主义新农村，成立云浮市云城区老区建设促进会（简称"云城区老促会"）。

第二条　云城区老促会是由关心老区建设的离、退休老干部、老游击战士和有关部门负责同志以及热心支持老区建设的专家、企业家所组成，经云城区人民政府民政局批准成立的具有法定资格的社会团体。

第三条　本会会址设在云浮市云城区社区老年福利服务中心，并在云浮市云城区社区老年福利服务中心设立办公室。

第二章　宗旨和任务

第四条　本会宗旨是为老区人民服务，协助党委和政府促进老区三个文明建设以及社会主义现代化建设。

第五条　本会工作坚持以邓小平理论和"三个代表"的重要思想为指导，坚持党的基本路线，结合本会的实际，为老区建设服务，为老区人民谋利益。

第六条　本会的主要任务

一、宣传老区人民对革命做出过重大贡献的光荣历史，宣传加快老区建设的重要意义，促请各级领导、各有关部门与社会各

界人士关心支持老区建设。鼓励老区人民发扬光荣传统、艰苦奋斗、自力更生精神，传播老区三个文明建设的经验。

二、深入调查研究，了解老区贯彻执行党中央、国务院以及省、市对老区有关指示精神的情况，反映老区人民的呼声，总结经验，发现问题，向党委和政府及有关部门反映，提出合理化的意见和建议，促进老区各项事业的建设。

三、做好党委和政府在老区建设工作上的参谋、助手和联系老区群众的桥梁。协助党政机关促进老区精神文明建设、贯彻"三个代表"的重要思想。协助做好老区革命文物的保护、维修、抢救、展览工作。协同有关部门加强对老区人民的革命传统、爱国主义、社会主义、集体主义和法制建设的教育。

四、协助党政机关发展老区农业、工业、交通、教育、科学、文化、卫生等各项事业。协助培训老区建设必需人才，推广科研成果，促进老区建设。

五、为开发老区资源，发展经济，做穿针引线工作。

六、协助党政机关加强老区村委以健全党支部为核心的组织建设和民主法制建设。

七、总结交流老区不同类型三个文明建设的经验，加强与各地老促会联系，沟通情况，互相配合、共同促进三个文明建设。

第三章　理事权利与义务

第七条　凡自愿参加本会的同志，经理事长会议讨论同意，均可接纳为本会理事。

第八条　理事的权利

一、在本会有选举权、被选举权和表决权；

二、对本会工作有批评、建议权；

三、参加本会举办的有关活动；

四、有退会自由。

第九条　理事的义务

一、遵守本会章程，参加本会一些力所能及的工作；

二、为老区三个文明建设提出建议和提供咨询服务；

三、及时反映老区建设有关情况和问题；

四、在可能的条件下，参加一些专题的调查研究，为老区人民办好事、实事。

第十条　对违反本会章程，从事《社会团体登记管理条例》所不允许的活动，损害本会声誉者，给予批评教育，情节严重的予以劝退或除名。

第四章　组织

第十一条　本会实行民主集中制，在集体领导下，分工负责。凡决定重大问题需要付之表决的，坚持少数服从多数的原则。

第十二条　本会最高权力机构是全体理事大会。每年召开一次全体理事年会。每三年召开一次换届大会。

全体理事会的职责是：

一、选举本会理事长、常务副理事长、副理事长，每届任期三年，可连选连任；

二、决定本会的工作方针和任务，制订本会的工作计划；

三、审议本会的工作报告；

四、审议本会的财会工作；

五、聘请本会名誉理事长、顾问；

六、决定其他重要工作事项。

第十三条　全体理事闭会期间，由理事长会议负责行使理事会的职责：

一、执行全体理事会的决议；

二、审议年度工作报告；

三、审议本会财务收支情况；

四、讨论和决定重要工作事项。

理事长会议每六个月召开一次，审查全体理事会议决议和工作计划执行情况，讨论决定本会重要事项。必要时可临时召开会议。

第十四条　理事长、常务副理事长负责主持本会工作。下设秘书长和办公室，负责处理日常业务。

第十五条　本会法人代表由理事长或指定一位副理事长担任，法人代表具有如下权利与义务：

一、代表本会行使民事权利，履行民事义务；

二、代表本会签署一切对外合约协议等有关文件；

三、有权直接代表本会向人民法院起诉、应诉；

四、有权委托代理人履行以上职责；

五、法人代表的一切言行对理事会负责。

第五章　经费

第十六条　本会日常所需的办公费用，请云城区政府批拨。

第六章　附则

第十七条　本章程的解释权属理事会，修改权属全体理事大会。

后记

编纂《云浮市云城区革命老区发展史》，是中国老促会统一部署的一项重要工作，云城区有幸成为全国1 599个编纂革命老区县发展史的县（区）之一，云城区老促会负责组织协调编纂工作。同时，编纂《云浮市云城区革命老区发展史》，也是云城区人民的共同夙愿，功在当代、利在千秋。

在中共云城区委、区政府的领导下，在上级老促会的指导下，编纂工作人员齐心协力，忘我工作，使《云浮市云城区革命老区发展史》终于按时付印出版。这是云城区党建工作和社会主义精神文明建设的又一新成果。

《云浮市云城区革命老区发展史》是一本忠实记载云城区在革命战争年代的斗争史和社会主义建设时期的辉煌成就的重要史料，是向中华人民共和国成立70周年和中国共产党建党100周年奉上的一份厚礼。

它既让人重温流金岁月，感受生命激情，又使人焕发革命斗志和爱国热情，树立理想信念。是一本进行革命传统教育、传承红色基因的好教材。

由于《云浮市云城区革命老区发展史》这部书所涉及的资料跨度长达90多年，加上云城区建制的多次变化，造成一些史料分散甚至遗失，所以编委会在搜集过程中遇到了不少困难，有些资料甚至难以搜寻。但经过大家的共同努力，困难得以克服，搜集到大部分所需资料。值此之际，我们谨向关心、支持编纂《云浮市云城区革命老区发展史》的上级单位、云城区直各相关单位、各镇（街）以及各位领导、专家、学者和其他工作人员致以崇高的敬意和衷心的感谢。

由于我们水平有限，本书难免有错漏之处，敬请各位有识之士不吝指正。

云浮市云城区革命老区发展史编委会